章士釗 著

邏輯指要

貴州出版集團
貴州人民出版社

圖書在版編目（CIP）數據

邏輯指要 / 章士釗著 . -- 貴陽 : 貴州人民出版社 ,
2024. 9. -- ISBN 978-7-221-18621-8

Ⅰ . B81

中國國家版本館 CIP 數據核字第 20247AT191 號

邏輯指要

章士釗　著

出 版 人　朱文迅
責任編輯　馬文博
裝幀設計　采薇閣
責任印製　衆信科技

出版發行　貴州出版集團　貴州人民出版社
地　　址　貴陽市觀山湖區中天會展城會展東路 SOHO 辦公區 A 座
印　　刷　三河市金兆印刷裝訂有限公司
版　　次　2024 年 9 月第 1 版
印　　次　2024 年 9 月第 1 次印刷
開　　本　710 毫米 ×1000 毫米 1/16
印　　張　31.75
字　　數　190 千字
書　　號　ISBN 978-7-221-18621-8
定　　價　88.00 元

出版説明

《近代學術著作叢刊》選取近代學人學術著作共九十種，編例如次：

一、本叢刊遴選之近代學人均屬于晚清民國時期，卒于一九一二年以後，一九七五年之前。

二、本叢刊遴選之近代學術著作涵蓋哲學、語言文字學、文學、史學、政治學、社會學、目録學、藝術學、法學、生物學、建築學、地理學等，在相關學術領域均具有代表性，在學術研究方法上體現了新舊交融的時代特色。

三、本叢刊遴選之近代學術著作的文獻形態包括傳統古籍與現代排印本，爲避免重新排印時出錯，本叢刊據原本原貌影印出版。原書字體字號、排版格式均未作大的改變，原書之序跋、附注皆予保留。

四、本叢刊爲每種著作編排現代目録，保留原書頁碼。

五、少數學術著作原書内容有些許破損之處，編者以不改變版本内容爲前提，稍加修補，難以修復之處保留原貌。

六、原版書中個别錯訛之處，皆照原樣影印，未作修改。

由于叢刊規模較大，不足之處，懇請讀者不吝指正。

邏輯指要 目次

附録

章士釗著

邏輯指要

時代精神社印行

中華民國三十二年六月初版

邏輯指要

白報紙本　實價國幣壹百叁拾元
土報紙本　實價國幣柒拾元

著作者　章士釗
發行人　張九如
發行者　時代精神社
重慶中一路嘉廬九號
排版者　漢口新快報印刷所
江北香國寺上首
印裝者　中心印書局
重慶牛角沱對岸董家溪
校對者　瞿宗濤　劉敘祥
總經售　中國文化服務社
重慶磁器街

邏輯指要目次

附錄

邏輯指要

第一章　定名

論理學從西文邏輯得名，日人所譯稱也。籀謂其稱不當。宣統二年愚有論翻譯名義一文詳言此理載於國風報 蓋論理學者，本之 Science of Reasoning。乃曩日教科書中膚淺之定義。今不適用。凡以論理詁 Reasoning 亦不貼切。在常語中。to reason 誠爲論理。而在邏輯。則含有依從律令彼此推校之意。較近之譯。宜曰推論。若泛言論理。則天下論理之學。何獨邏輯。不論理而能成科之學。固未之前聞也。且論理云者。果論其理。以論爲動詞。如言理財學之類乎。抑論之理。以論爲名形詞。如言心理學物理學之類乎。故論理二字。義既泛浮。詞復曖昧。無足道也。吾國人之譯斯名。有曰名學。曰辯學。亦俱不叶。二者相衡。愚意辯猶較宜。蓋吾國名家者流。出於禮官。漢書藝文志、謂古者名位不同。禮亦異數。故孔子尚正名。由是言之。古之名學。起於名物象數之故。範圍有定。雖名家如尹文、公孫龍、惠施之徒。其所爲偶與今之邏輯合轍。而廣狹淺深。相去彌遠。且其人。班氏斥爲謷者。謷訐也 其書斥爲苟鉤鈲析亂。鈲音狄又破也 是不以爲名家正宗孟堅自作之白虎通義。於爵號、諡祀、禮樂、耕桑、文質、政教、天地、日月、衣裳、嫁娶。詳加考訂。正其稱號。或自以謂於古禮官爲近。應劭之風俗通。用意與孟堅相同。其自序有曰、「昔有爲齊王畫者。王問畫孰最難最易。曰犬馬最難。鬼魅最易。犬馬旦暮在人之前。不類不可。類之故難。鬼魅無形。無形則不見。故易。今俗語雖云浮淺。然賢愚所共咨論。有似犬馬。其爲難矣」此於經理俗語之要言之甚切。名家之精要。全在於是。蔡邕之獨斷。亦可作如是觀。是知名家本旨。所涉不外乎名。以今之邏輯律之。特開宗明義之一事耳。侯官嚴氏譯穆勒名學。謂名字所函。奧衍精博。與邏輯差相若。說近浮誇。未足置信。愚意漢人著書。喜以通名。班應兩家而外。疑有他書未傳。而斷要不失爲一種學術之號。伯喈所著。取別於他。故名曰獨。猶馬眉叔著文通。自表曰馬氏文通也。通云斷云。大抵名家之流裔。（即文通亦不外是）如邏輯可云名學。當亦可云通學。或云斷學。何也。名於英語爲Term。通爲Generalization。斷爲Judgment。皆爲邏輯之一部。可用則俱可用。不可用則俱不可用也。名字之不足取也如此。前清教育部設名詞館。王靜庵氏（國維）欲定邏輯爲辯學。時嚴氏已不自縛於奧衍精博之說。謂「此科所包至廣。吾國先秦所有。雖不足以抵其全。然實此科之首事。若云廣狹不稱。則辯與論理亦不稱也。」（此段譯語經名詞館）（草閣得之今不知藏何處）然愚意辯字爲用。固不與邏輯同周。（詳載拙邏輯）而較名字則遠爲切實。吾國夙分名墨爲兩家。雖「墨子著書作辯經以立名本。惠施公孫龍祖述其學。以正形名（刑名之學）名顯於世。」（新出魯勝墨辯注序其言施龍祖述與學乃勝之說釋墨於他處辨之）其言固爲名家之言。名墨並稱。乃取墨家尙儉之義。於所以別同異明是非之道。不妨同隸一科。而以名統墨。於學派究嫌不順。墨之所成。遠在名家之上。移墨就名。義亦有虧。且墨子經與他篇。理原一貫。強分二事。尤爲俗儒之見。以愚思之。通括名墨而無所於滯。惟辯字耳。蓋墨子所居名家領域。實於上下經及說表之。而墨經即號辯經。墨家名學謂之墨辯。魯勝墨辯序。謂「自鄧析至秦時。名家者世有篇籍。率頗難知。後學莫復傳習。於今五百餘年。遂已絕。墨辯有上下經。經各有說。凡四篇。與其書衆篇連第。故獨存。」準是以談。墨辯顯有專書。早佚。其附於今墨子者。乃略說之別見者也。雖大致無繆。辭以類行。類凡十三。如其類在鼓栗。其類在坑下之鼠。種種。必如韓非儲說。各類皆有詳證。而今皆泯。可考。則別本之已絕可知。墨辯之云者。本爲墨家言學之稱。別有成書。今所傳墨子。以其篇包舉墨學全部也。亦遂簡括其所以為辯者。連第於衆篇中而卽賴以流傳。可云不幸中之大幸。辯之關於墨學也既如是。而公孫龍子。亦以辯為特稱。通變篇有曰他辯。他者第三位之名也。凡立言於主謂兩詞之外。別覓他一詞以相辨證。卽邏輯之三段法式。故他辯以英文律之。當為 Logic of Middle Terms 辯之一詞。信為佳妙。然辯雖能範圍吾國形名諸家。究之吾形名之實質。與西方邏輯有殊。今以其為同類也。謂彼卽此。幾何不中於淮南謂狐狸之譏。（見淮稱狸狐狸相似因之狐卽狸也）故通常譯名不正。其弊止於不正。而以辯或名直詁邏輯。則尚有變亂事實之嫌。辯字本體佳絕。而亦復不中程者此也。

論理與名與辯。皆不可用。此外尚有何字。足勝其任否乎。況心思之不論何種科學。欲求其名於中西文字。義恰符節。斷不可得。而邏輯尤甚。愚意不如直截以音譯之。可以省却無數葛藤。吾國字體。與西文系統迥殊。無法輸用他國字彙。增殖文義。以音譯名。卽所以彌此憾也。佛經名義。富而不濫。卽依此法。障之。愚於邏輯。亦師其意。

邏輯稱辯學者。始於前清稅務司所譯辯學啓蒙。而字作辨。不作辯。明末李之藻、譯葡萄牙人傅汎際譯牛起號名理探。此書初譯僅綴首門行小說本今在巴黎圖書館吾將原文錄出有一部本存北京大學圖書館因命刑出名理探卷附於後 名理探者，亦如萬有詮之類，謂藉是以探求名理耳。是三字亦不為學術之名。李氏因譯此學為絡日加，名義溯正，棄而不用，未免可惜。爲相伯講授邏輯，以致知二字標之，未立專稱。所撰致知淺說小小冊子。一本公教精神，嚴釋雅理，未敢畔越一步，邏輯史之見於此土，可言者寥落如此。遂侯官嚴氏大張名學。同時並稱邏各斯 Logos，謂「精而微之，爲吾生最貴之一物。此如佛氏所謂阿德門。基督教所稱之靈魂。老子所謂道。孟子所謂性。故邏各斯名義最爲奧衍。而邏輯爲邏各斯一根之轉。本學之所以稱邏輯，以如倍根言。是學爲一切法之法。一切學之學。明其爲體之尊，爲用之廣，則變邏各斯爲邏輯以名之」。（見穆勒名學）繹嚴氏所持阿德門靈魂道性之說。微嫌渾沌。不易捉摸。至其稱說邏各斯邏輯本誼。不中不遠。惟國人震於名學之號，不言邏輯、東譯入而本稱益晦。吾於三十年前，懃懃唱道。自後亦鍥而不舍。今日始成爲學者公認之名。或謂吾實擬之，則嚴氏之美，吾何敢掠。因於闡宗明義之先。略述梗概。以餉論士。俾共登此體入思精之學云爾。

名理探考

章用

名理探十卷。計五公五卷。十倫五卷。崇禎四年（一六三一）杭州刻本。遠西耶穌會士傅汎際譯義。西湖存園寄叟李之藻達辭。漢文書目著錄此書者僅兩見。

一　道學家傳　南懷仁撰、徐家匯藏書樓本、河內遠東博古學院安南書目本鈔本、

二　泰西書述攷　王韜撰、

此外韓霖西士書目二卷。見趙魏（一七四六——一八二五）竹崦庵傳鈔書目者。當亦著錄名理探。惜無從覆核耳。

原刻本現存天壤者凡三部。

一　華諦岡教皇圖書館藏本、爲天壤間唯一足本、

二　羅馬 Bibliothèque Victor Emmanuel 止藏五公九卷、

三　巴黎 Bibliothèque Nationale Fonds Courant No. 3415-4 十倫卷一、缺第78頁、

重刻本有三種。

一　北京輔仁社影陳援庵藏精鈔本五公五卷、　案陳氏得之馬相伯氏馬氏自徐家匯藏書樓舊鈔本傳鈔、

二　一九三一年土山灣鉛印五公五卷、　與前本出一源、

三　萬有文庫第二集本十卷、據巴黎本重印缺頁據華諦岡本補、前有李天經父子序二篇則在北堂發現者見徐宗澤李之藻的名理探（聖教雜誌第二十二卷第四期）及方豪李我存研究（杭州一九三七年）

名理探譯自十六世紀葡萄牙國哎吧哰 Coimbra 譯名從瑪吉士地理備考二匯（海山仙館叢書）耶穌會士學院邏輯講義。歐洲自新教勃興之後。公教爲挽頹運。發憤自新。有所謂（Contra-reforme (Gegenreformation) 運動者。而耶穌會實爲其中堅。其所辦學院程度之高。冠於全歐人才蔚起鬱成風氣。卽史所謂西班牙之文藝復興是也。哎吧哰學院在 Pyrenee 半島尤負盛名。有邏輯名師曰 Fonseca。都講多年。傅汎際者、哎吧哰學院畢業生也。雖入校較晚似未

及奉手於 Ponsica。然其學闢淵源所自出。不可誣也。[illegible]嘆吧噬哲學講義全集刊行未久。已風靡全歐。法之里昂。德之哥倫。意之威尼士。均有翻版。北堂現尚藏有此書 1611 年哥倫本。上有傅李手澤。知原擬全譯為二十五卷。今刻本所云「名理探一學。統有五端。第三、四、五端之論待後刻」者是也。余留德時。曾傳抄哥倫圖書館藏一六一〇年里昂本邏輯講義。並錄副讓與北平圖書館。以公諸國人。

公教邏輯直承亞利[illegible]正統。不外疏解其經。Organum 具者取器具義。謂由是而論雖有具也。號之曰經。以示尊崇。其經目次如下。

一　十倫 Categoriae

二　解釋篇 de interp etations (hermeneias)

三　前分析篇 analytica priora

四　後分析篇 analytica posteriora

五　論題篇 topica

六　破詭辯篇 de elenchis sophisticis

新柏拉圖宗師薄斐略 Porphyrius（一作波和利）撰五公篇。de Quinque Voces 以爲「十倫先資」。eisagoge (introductio) in categorias Aristotelis Stagiritae 中古經院學者 Scholastique 以之配經。列於卷首。故漢文名理探十卷。正含薄斐略五公、及亞利十倫兩篇釋文焉。

第二章　立界

邏輯何爲而作也曰、爲人有思不思而作也何言乎人之有思也曰、無思將無此龐雜富贍之語言文字也原夫自有人類卽有思想語曰心之官則思心之能思與口之能食相等今人之口不能食上古原人之食卽今人之思不能思上古原人之思此文化之進步致然不可強也特進步云者固非若步履然新者立而故跡消兩跡各各離立也以知文化進步非時代相續續者截然爲一期一切事物云爲與前期渺不相貫一一煩吾爲之樹立新義也蓋人智有限而亦相類也去其所得利於環境之諸緣今人與原人之所得無相過也果如每期樹立新義云云則原人之制度文物思想生活循環迭起至今存焉可也焉有所謂進步者哉惟然文明史之有可言必也吾輩祖先之所經歷所創或因一一存積代代增殖遞貽於吾吾既得此寶藏復益以同時代之所經驗所創或因其存積而增殖焉以備貽諸來業傳之無窮而後無媿於其名者也是故知識云者非依人斷代之所能稱乃以人人所得代代所積旁搜遠紹而成爲總積復詳求深察而獲其條貫始爲有當也夫此總積者何卽語言文字也。語言文字。史蹟深遠。乃爾其間浮詞蔓生。歧義百端。人人矢口而出。家家援筆以書。久之知其當然而浸忘其所以然。乃事理之必至。毫無疑者。此即所謂不思之過也。今試取流俗用語。執學士大夫而以幾叩之。將答者百無二三。當者未見有一。何也。彼曾未之思也。昔者齊王謂尹文曰。寡人甚好士。如齊國無士何也。尹文曰。願聞大王之所謂士者。齊王未能應。夫士之爲字。起於語言文字間。有前後脈絡爲之連貫。豈有不明其爲何義者。而單提以訊之。齊王竟無以爲答。是知。能。用。其。思。而不。能。思。其。思。者。比。比。也。試作一字。反覆視之。復反覆書之。將惑焉而不能識。惟思亦然。所號爲思。思之又重思之。始而自迷。繼且自駭。謂不慧己之不學無術。至於斯極也。傳曰。學然後知不足。知不足云者。視若平常。而乃非無學之人所能辨認。蘇格拉第。邏輯之星宿海也。見雅典人予智自雄者多。而痛之。日走衢路。逢人問辯。猶貿卜然。彼乃以明人無知爲業。招怨豫駡。了不介懷。卒乃邏輯照耀希臘學圃。其基礎不外是。由斯以談。人無知而自知其爲無知。絕非易事。墨經兩知之說。知其所以不知。亦號爲知。荀子曰。信信信也。疑疑亦信。（周子知者謂明不全則疑生此可互參）邏輯者。所以求知也。而求知自明。

無知始邏輯者信信也而信信自疑疑始明無知而疑疑自思始故邏輯者正思之學也或曰思思之學 A study to think about thought 思思云者即凡所有思想立爲種種法式推校焉參互焉以期所得信爲最正確者而歸依焉也此一界說雖云過備而初學實以入門足矣

思何由而正乎曰於名實正之墨經曰所以謂名也所謂實也凡人命意遣言一切能謂所謂舉得其正思想自正荀卿爲學首事正名其言曰同則同之異則異之……知異實者之異名也故使異實者莫不異名也猶使同實者莫不同名也此寥寥數言殊足以發揮正思之能事

曰正思者與言實際真理有殊匪曰吾之思正而宇宙間一切理道俱走入吾腔子裏也若然邏輯將爲各種科學之總名豈非大謬然倍根曰邏輯者科學之科學 ars artium 抑又何也嘗試論之學所由成不外四事一曰案(訓據)所知可以爲推者也一曰斷本所知推得者也一曰證所取爲左驗者也一曰實事物之待證者也案斷之間證實之際其如何由案以達斷如何敗證以符實蓋有公例大法不容倍畔者存焉而此公例大法歷試諸學而皆然

決不爲一學所私有思所謂正創指涉思無背於者而公例大法而已於散見之事例無與也今試取一礦石質之邏輯斯何卝也邏輯決不置答蓋欲知卝爲何物有資夫一己討探夙昔經驗以及他人討探經驗相與掇獲之績效者無算此乃礦物學家之所有事不涉於邏輯也邏輯之爲學亦限於有案求斷有證勘實一若聽訟者所爲已耳故穆勒曰「邏輯不與人以證而能教人何物之足證與如何以決其證之是非不言某事之證爲某而言以何因緣此可證彼」（譯述嚴譯）凡此所爲實證實的科學而廢不問不問其學之所治爲何項目也譬之布算只問得數是否中程不問該數代表何物惟思想亦然思想有一定程式離於事物而立而又律之事物綜達此鵠的斯謂之正上來所述思之所由得正名實之所由得合非苟焉而已也有法式在猶六律之先五音規矩之先方圓雖欲不正不合而不獲也耶方斯爲邏輯作詁一則曰典要再則曰經始終不脫法之一念良非無故於是嚮者所爲界說增入耶氏斤斤之意而曰邏輯者依據法式綜覈名實以正其思之學庶乎近之耶氏又曰「法式一致而不變事物可得納於其下者周流而無窮以不變御周流以一致御無

窮。是爲邏輯。一以此補充界義。更爲周切。

嘗論邏輯之興。緣於詭辯而邏輯卒成科律之學。卽由抗禦詭辯致然。其在本邦亦復如是。漢時蒯通善爲長短說。主父偃學長短縱橫術。邊通學短長。史記索隱云、戰國策亦名長短書。（困學紀聞卷十）長短或短長云者。卽詭辯也。墨經云、物甚長甚短。莫長於是。莫短於甚。此謂一物。吾謂之長。卽長。吾謂之短。卽短。於是吾國有龜長於蛇之論。而希臘亦有競走龜迅於兔之言。此其職志全在以戈戟向人爲一時間執之計。一切規矩準繩。顚倒錯亂。以用之所謂能服人之口而不能服人之心者也。正惟人之口不得不服也。有以知其術之末甚可傷。於焉圖所以正之術。卽以其人之道。還治其人之身。將見彼亦一短長。此亦一短長。往來馳說。安有窮時。此名實之所以不得不講也。此法式之所以不得不立也。名實、形名、法式等字。並見韓非子。其律曰、「同合形名。審驗法式。」（主術篇）法式與形名對文。式又與法對文。法者邏輯之法也。式者法之式也。一式既得所云、「守始以知萬物之源。治紀以知善敗之端。」（[illegible]篇）胥於是乎在已。

抑有進者。法式爲邏輯之法式。固已。然非邏輯所能自有也。邏輯。著。取之。於自然也。三十年前。蔡子民先生在柏林遊學。曾發一篇語曰。滿屋散錢。尋不著串子。往昔蔡君鄉先輩全謝山先生、亦稱萬光泰爲今世學者。其穿穴六經。排比百家。如肉貫串。（鮚埼亭集與鄭謝云試將詩文授如以肉貫串語原本此）的是良喻。蓋串也。弗也。宛在。自然之中。倘尋得。而貫之。即可謂已竟邏輯之全功也。語曰、通天地人之謂儒。何以通之。曰、尋著串子。一以貫之。不期通而自通也。英語有 Order 一字。亦曰 Di-vine order 此在吾文曰秩、曰序。而尤莫大於中庸之言位。育。莊生之言原。達。中庸所謂天地位焉。萬物育焉。知北遊所謂聖人原天地之美。而達萬物之理。此位。此育。此原。此達。即自然中之大秩序也。此在易又謂之曰方。未濟云、君子以愼辨物居方。歐陽永叔講其義曰、君子愼辨其物。宜而各置其物於所宜居之方。以相爲用。（易童子問）物各。有方。吾因。其所。居而。居之。天地。於以。位而即。奠。於以。原萬物。於以。育。而即。理。於以。達也。凡邏輯之極。詣。雖不外。是。邏輯。歐人。或逕稱之曰 Science of order。亦雅。不外。是。於是定義中依據法式一項。所云法式。學者懷然其爲自然之法式。當目在焉可已。

原夫邏輯自雅理以迄十七八世紀。思想程式。略無變更。而經院派之所爲。彷彿吾中清漢學家末流之習。願以支離破碎。爲世詬病。總物者即反經院派之先登也。以謂思想如有法在不過目感遺成之心理習慣。徒說牽強傅會。去眞實絕遠。斯賓塞爾和之。謂入類之遺傳性。即足維持思想習慣於不敝。初不必有何法式存焉。而席勒 Schiller 晚起明心。論鋒閃溢。謂判斷之爲何物。凡形式邏輯家殆無一人知之。試思人於言下立一義。心理之所關不問。環境之利害不問。顧鰓鰓焉曰、吾有某邏輯之式在。合則眞。否則妄。此其去病狂惑見者幾何。又社會學者博考人種。遍洽方言。謂泛應曲當之思想通則。斷無其物。以文化異即思想異。必強澳州土民。令用雅典人之同一及毋相反諸律。共思一事。乃斷港絕潢之無可通者也。雷偉蒲樂 Levy-Bruhl 即此論之眉目。以是種種。舊邏輯遂十九世紀之中葉。人思拔幟。家欲鳴鼓。幾乎不能自張其軍矣。顧天下事有出人意表者。舊邏輯一方以心理社會諸學爲敵。轍亂而旗靡。一方又以數學爲友。異軍蒼頭以起。蓋有摩爾甘 De Morgan [illegible] 蒲爾 Boole 諸家。首紹來伯尼之說。以數理之巧思。別立邏輯之本系。形式論得此爲呼。萬象昭蘇。闡之墨家。「知而不以五路。說在久。」五路、五官也。久、時間也。此言時間知覺不由五官。推之空間。自亦爾爾。康德著純理批判。所稱時空先驗直覺之論。與墨同符。皆舊說也。乃蒲爾之後。算學家體認空間形式。建立非歐幾里得之新幾何。居然成功。於是墨康之理荒。而形式之真愈顯。邏素與槐特赫德者、數理邏輯之兩斗星也。平生用力。在以全部數學。沉浸於邏輯方式之中。甚而物理。而力學。而其他諸科。亦俱令假途數學。逐漸皆化于形式邏輯封域之內。他如施樂德、Schroeder（著邏輯代數三大家）皮亞洛、Peano（意大利數學家）蒲樂維、Brouwer 及韋爾 Weyle（兩家以作數理證不字中稱有名）之流。大抵從事溝通名數。墟有心得者。猶未易一二數。上來所述邏輯。在此時期。余由離心向心二力。夾持數於轉側。心數兩派。至否認公例大法中之不變性。離之彌遠。數學派爲形式張目。欲併感用規範兩邏輯而一之。向之亦愈甚。篇而論之。邏輯之爲邏輯。自有其眞。所謂眞者。旋不以數顯之所偶有變眞。左右之不同中心。變遷隨術變易。學者必利其所附。而劃斷之。自謂其眞在是。此學者之咎。非邏輯之咎也。所謂楚則失矣。齊亦未爲得也。作者於學派不爲之袒。本編爲邏輯初程。志切指要。而不在偏至。故爲之義曰、依據形式。綜覈名實以正其思得其前項心靈兩派之失可救得其後項數學派之誤可訂自有前項爲後項者不至於野自有後項爲前項者不失之玄思而不野不玄斯號曰正

正者何謂也曰凡基於性契 Uniformity of nature 詳辯後 而相爲一致也此其一致有二一思想之本身一致一思想與自然一致抑二者緣何而得之曰先求足資共信之例法以爲之基再以例法衡之自然而無不信是爲得之學者或於此剖爲兩部一曰規範之學一曰秩序之學易而言之一曰形式之理一曰方法之用 Methodology 即使形式應用於各學科之方法 如此分野自亦便於初學然邏輯原始要終整然一體其先求爲例法不能不取象於自然求得之後不能不還印證於自然以期例法之可復如是爲之而新例法又生生而重相印證自然中又是一境如環無端周而復始性契之奧難窮斯邏輯之功無竟遽爾從中斷截謂是此一半申彼一半乙非知言也雖然語云坐井而觀天曰天小者非天小也然既坐於井矣所得窺者止於此度是爲實際所限無可如何之事以知正之云者終是假定未爲絕誼今日所信爲正者明日容卽見爲不正今日所疑爲不正者明日容得嶄嶄爲之曰正吾爲之義曰以正其

思。亦本吾人之所得依據。善爲綜覈於焉。以之而已。荀子曰、凡論者貴其有辨合、有符驗。（性惡）凡辨而能合。符而能驗。是之謂正。或曰、邏輯規範之學也。Normative Science 而一言規範。往往涉入倫理之濫。二者淆殺。思想即失其正。古者以名實之論治天下。尸佼言是非隨名實。賞罰隨是非。尚子亦言名實亂。是非之形不明。茲所謂是非。蓋然不涵善惡之念。而商君書云、上舍法。任民之所善。則姦多。（說民）又云、法已定矣。不以善言害法。（靳令）墨子云、夫聖人之治國。不恃人之爲善也。而用其不得爲非。（顯學）吾法家壘道。封域固不與邏輯合符。而爲名定義。要去邏輯之律令不遠。吾之斤斤於是者。以如此致思。何者屬於道德。何者屬於邏輯。學者與言規範。先有其截然分明之觀念。而後不失名實之正也。試極言之。名覆乎實。雖惡亦賞。實逾乎名。雖善亦罰。治不與一。（尸子分一本）不足以爲政。思不離悖。不足以爲邏輯。夫是之謂正。

第三章　思想律　Law of Thought

思想律者，何所以範圍一切思想，使不得不出於是，一若江淮河漢導使由地中行然也。為此律者，以謂先天範定之法，植於人人之心中，不可爬梳，凡有推論，舉莫能外。如欲理其反面而彙收之，則思議為不可能。夫語誖之滋，人所難免，然大抵由殽解若歧義而來。又或持論過長，廻環往復，字義每潛移，甚且相背而不自覺，以是矛盾發生，流於謬論。雖然，此之矛盾，寔乃所云不自覺者致然。覺之而猶不免於昏瞀，自非故馳詭辯以欺世而盜名，固未之前聞也。律之時義，在邏輯為大，以此。

嘗讀柳子厚梓人傳，審其有以通邏輯之郵。蓋是篇紀梓人所職，為尋引規矩繩墨，家不居礱斲之器，其床闕足而不能理，曰：將求他工。其後京兆尹飾官署，委群材，會衆工，梓人左持引，右執杖，而中處焉。量宮於堵，盈尺而曲盡其制，計其毫釐而構大廈，無進退焉。既成，書於上棟曰：某年某月某日某建，則其姓字也。凡執用之工不在列。然後知其術之大矣。彼將捨其手藝，專其心智，而能知體要者歟。梓人蓋古之審曲面勢者，今謂之都料匠云。子厚所傳如是且遍其道於爲人相。惟邏輯之術亦然。思想律者。卽爲邏輯之尋引規矩繩墨也。明其同異。定其迎拒。卽所謂審曲面勢者也。既明且定。卽所云曲盡其制。計毫釐而無進退者也。相人之圖。准其體要。相人之心。何莫不然。

曩已言之。邏輯執守有二。一求思想本身相合。一求思想與自然相合。前者何由達。曰、得其尋引規矩繩墨則達。後者孰令致。曰、善用尋引規矩繩墨則致。皆思想律之所有事也。子思論中庸之道。曰、道也者不可須臾離也。可離非道也。程子曰、不偏之謂中。不易之謂庸。天下求善之不偏不易曰道。求眞之不偏不易曰邏輯。如實言之。偏易與眞。詞旨相代。眞與兩不。又嫌置贅。於是古今難思想律者。一則曰無用。再則曰不必談。三則曰律非律。雲詭波譎。不可端倪。蓋天下之論。方以邏輯爲之的轂。以謂辭旨無違。言苟準碻之最高度。應不外是。而乃邏輯本原之地。招致異議爾爾。豈非不可解之尤者乎。篤而論之。凡此皆膚淺近似之譚。近經數理邏輯家之勤勤臚列。斯律如日中天。皎然無翳。以云理致。略具左方。吾請得鄙置以明之。曰、求眞若求善然。律也者。不可須臾離也。可離非律也。邏輯家知此則幾已。

律凡三：一曰同一律。二曰毋相反律。三曰不容中律。同一律曰、甲者甲也。毋相反律曰、中非非甲也。或曰、甲不能爲甲又爲非甲。不容中律曰、凡物必爲甲或爲非甲。

一、同一律 Law of Identity　如甲者甲也。主謂形義幷同。是號曰所作實將與稱名無異。墨子謂儒者答爲樂之問曰、樂以爲樂。謂之「未應」。（公孟篇）此無論何人、俱同有未應之感。王元澤數歲時。客有以一麞一鹿同籠。問其何者是麞。何者是鹿。對曰、麞邊是鹿、鹿邊是麞。答雖奇之。此實等於未對。他如所謂聞所聞而來。見所見而去。以及鳳翹於翹處。又梟自冷時冷起。蜂從飛處飛來。俱近禪家機鋒。無與邏輯。來伯尼曰、同一者何物爲何之謂。則有進於是矣。衡敬瑜妻王氏木蘭詩云、問女何所思。問女何所憶。女亦無所思。女亦無所憶。此無所思。無所憶者。非眞無也。乃爲下文昨夜見軍帖一事。强其語勢而云然也。惟荀子天論亦然。其言曰、星隊木鳴。是何也。曰、無何也。（韓伯龍曾名其說曰之文曰無何衆蓋有見於）夫問爲何者以有何在。誠曰無何。語病。且較未應對爲甚。故下文云、天地之變。陰陽之化。此非星隊木鳴之何而何。卽所以實之也。今立爲命題曰。星隊、天地之變。木鳴、陰陽之化。其在邏輯。與甲者甲也之形式。絕無不合。以知辭中第二甲字。無有定質。推而廣之。馴至甲者乙也。丙也。丁也。戊也。其理皆同。篇而論之。同一非他。亦凡持一論。乙丙丁戊。始終爲乙丙丁戊。無所往而不與甲相附已耳。

論衡有云、「人生立形謂之甲。終老至死。常守甲形。如好道爲仙。未有使甲變爲乙者也。」——凡說明、本律精神、誼無更切、於此數語者。是知甲者甲也。固非指甚謂同物。亦非必兩詞廣狹同幅。足資換位。如曰、金色黃。此明知色黃之物。不纔於金。易詞言之。金與黃色物不能換位。然其爲同一也自若。蓋金雖不足以盡黃。而自有金之黃。雖孟子曰、白羽之白。猶白雪之白。而羽白雪白。要各自有其白。是命與若羽等。與白同附麗於一物。發爲詞令。信於修辭立誠之旨無傷。由是律曰。同一。凡兩名可得並施於一物者。皆此律之所有事。可謂怡然理順已。墨經之詁同也。二名一實曰重同。不外於兼曰體同。俱處於室曰合同。有以同曰類同。二名一實、如爾疋釋宮云、宮謂之室。室謂之宮是。俱處於室。室所也。墨經又曰、不同所、不合也。王壬秋謂所室互文。故俱處於室、乃指同所而言。如幾何兩平行綫內、兩同底三角形相等。且可折而合體是。凡此皆兩名同施一物。廣狹同幅者。諸同、如侯伯之爲等爵。蒐苗之爲田獵是。凡此皆兩名廣狹不必同幅者。墨經又云、同異而俱於之一也。正名之事。足見由異本。可得同。學者應用同一之律。其毋以詞害意也可。

甲爲甲。此無非之律也。無非亦出墨經。謂眞理在是。無足以非之也。如全大於分。幾何之自理也。必欲非之。則試從反面著想。天下有分大於全、或分同於全其物否乎。分大於全、或分同於全之爲何狀。可得想像焉否乎。（參觀論命題篇。小取有天下及齊楚燭等說）此在邏輯曰反面之不可思議。Inconceivability of the opposite 於是論同一律。不期而入第二律之藩。戒毋相反矣。

右引論衡數語、謂是本律精誼。而其所以適用本律者、更爲堅確。彼云、

人形氣已定。壽命無可增減。若復增壽。除非易形。形不可易。傳稱高宗有桑穀之異。悔過反政享福百年。乃是虛說。如言高宗形體變異。其年亦增。始可信也。今言年增不言體變。未可信也。（無形篇）

此仲任認定甲爲甲。始終是甲爲甲。萬無可變。甲不可變。而猜同甲變如年增等說。無可信理。

由右論之。此律所賅。在一物之始終不變。不在二物之期於合一。何也。彼者稍有二必異律。以眉之兩兩相較。爲致絕明也。二必異者、語出景辯。後當更論。而在拉體諾文爲 Identitas indiscernibilium 以謂宇內凡號庇晉（即存在） 決無同質。此理斯多噶派主之。白魯諾 Bruno 張之。而來伯尼之單子論。尤以是爲重鎮。謂有二物于此。無從識別有何差異。則是一物而非二物、必曰二也。應無實體出爲尸之理。道玄奧難。於此處疏列。而二必異云者。要足廓清同一之讎隙。所富大。爲深刻。無可致疑者爾。

二、毋相反律 Law of contradiction 毋相反律一作矛盾律。夫所貴乎律者。亦期學者之恪遵毋爽爾。於何遵之。由律之名號得之。今名號適以其所戒者著之於目。寧不免限於自爲相違之病。吾之易用毋相反字。止其名而昭其實者以此。或曰、原文固自如是。此出奴之見。非吾所聞。

律曰、甲非非甲也。亦曰、甲不能爲甲又爲非甲。此律實自同一律引申成之。蓋無論何物。決不能同時同地、兼具相反之二性。雅理士多德曰、同一謂詞。同時同義。以屬於同一句主矣。

又曰不屬直爲不可想像之事律之淺顯明白殆莫逾是例如啓戶外出旋啓旋閉未妨相次爲之然卽啓卽閉併相反之動作於一舉則斷無其事墨經詁次曰無間而不相攖啓閉之次可以無間而次不能相攖攖相得也正反相得本律破矣魯勝墨辯序云名必有分明分明莫如有無二語足爲本律注腳

嘗論初民之思至爲疏闊正負二念往往集於一音至今遺蛻之流於文字間者所在多有埃及與此土均是也埃及字義聞之蒲羅乙德詳心解指要中姑不贅而吾客齋隨筆載字有假借相反者如臭本腐氣反借香也擾本煩雜反借馴也亂本紊紊反借治也（梁紀嵐諸實璧牛十子九子解一之本義閱中亂胡三省注用羞以附以亂爲治）楊用修丹鉛錄亦述之等語楊氏謂古文多倒語自上列數字外他如潰之爲遂賣之爲詐結之爲解皆美惡相對而反其義以用之云云（此焦氏筆乘有說義可參看亦知古文確有此相反之境足矣）曰假借相反曰倒語曰美惡相對反其義以用之皆爲本律之所不許燦然明白於是古今來疑案之因此而起者亦恆有之論衡藏與季子札出遊見路有遺金乃顧披裘入曰取彼地金來夫季子以廉讓得名何至貪遺金而令路人爲己取之王充至載入書虛篇中有不如無

訾之歎。殊不知取彼地金來。來者往也。季子見遺金。勸薪者取之以往。並不悖於情理。而疑可解。司馬氏及班氏書、用來字如此例者。屢見不一見。凡西南夷傳所云、自今以來。或終今以來。來均訓往。始於時分之序不謬。可證也。雖然。此類之字。反義具於本身。而當時用之者止於一義。繩之本律。仍不得謂爲直接相違。惟字義流衍。羼入文篇。馴至遣意遣辭。若正若反。使讀者莫明其所以然。則真本律膏肓之疾。亟待鍼砭。如論語云、文莫吾猶人也。此明明謂吾文猶人也。而特著莫字。以昭其反。孔子論文章。曾不欲人忽於躬行君子。則無心得語。然則論辭非莫無也。文有者猶俗習也。未也文不吾猶人者。言凡文皆不盼於人。此說以孔聖爲一猶於聖賢通用。語氣亦不貲。劉寶楠正義據楊慎丹鉛錄所引晉欒肇之說。文莫讀爲忞慔。燕齊方言勉強之辭。解勉強。勿乃沒卻關鍵。且其說亦非孔門所用。聖言決無竄入何詞之理。且亦何以通於他處用莫字之文耶乎。又世說新語三語掾一條。載將毋同云云。此明明言同也。而特著毋字。意存否定。王戎問阮瞻。聖人貴名教。老莊明自然。其旨同異。瞻曰。將毋同。[illegible]論辭之律。詳三語掾。接續副詞。「與其……甯」之文法。以論語與其奢也甯儉爲之式。而甯一作毋甯亦通。近毋譯語所謂不自由毋甯死。即其例也。此謂毋甯與甯何異。最著稱者。爲秦檜所用之莫須有三字。此當時奸相明明羅織特甚。坐實人罪也。而轉言莫須。形似打消。卒之釋者一趨於正。視所著反語。爲附贅懸疣。是何許子之不憚煩。而必鰓鰓焉於一語中。條反條正爲哉。俞正燮癸巳存稿云吳一字也。何仁可一字甲何似之。又可有之。此亦戲見錯字今之以訛檢之妄也。徐乾學資治通鑑後編作必須有欲沉。資治通鑑考異亦如是云命館臣失之而存徐學所沿誤。其他習語如不少概一見。釋文云可使之泯泯不少概見於天下設敘失紀類聚引女傳序少概女不少概見顏子尹賓傳本少概見傳存聘禮疏此皆不字連稱仍作少概見之謂不常惟是常惟是之謂此類卜辭下之類實不常此也如留下字皆去不字留滑去不作明相同不字等於殭蟲相沿不去處一作無處理亦如是。漢書貨殖傳盧無不常制而天子自爲者往庶大常也食貨志天下大氐無慮皆鑄金錢矣非無慮猶大率無小計慮耳夫司馬與舊注曰作大率解意自得之無小計慮一解乃家女性說失之牽強又有曰不時之需。戰國策門待子不時之需猶言時時之需吾嘗不諱。唐武宗疾篤問孟才人曰吾當不諱將何爲哉猶言吾當有諱。不字適從何來遽集於此、例否定語之疑問式也。時或絕無疑義。亦著此語。如何當盡屏去。錢時何等盡屏去爲事付憐悄猶言當盡屏去。詩中如此用者多不勝舉。何義絕對不存與盡舉毋寧之無毋義者。專正相類。杜詩何當擊凡鳥又有云會當凌絕頂何句首字可以通用粤公雖云何當共剪西窗燭方以擬當與何當因此可與盡無論何之意太白詩何當還五溪又云何當脫屣謝時去於何亦類此由斯而缺以不明正以何明當以毋明寧語類滑稽不可理解。尤奇者古稱二名不偏諱韓愈釋之曰、謂若言徵不言在言在不言徵是也。言徵不言在是偏諱在言在不言徵是偏諱徵明明偏諱焉謂之不凡戒條之以不字冠焉者以示不字下之事件不當爲也今乃以所戒爲所勖豈非奇歟此外言緩急。漢刑法志淳于公罵曰生子不生男緩急非有益意急而不。意非急言利害、意害而不意非害言早晚、意早而不意晚紅樓夢賈蘭笑道老太太要與這早晚就來了凡出語兩意兼敉。令相勉而相成。諸如此類、不勝枚舉。大雅、上帝不寧。俱謂不寧豈不寧也。即寧也。擇夫王船山先生嘗為之疏曰、非也。凡言不而釋以豈不者、止釋不可通、則反釋之、非必不之為豈不也。（詩經稗疏）復次、詩傳云、不戢、戢也。不儺、儺也。（小雅桑扈）不多、多也。（大雅卷阿）詩中此類甚廣。顏之推特舉以為書證之例。顯明明反矣。（背不本是反）而又必需反釋者。（反釋即正）究為何故。更如大雅、無念爾祖。疏謂當念汝祖文王之法。詞意不含無誼。疏為去之。反釋甚明。漢書貨殖傳孟康注、以無為發聲助詞。此皆強為之說耳。未得其正。吾嘗澄心思之。是蓋初民之習。浸淫於子姓。人人之心中。數千百年。間膠執殊甚。時乃無形顯露。渾不之覺而已。無他故。異物也。或者視此等處不容有否定義。誼不可通。則姑為之說以求達焉。如大雅有周不顯。帝命不時。此兩不字。俱無訓不理。則曰不之猶言丕也。不顯丕顯。不時丕時。一反一正。意為尚人、猶經義同兒戲。豈不可笑。又如莊子人間世載、仲尼與顏回論心齋。仲尼曰、易之者皞天不宜。意謂以此為易者宜若天然也。著一不字。於理不順。馬其昶曰、不與丕同。斯謂易之者若皓（同皞）天之丕宜。無為而化也。（莊子故）如此解釋。不闇而昧。於正負交相為用之旨。毋相反律時義之大。其沾溉於此土語言文字有如此者，雖聖經賢傳，有違本律，（如上舉文其例）乃至鄭康成說易，謂易兼變易不易二義。凡茲名理所關，亦當引繩批根，無所於讓。邏輯之格律應爾，殆無可疑。（[illegible]文亦不免）

其在歐洲，當紀元前數世紀中，希臘哲家有赫拉頡利圖 Heraklitas 主萬物無常體之說，謂其生滅相次，號曰流轉。此之流轉，即萬彙之所以生存。於是一物而謂之甲可，謂之非甲亦無不可。衡之本律，立見陷於毫無意識之域。不知哲家論物，可與易象；邏輯家論物，趣實物旨。（「Logos」）貫通此義，至煩博辯。學者亦知本律於邏輯史為要誼，慎思而明辨焉可已。

墨經有云、「同異交得放有無」此條最關宏旨，解之者少。胡君適之謂為內籀五術中之第三術。（即同異合術說見後）非是。吾嘗潛心考之，此言物象正負並行之理。正負，墨言同異，其下又別而為有無。放者，倣也。以經說歷舉同異別象，如多少，如去就，如堅柔，如死生，如白黑，如是非，成未，存亡，新舊等，皆以有無為例，因曰放有無。說中提出恕字，頗為關目。恕、如心之謂，孫校作恕，非。義理境之中，惟心所儲同異之最易隱附。之弗羅乙德心者，一角抵場也，一相斫乎也。

種種衝動之力，齊集於是。易而言之，心者、直、反、象、相、匹、而、成。並無邏、輯、能、證、甲、力、所、之。即爲、乙、力、之、不、在。甲乙同時併立，心之營宇，僅足容之。（見心解摘要）此弗言反象相匹而成，心即墨言同異交得。其曰邏輯所不能證，尤直衝本律之赫命，無地足以自容。然則其將何說之辭乎？曰、此正見本律之所以爲要，而昭示相反相成之功。容疑云云，不衷理道特甚。何以言之？學所貫夫有邏輯者，以人心之不邏輯，而圖有以匡正之也。同異交得，亦無過不邏輯之一別相。本律固爲圖所匡正而生，焉得見盜反疑刑法無所於用哉。須知甲力所之、「即爲」乙力之不在。誠如弗氏之言，邏輯不能證，然甲力所之「應是」乙力之不存，邏輯就思想而樹爲戒律，心解亦安得而非之哉。

荀子解蔽篇云、「心生而有知，知而有異。異也者、同時兼知之。同時兼知之，兩也。然而有所謂一。不以夫一害此一謂之壹。」夫一者異也，即非甲也；此一者同也，即甲也。不以夫一害此一，不以異害同，即不以非甲害甲也，亦即甲不能爲甲又爲非甲也。是之謂壹。壹者自同。一而重言以聲明之也，是之謂毋相反。兩律互參，其道大通。

王荆公詩云、若言夢是空。覺後應無記。若言夢非空。應有眞實事。由荆公言。是夢者。非空。而又同時爲空也。其違悟毋相反律。此明。其所以然。荆公不知眞實不止於事。蓋凡思想所在。卽眞實所在。夢因思想而成。決不是空。弗羅乙德發明此理甚切。

或終疑之。柳子厚著封建論。首言天地果有初乎。吾不得而知之也。生人果無初乎。吾不得而知之也。初、甲也。無初爲非甲。甲與非甲。俱不得而知之。律將何所用力。莊生云、有始也者。有未始有始也者。有未始夫未始有始也者……再相與爲未始。可以無窮。正負俱諡曰無。律將無益於用。此理德儒康德亦明之。凡論世界。於時間曰有始。於空間曰有限。正言如是也。反言之、謂時間無始。空間無限。亦得。此在德語。號曰安諦諾密 Antinomii（東譯曰二律背反）墨經言南方有窮而無窮。亦墨辯之安諦諾密也。綜上種種。我以毋相反往。人卽以毋毋相反來。律將若之何。於是康德求所以通之。謂彼是先天直覺之事。與實踐理性無關。而墨家亦樹「知而不以五路」之說。（見經說）凡事須「原察耳目之實」者。應視此有間易而言之。治邏輯者。應爲邏輯而言邏輯。事之外。於邏輯。或超乎邏輯者。邏輯無取爲之。所謂六合之外。聖人存而不論是也。夫形而上學之與邏輯，二者應劃鴻溝而守。自來主張是者，所見不出於右云云。黑格爾稱事事物物，舉有矛盾，思想亦然。惟此之矛盾，終於綜合。綜合之號曰奧夫赫朋 Aufhebung，猶此土言廢棄，又訓保留。獨後多少爭辯，假此號以行。雖然，若綜合者，形而上學之所有事，非邏輯之所有事也。縱曰後來唯物辯證法，即著於是，此亦唯物辯證法之所有事，非吾之邏輯所有事也。須知邏輯之職，以乎立反中志功爲正。（立者我立，反者人反乎立，反即因明之立敵共許，志功義見後）不設毋相反律，立反無由乎志功，亦無由中不乎不中，思辨之道廢矣，邏輯云乎哉。

三、不容中律 Law of excluded middle　律曰、凡物必爲甲或爲非甲。孟子之論兼金一事、陳臻曰、今日之受是，則前日之不受非也；前日之不受是，則今日之受非也。二者必居一於此矣。以必居一釋不容中，乃形式邏輯愜心貴當之義。茲律也與毋相反略似，而實不同。昔胡君適之詰曩以不可兩不可釋彼（此乃誤釋，今姑如適之說），並謂不可兩不可爲毋相反律。（原文用矛盾律）吾駁之曰、此適之兩律混淆之病。蓋正負兩質，毋相反律示不能同時俱存，不容中律示不能同時俱亡。以適之用語詮之，前言正負不能俱眞，即不可兩可；惟後始言正負不能俱僞，即不可兩不可也。是不可兩不可者、非毋相反之謂。而不容中之謂也。適之又引經說不俱當必或不當二語爲證。不知此二語者、以說明不可兩可則可。以說明不可兩不可則未可也。是不俱當必或不當。復非不容中律而爲毋相反律也。（詳見附錄四）持此以爲兩律之別。思過半已。

適用本律。宜破對待。如問石堅與否。其應得之答案。亦堅或不堅而已。若曰石非堅。亦非不堅。此非介乎堅與不堅之中。即全軼乎堅與非堅之外。正爲本律所斥。不當溷殽。莊生曰、處乎才與不才之間。此於玄談近之。佛性非常非無常。是故不斷。……佛性非善非不善。是名不二。（見指月錄卷四）心經、無明盡。亦無無明盡。老死盡。亦無老死盡。此於佛理有然。均之去邏輯乃萬里也。或曰、堅爲柔之反。非堅則柔。何如。曰、堅柔者對待之名。不具矛盾之誼。對待語可容分量之殊。程度之異。以爲遞增遞減之資。而矛盾語則否。沈括筆談云、淡竹對苦竹爲文。除苦竹外。悉謂之淡竹。不應別有一品。謂之淡竹。如括所言。是苦淡以對待之形。而具矛盾之實矣。然文人如此論思則可。若邏輯之事。則非截斷衆流。分域不明。蓋邏輯與數學不同。數學中有等級數之差。如墨經所謂一少於二而多於五者。相與盈胸。而邏輯則甲與非甲。兩言而決。無中立調停之餘境也。

釋物不待言思想律而論不容中律尤爲刻至。其說曰、夫謂一辭有誠妄之可論者。必謂詞與詞主有可屬之義。然後可、設吾言烏狼香爲第三意。此語何誠妄之可論乎。（語依嚴譯詳見附錄墨議）烏狼香爲第三意者。即墨經凡牛樞非牛之說也。繹之言曰、凡牛樞非牛。兩也。無以非也。牛樞人不識爲何物。殆如經中虎字飄字之例。任取一字綴之。此與牛無義可屬。乃論者資以起例之孤證。一目了然。於此而問此牛乎。抑非牛乎。二物既憖憖然莫相知。將見正負之答兩無所可。故曰、兩也。無以非也。無以非者。即可見無以是也。而在律曰、物必爲甲或爲非甲。然則邏輯至此。將何所施其技乎。

邏輯有論域之說。謂是非然否。內于域有可論。外則無可論。穆勒無義可屬云云。即指主謂兩詞不同論域。論域不同。是非然否之念無由起。而不容中律之技信窮。

雖然。有說。夫所謂域何嘗之有。以名理言之。小而無內。域也。大而無外。亦域。墨經曰、域、（原作或）過名也。過而以爲然也。如以爲然三字。足以詁域。則何者吾謂之論域。斯論域矣。墨經又有曰、吾謂之而然者此也。夫烏狼香者植物也。第三意者、心理也。植物心理不同域。移判因斷之曰。此無誠妄可論。然植物者學也。心理亦學。今以學為綱領。納二科於下。亦誰曰是不為域者。於是立為命題曰。烏狼香非第三意。在邏輯不為不詞。惟牛樞亦然。牛樞不論何物。而以有牛字在內。謂是文字之冒濫。要不中不遠。則文字者其論域也。吾過餐館。執細崽而論之曰。冰麒麟非麒麟。細崽且笑喻無迕。亦安見牛樞非牛之類只非者。如詩經云、惟南有箕。不可以簸揚。惟北有斗、不可以挹酒漿。皆牛樞之類例也。此土文人。好以詩鐘之法。分詠二物。而取物處以極無情思者為尚。詩反渺然可誦。若固有之。此亦自尋論域之方。而所尋者類居正面。足資參證。

學云、文字云、詩鐘云。猶退一步言之者也。實則邏輯者一負號。本詞而外。拒斥宇宙間萬事萬物。曾不芥蒂。烏暇辨別所拒斥者之為某為某哉。如曰、律詩非三角。此固非曰、律詩不為三角。而為方菱圓橢諸形也。乃直包舉有形無形一切之萬事萬物。擯斥無藝已爾。以非三角隸諸律詩。邏輯殆無媿色。形式二字之可矜貴如此。

請試綜三律而論之。墨經曰、合與一。或復否。說在拒。此卽墨辯之所以律思想者也。合、合同。一、重體。此明同之極詣。同一律也。或者正。之否者負之。旣正又負顯非辭理。此明矛盾之當戒。昭毋相反律也。拒者卽不容中之謂。拒於拉體諸文最切。譯本或作拒中。(屠孝實名學綱要卽取此譯)墨家提出拒字。意在以後律釋前二律。以三律之脈絡悶貫通也。故曰說在拒。惟墨經本條無說。且經文簡略。無從考見內蘊。細爲比勘爲足惜爾。

四、理宜律 Law of sufficient reason　此或譯爲充足理由。攷其所謂充足。與墨經之宜適合。因移牒而說明焉。

蓋三律者。俱就一誼之正負。示有所取。本律則反是。本律者正如王充所謂揆端推類。原始要終。(見切韻譜)着於事物相依之關繫。求其准的。墨經所立志功一義。卽此物也。大取篇云、志功不可不相從也。又云、志功爲辯。經說云、中志工。(同功)正也。吾嘗講其義曰。志者體也。功者用也。發其相從之律。盡其爲辯之職。是之謂正。(見墨辯注)而與正爲鄰之誼。謚之曰宜。經云、「合、正宜必。」謂合有三。曰正。曰宜。曰必。宜者正之次也。說云、「臧之爲宜也。」吾又講其義曰。經說下云、臧也今死。而春也得之。不死也可。此言臧得某病死。春得某病不死。可見病無定宜。無定宜者非無宜也。是在用工以叶乎且然必然之律以宜之而已。（釋下云且然不可正而不害用工說在宜說云且然必然）臧之爲宜者此也。如此等宜。提其要而鈎其玄以肆應於事事物物。是曰律。

志功律與因果律同而異。異而同。何言夫同而異也。志者因之謂。功者果之謂。志功不可不相從以劑於宜。即因果不可不相次以抵於正。惟因果者位於自然。其序井井。吾得發其覆以明之與否。因果之本身。要凝然不動。怡然自在如故。志功則純由心理體察而見爲然。凡志之與因。功之與果。其訢合之度何許。不必驗之於物。而惟會之於心。心徵有說。即信爲當。是因果者麗物而存。志功者緣心爲用。因果依客觀之事物而定。志功本主觀之嘗藩（嘗藩字見荀子正名篇）而生。此所謂同而異也。

何言夫異而同也。昔叔本華論天下事資理而行者有四。一、物理之變化。二、認識之名數。三、數理之公論。四、行爲之准的。第二事本律所關。而第一事不脫因果。分域犂然。各有所當。然認識者。不能如飛鳥入池。無因而至前。名數者不能一無繫屬。如活動影片之聯絡蕩漾。一譬而逝。是必有物爲以作之基。立言致思。資爲張本。又必有物爲以爲之尾閭。是非然否。相與印證。如是遞爲張本。遞相印證。介然成路。理境以生。所謂邏輯之鏈 Logical Connection 是也。鏈者何。卽因果律與爲環也。墨經曰、無窮不害兼。何以敢曰不害。卽因果律隱爲之隮。使自識爲爾爾也。已有其志。敢信其將收是功也。自認識論而言。因果律云者。亦志功律移用於經驗範圍。而得其符驗者爾。無他故異物也。此所謂異而同也。

第四章 概念

概念二字。爲Concept之譯語非愜心貴當之詞也。此物道家曰旨。（莊子旨不至之旨）墨家曰意相。康德好言物如。Ding an sich（如與本譯相近）易則曰物宜。（繫人有以見天下之賾而擬諸形容象其物宜）舉爲勝義。而以概念字來自東譯。初學較易曉洽。仍之。試取諸家所用之字。相與參證。以求其通。庶乎眞誼可得。蓋概念者。非他。卽心官對事若物。發揮其知覺記憶想像諸作用。構成意相。恰如其事若物所宜之本體。著於吾心。得號曰旨是也。謂之爲概。其先統括若干殊相。而收攝之。不言可知。英語有時繁稱曰General concept。卽所以明概也。胡君適之哲學大綱有云、如梅蘭芳一個概念。代表梅蘭芳一一表徵。此胡君殊不免自語相違之弊。何也。梅蘭芳、私名也。私名止於一實。何所用概。又概。括所以昭義。而私乃無義。Non-connotative 兩義互參。乖違立見。

夫吾人果何由識物者乎、曰有概念在吾故識之。如角者吾知其爲牛。鬣者吾知其爲馬。角云鬣云。卽吾之概念也。吾持此念。以印於當前之有角者曰牛。以印於當前之有鬣者曰馬。因識之也。然而持此角鬣之念。胡乃必識當前之牛若馬乎、曰、角鬣者。牛馬類之義相也。夫下之牛馬無限。牛馬之形形色色亦與之無限。吾嘗取若干馬若牛而比勘之。見其異質雜呈。而中有不異者在。於是發揮意識之用以思以辨。去其異者。存其不異者。而適見所謂不異者之爲角爲鬣（此不必即止於角鬣學者不可以詞害意）因即範爲一念。蓄於腔中。事象之來。迎機即合。共相 Universals 之云。此物此志也。

共相之起。緣於同德。同德之伏於事與物間。往往一目了然。不能欺三尺之愚童子。若夫探賾索隱。聖哲之功。探云索云。可見賾隱不爲一蹴而幾之境。人之作念。有經驗與邏輯之分者此也。邏輯概念 Logical conception 之興。首分二德。次歷四序。二德者何。常與寓也。凡事若物。以寫以藏。體之不遺之恆住性。曰常德。適從何來。遽集於此之偶有性。曰寓德。四序者何。舍寓而取常。於焉拔之使本體超然于事若物之上。是之謂抽象 Abstraction 抽象之先。暨抵諸德。覈其同異。曰比較。抽象之後。執兩用中。收攝一切。曰會通。然後以言語發之。章闡顯微。表裏一貫。曰命名。

然則共相與邏輯之連誼。何所自始乎。攷其沿革。可得而言。當紀元前第六世紀之頃。希臘碩士朋興。辯難鋒起。就中宇宙間事事物物。其生成變化。究遵何道而行。斯爲論議中心。莫之能決。赫拉頡利圖立爲說曰、萬物無常態。方生方滅。方滅方生。如環無端。字曰流轉。Flux質而言之。此不住之流轉。卽萬有之眞相也。譬若川流。滔滔不息。以足入水。抽足復入。故水已去。新水乍來。茲番所入。迥非前比。一人而欲兩度同入一水。不可能也。此與吾呂仲木言、燈熄而然。非前燈也。雲霽而雨。非前雨也。其理正同。有葉里亞派 Eleatics 大反其說。謂流轉者萬物之假相。不得言眞。天地之間。萬象惶惑。而其原皆出於一。惟一始在。多何有焉。巴勉尼地 Parmenides 與芝諾 Zeno 者、師弟相承。冠冕諸士。師用力以證一之存。弟則證多之不存。芝諾嘗與畢達哥拉派 Pythagoriciens 辯動。其說環巴勉尼地所爲定義而走。巴之言曰、天下惟單一而不可分、及連續而不可斷者爲眞因。畢達哥拉派駁之。謂兩羊同徜徉於牧野。嚙草既足。日夕下來。往時數二。來亦疊雙。烏在其單一而不可分。烏在其連續而不可斷。芝諾折之曰、如君之言。宇內所有。惟不連續。一直線。一空間。皆積點而成。信如斯也。天下將無動。何以言之。動者不過諸狀斷續之假名。實則靜也。試卽動之距離而剖分之。物由甲點以至乙點。不能無止。由乙點以至內點。並展轉遞推。均不能無止。止止相承。點點俱靜。動之云者。如君之言。特諸靜之積而已。積靜不能爲動。天下果無動也。此與惠施二十一事中。飛鳥之疾。而有不行不止之時。詭異相近。他日芝諾又設之。謂以一動體M、進於AB直線之上。將欲盡其全程。必先盡其半程。將欲盡其半程。必先盡其半程之半程。由此遞縮。其極境將使行者僅得舉足而已。質而言之。或竟未嘗舉足也。反而觀之。行者奮力前邁。歷其半程。餘半尚在。盡其餘半之半。餘半之半尚在。由此遞進。終有一半。任行幾時。終點莫至。由斯二者，此線俱無達時。是動爲不可能。此理吾國亦有之。墨經云、非半勿斵。則不動。說在端。端者點也。積點爲動。斲半而終於不動。此遞、縮、之、說、也。莊子天下篇云、一尺之棰。日取其半。萬世而不竭。餘半終在。無從得竭。此遞、進、之、後、說、也。中西名理。如此巧合。又起於紀元前三四百年間。適當吾國周秦之際。其中有無相通脈絡。無從攷知。嚴幾道先生、謂有能言其故者。雖在萬里。將褰裳從之。其詭異如此。惟芝、諾、言、動、各義。是、極、論、動、於、其、所、往。料彼、主、張、應、易、爾、爾。非芝、諾、自、爲、之、說、也。又此辯。幾。結。在混。散。名。實。時。空。而。一之邏輯。所。不。容。總。視。何也牛羊。

散名也而動爲空間之事前者有概念後者無概念二事既然異其範疇何得併爲一談當時諸家不解此理故徒繳繞畢達哥拉派以兩羊爲證冀間執連續不分之說而芝諾又原本點線欲援動而入羊皆坐未明吾墨辯「但止動」之大義有以致之（但止動止與動除外卽時空不爲概念說詳見後）就此而論吾墨者偉矣要而言之芝諾之意在取證多之不存而存者惟一諸官所感差別萬千凡變化生滅種種之相皆非眞有天下能號爲眞有者一而已矣之兩說（卽埃里亞派與畢達哥拉兩派）者逕鑠而行無能相下眞理安在世莫知所宗於是詭辯派 Sophista（在希臘語含有智者此派之人以智者自居故名蘇格拉第之徒斥之以爲知識非吾人所能有吾輩乃愛智而已決非智者本身也故將學名斐落索非亞蘇格拉氏從之）乘之而起以謂眞理漫無的標眞僞善惡美醜賢愚諸狀物之名特吾墨謂所至遝以狀之而已非本來有何的彀可指也斯派所論與吾道家無物不然無物不可舉莛與楹厲與西施恢恑憰怪道通爲一者（莊子齊物論）若合符節而博樂達哥拉 Protagooas 至爲之言曰、人者萬物之權度也是感覺之尊至於無上綜其所論率偏於修辭立辯之爲其流也遂至放縱流蕩無所不至蘇格拉第惡之以爲是非不明決非認識之不可能凡物有其通德麗物在物離物在心是曰物宜物宜者大抵人人心中之所能有惟人智不完，失於如最表顯而各各所懷因不一致耳。於是勤勤以其道教人，自號曰助產術。謂知識如胎兒，自育於人之腹中，吾能助而出之，固不能強納而入之也。柏拉圖者，蘇氏之高第弟子也。著共和國一書，首正公平 Justice 一名。因執人人而叩之，彼意中所了解爲公平者何若。於是以人所同稱之義，立爲界曰、公平者，無僞言及回復人所固有之謂也。攻之者曰、例如一人病於精神，室固有刃，爲友所藏，必從而索之，將其友不作僞言，以刃還於病者爲公平乎。抑詭言逃變，不回復精神病者之固有權，爲叶於義乎。受此攻詰，蘇詰又易其次所詡爲愜心之界說，爲以相當於人者與人。蘇格拉第復疑之。闢何者始於人爲相當，易詞言之，何者相當於友，何者相當於仇。論難繼生。第二說仍須改訂。是特偶舉一例爲然耳。其他遇物致詢，別異甄同之道，大率視此。凡邏輯之與共相，爲緣由是深固而不可拔已。

共相、名乎、實乎。邏輯之沿革、演至此境，此間勢無可逃，蓋已言之。共相之起，所以閒執萬物流轉之說者也。流轉終而凝靜始，共相爲實，遂成爲觀念，而起矯枉易過之裁斷。其言曰、天下之實在物，無過共名。此較之個別之出於其下者，遙爲堅切。大抵共名所共愈多，其實愈厚。故人者。眞於個人。國者。眞於各國之圜。冶理根納、Erigena 實宗之祭酒也。其先爲愛爾蘭人。頗邃希臘文。時愛爾蘭號稱稷下。文義所歸。冶氏卅其才智大興古學。一切以柏拉圖之、名、、、之唯實論竟爾中興。號新柏拉圖派。間實論之中古諸哲。利用實宗邏輯。殆非莫之爲而爲叢羅馬教政。階級之制。教皇褒然居首。儀表天下。教旨悉匯於是。爲其大小祭司。次於其下有差。爲別果別。爲實而共則否。所謂神聖加特里教會。（按加特里爲希臘文訓遍在該會特標是名用有深意）將不過一名。詞而羅馬之教統壞矣。中古之學與教爲緣。而致宗之有取於唯實（冶氏界作理宗）固自然之勢也。顧名宗反之。郝作思者、斯宗之鉅子。力攻中世煩瑣諸派。以爲封執謬妄。爾臻其極。因爲之說曰。邏輯者名學也。凡物有號。時曰名言。料簡名言。斯成邏輯。夫人所以異於禽獸者無他。在能名耳。能名則以注存所懷。傳達於人。取名而離合之而辭以立。取辭而疊積之。論法以成。語其要術。惟在分析。Analysis 分析者。所爲經緯萬端。牢籠六合。唯一之途徑也。名宗之說如此。勢之所之。將首與經典派兩不相容。蓋經典爲前民立教。有物有則之詞。總制清虛。邈爲心極。不許新生後起之事象。偶或妨之。由名宗之言。凡經典所從出之事。事事物物。應須覈。

爲殼論扎天下惟此事事物物爲真餘則否中世紀來人之精神得所解放出教入俗者有之遞衍歸學者有之未始非郝伯思諸賢之賜、

歐士實宗在吾國由道家尸之其所以道家尸此者亦正惟藉以明道之故與歐哲篤教崇實之微旨羌無二致老子曰、道可道非常道名可名非常名此言可道之道不爲常道可名之名不爲常名老子主常卽名卽道夫常者何也韓非解之曰、物之一存一亡乍死乍生初盛而後衰者不可謂常唯夫與天地之剖判也俱生至天地之消滅也不死不衰者謂常常於何見曰、於名見故復曰、自古至今其名不去以屬言之時空中相繼死者何啻億萬而馬名如新應物卽起是知死者馬之個體不死者馬之共相也夫相者象也想也韓非云、人希見生象也而得死象之骨案其圖以想其生故諸人之所以意想者皆謂之象（解老篇）今案圖以想馬之生可見馬固不生顧馬不生而相生馬不生以生於有故而相生以生於無故於是天下之狀最真者爲無狀之狀象最肖者爲無物之象惟無得自在惟自在得常所謂建之以常無是共相以常無爲體焉得不實該說新結論、王輔嗣弱冠詣裴徽徽問曰、夫無者誠萬物之所資。聖人莫肯致言。而老子申之無已何耶。弼曰、聖人體無。無又不可以訓。故言必及有。老莊未免於有。恆訓其所不足。此區區往復數言。不媿爲吾實宗。互闡明理。見極之絕要語錄。惟惜兩賢於理已近。而所見終未瑩澈。故辭涉惝恍。文季（字傅）謂聖人於無莫肯致言。殆未晤中庸視之而不見。聽之而不聞。體物而不可遺數語。應作何解。老莊訓無如彼深至。而輔嗣謂其言必及有。殆出韓非卜。吾嘗思之。常無之說。過於駭俗。卽以晉世淸談之盛。玄言之妙。諸賢猶未敢放膽馳去。一李翳障耳。無他故也。他家志存立異。更無俟論。楊朱者。名宗也。首於常誼肆其抨擊。其言曰、伏羲已來三十餘萬歲。賢愚好醜。成敗是非。無不消滅。又曰、實無名。名無實。名者僞而已矣。胡君適之嘗講是義。謂此卽歐洲之唯名論。惟勢有二。一將名器禮文。視作人造虛文。一輕蔑人倫關係。偏於個人主義。（哲學大綱）是誠然。夫自然者。道家所法之極詣也。（人法地。地法天。天法道。道法自然。）而楊子則曰、從心而動。不違自然所好。（楊朱篇）是以自然。散寄於事事物物之中。不認有至高無上至恆不滅之主宰。歐洲唯名論之演成個人主義。如我楊子爲我一派。誼亦猶是。至晉裴成公（頠）作崇有論。所爲矯正當世虛無之理。亦自不外名家緒論。

名實兩宗所見之相反也如此。攻許之風盛。覃求之志轉衰。二者相乘。勢不可理。馴致二百年來。格物致知之學。他部昫蒸蒸日上。獨邏輯無進境可甄。自倍根著格物新範。（謝无量嘗用此名譯爲名學新論）指陳察物之要。反覆申說。謂必多聞多見。始有名理可探。天下閎博之士。從風而靡。聞見既宏。積理較富。邏輯之空疏無補。相與闇然日章。以謂人類錮於宇宙之間。動爲形氣所拘。一事欲洞明其所以然。苦未能及。惟欲知識之足供吾用。則吾人發憤求取。力恢恢乎其有餘。縱使無限無盡藏諸本原大事。未能藉此以明其究竟。而彼有限有盡藏之經驗範圍。確有循理自得之方。乃哲家往往舍其心力可及之道。環而攻討於萬不可及之冥漠中。無怪夫愛智而獲一大愚。求智而去之日遠。已洛克者、即此論之表著也。此其不滿於前此諸家之爲。欲得中道。以求由誠意而達於格物之域。灼灼與人以共見。由是實宗挾膠執之見。從同失之。名宗持抹煞之論。齊亦未得所謂中道。惟唯意論 Conceptualism 尸之。自意宗之說興。邏輯始劃然爲一新時代。或謂邏輯迄無補於格致之學。而格致轉有助於邏輯。寧其然乎。

夫意者、即邲什布脫（依歐譯）之謂。顧名思義。旨趣昭然。以爲概念。無他。止於概念而已。凡物吾意其如是。即屬如是。外此。非吾所論。阿貝拉、Abelardus（十二世紀法之辯家）意宗之雄也。其言曰、

周咸徧之得稱爲實在者。指神意爾。並非先個體而存。凡個體所在。周咸徧相與爲在。斯即實也。個體以外。別有所謂實。則嫌不詞。名宗所主之名曰論。亦無是處。要之吾人就事物而立言（Sermo）。言一出口。遍在之義即與之俱。蓋言由意生。意不先就事物之內容比較通概。使集於一。共相云胡可得。由此論之。共相云者。亦於遺言會意之間見爲存在而已。他非所知也。

唯意論一譯唯言論 Sermonism 以此。裏曰意。設曰言。固一而二。二而一者也。凡共相之號。爲實。止於此境。不能更越雷池一步。可以概見。墨經曰、知也者以其知過物而能貌之。若見。貌之若見。意之用也。所貌之相。乃意相也。號曰意相。其無實體以盾於相後。可知。無實體以盾於相後。凡名至而無實相自外飛至。可知相一曰旨。是之謂旨不至。若吾國名家有旨不至至不絕一義。列於惠施二十一事中。謬爲多方。實則六字作何義解。世鮮知之。惟世說有云、

「客問樂令旨不至者。樂亦不復剖析文句。直以麈尾柄確几曰、至否。客曰、至。樂因又舉麈尾曰、若至者那得去。於是客乃悟服。樂辭約而旨達、皆此類」。究之、客悟何義、樂達何旨、誰此猶疑、莫能明明。王字泰筆麈中載世說此段、稍續云、「然則至去初無定名、本體元自不動。故云觀方知彼去、去者不至方。客之所以悟服也。法華經偈曰、是法住法位、世間相常住。識疏之不變、肇論之不遷、皆謂是耳。樂令直以麈尾剖析文句、而劉辰翁王敬美不解、以為禪機隱語乎。」據此、王君自解與否、亦難斷言。試依邏輯之道推之、旨者、皎然與共相為一事。旨不至、即共相不至。例如三角有等邊者、有兩等邊者、有不等邊者、要之此皆三角之偏相、而非共相。既云共相、應無所謂等邊與不等邊。以涉邊、即偏有妨於共也。然天下無邊之三角、有乎否耶。試執器以御之三角、非全等邊、即兩等邊或不等邊。圖之所之、見偏相不見共相。從乎無邊、於角之旨、未嘗一至。三角也是之謂旨不至。惟圓亦然。大取篇曰、「小圜之圜與大圜之圜同、不至」。以一中同長為圜。圜之共相、固絕大小。而以規為圜、非大即小。故大小之圜同一、皆不至也。惟線亦然。同篇上、「一尺之不至也、與不至千里之不至不異」。以有長無廣為線線之共相固絕遠近而引斷作線非遠卽近故近自一尺遠達千里其體同一旨不至也故其下云「其不至同者遠近之謂也」惟方亦然王宇泰所引經語觀方知彼去去者不至方彼指上文本體言之觀於為方非平方卽長方非木之方卽石之方而本體固絕平長木石以知方成而彼去且去者非來而復去之謂而未嘗一至之謂故曰去者不至方也不至方者旨不至也惠施則有矩不可以為方一事亦謂為方則平長木石相與繳繞而方之旨不至也惟惠施於旨不至下以至不絕三字為轉此亦曰旨唯不至至則未見能絕而已其實旨至與否終不可得而明此辨甚詭等於未答幾令煩了斯意因以壁尾為譬若至者那得去一語應是惠說達詁王宇泰以佛經法位及不變不遷等名牒之終是執著所見未必高於劉辰翁王敬美幾許姑不具論學者亦知旨不至而意至卽意卽相時曰意宗可已

「家好言本體卽三宗舉莫能外名宗曰宇宙間無所謂本體者實宗曰有之不惟有之而且天下之實莫逾此物意宗曰精曰有之唯存吾意德儒康德因立紐彌那 Noumenon 一名

與斐諾彌那 Phenomena 對舉。斐諾彌那、此土言現象。凡物有其現象。亦有其隱象。隱象者何。即本體也。此之本體恰是物如。物如不可見。吾惟從其可見者「紓迴而通之」（此[illegible]）表裏。惟意斯成概念。中庸所謂視之而不見、聽之而不聞、體物而不可遺、此也。於是吾能體物。曰體物。吾所體亦曰體。凡能所共。夫是之謂本體。本體立。概念生矣。

綜而觀之。唯名論、以謂物之通象、不過名稱、無實在、與之相符。唯實論、反是。並謂通象、縱非官能所接、而要不害其爲實在。唯意論、折衷之、謂通象、存邏輯、爲實在、外於邏輯、則否。於是實宗之號。曰共先於別。Universalia ante rem 名宗之號。曰共後於別。Universalia post rem 意宗之號。曰共入於別。Universalia in re 先焉後焉入焉。概念之所以爲概念無可逃已。

第五章　外周與內涵

凡名對於物有所命。對於德有所涵。所命示名之廣狹。為橫。所涵示名之淺深。為縱。橫者謨謂教字之曰外周。Extension 縱者曰內涵。Intension 如金屬何謂也。曰、金也。鐵也。鉛也。鋁也。其他其他也。凡化學家早歲發見之四十八質。以及次第出土之各質。皆是也。此外周也。至詢金屬之所以為金屬者奈何。曰、必元素不可分者也。必善傳熱若電者也。必有光澤強於反映者也。若而德者。放之六合皆然。推之四海而準。凡此屬雖不均同。亦無一獨缺。金屬之所以別於非金屬在此。此之為義。與獸遇金鐵鉛鋁。按物傳呼。得心應手者殊科。則內涵也。（例本耶方斯）以是為推。知公名處含二解。一在所命。一在所涵。命者命物。涵者涵德。物主數。德主量。分野井井。不可渾殽。而此之為別。樣麼甘三致意焉。以謂聯外周之詞二。如人。如畜。赫綜。數學上之加法也。宜名曰積。Aggregatio: 聯內涵之詞二。如白。如澤。此異性合於同體。與數學上之加法不同。宜名曰融。Composition 其後蒲爾 Boole 承其說而演之。謂兩詞之積、式為 $x+y$。兩詞之融、式為 xy。猶如純如信乎知言。夫積數尚已。樣麼甘又曰、二之融其中有一。是一也。吾英字彙不完。無由表之。將號爲部Nouns耶。部指外周甚明。而無與於涵也。曰分、Constituent曰素Element。庶乎近之。以云訢合無間猶未也。程明道曰、

假如詞子黃白礬白。合之而成黑。黑見則黃白皆亡。又如一二合而爲三。三見則一二亡。離而爲一二。則三亡。既成三。又求一與二。既成黑。又求黃與白。則是不知物性。

明道不明化分之學。故以從三求一二。從黑求黃白。謂是不知物性。但云黃白合而成黑。黃白亡。一二合而成三。一二亡。所謂亡者。義止於融。又碻繫未誤。假定嗣後有化分之時。則分者自屬於分之事。當因素之未分。而適凝爲一體之頃。應有殊號稱之。不令與次節相加之。名渾殽。乃邏輯不得不設之境。此融誼之所由來。而無間於明言默喻者也。明道與棣麼甘、於此立辭。雖有繁略深淺之未同。哲人所見。殆趨一揆。

涵者于君右任爲標準草書一書。綜覈精研。足有條理。以內籀之法。整齊其體。所立形聯詞聯二義。意趣森然。蓋形聯者。聯部首而成之。如輊以部首車聯至。遂觕成字。而王獻之作輊。祝允明作輊。顧會作輊。文徵明作輊。陳獻章作輊。雖書家人各不同。涵者則識其爲輊也。自

若。至若將車旁作爲獨體、一如于祝文陳諸家之法書之讀之其不晉人人殊者幾希。惟詞聯亦然。詞聯者聯字而成之。如頓首、再拜、奈何、足下之類。形雖二字、而勢等於一單字。詞聯中、之、一、字。而無、異、形、聯、中、之、一、部、首。故頓首直省作厺而右軍書㐲析觀幾於各慭慭然不相知也。由是以知形聯中之部首詞聯中之一字。既聯之後殊無能以未聯之體視之。凡其二事之聯非二事之積而爲二事之融章章明甚。既爲融矣、即從而爲之言曰輕無車奈何、無奈此得邏輯以盾於後其誰曰不宜。

吾國數有堅白之辯。公孫龍子以此辯得名。實則此辯先龍而生。莊生載孔子時已有離堅白若縣寓之說。離堅白若縣寓者、謂將堅白二德離石而懸寄於外也。堅白假其可離、則二德未嘗沉浸於石之內、而融之說可廢。往者頗怪公孫龍子有下述一段議論

二有一乎。曰二無一。二有左乎。曰二無左。二有右乎。曰二無右。

此無一、無左、無右云者、初可視爲一左右融於二中、勢難割分、故謂之無。此其爲說、頗與龍平生宗旨不類。及細繹堅白論所云、始得會合各義、豁然貫通。論曰、

堅白石三、可乎。曰、不可。曰、二可乎。曰、可。曰、何哉。曰、無堅得白、其舉也二。無白得堅、其舉也二。視不得其所堅、而得其所白者、無堅也。拊不得其所白、而得其所堅者、無白也……

……得其白、得其堅、見與不見離。見不見離、一二不相盈、故離。離也者藏也

用此無堅無白、視曩之無二、無左無右、以知無者、非謂不可劃分而無、乃正謂其可以劃分而無也。二、左右為符號。堅白始為本量。使堅離石而去、視之不見、故曰無堅。使白離石而去、拊之不得、故曰無白。如是則堅白（二一符號）不相盈於石。凡堅見則白藏、白見則堅藏、其舉也二、二者非白石、即堅石而已。德與本物全不相融、始有此效。

為墨經云、「莫不有也」、凡堅之所至、即白之所至、凡白之所至、即堅之所至、彼此一毫脫輻、不得、是曰相盈。盈即融之謂也。今不相盈、是不相融。墨家則反是、其要旨曰、「堅白不相外」、是堅不能外於白而獨宿於石、白不能外於堅而獨與石為緣。凡得白不能謂無堅、凡得堅不能謂無白。見與不見俱不得離。一二斷乎相盈（堅白二一）。相盈者、即不相外也。兩家之見乖牾如此、而其分野則融與不融司之。以棣靡甘所舉白澤一例、與吾諸子論堅白相類、故為互

勘其畝如右。

夫周與涵、互爲消長者也。外內之數。大抵周大則涵小。涵大則周小以爲常。此之連誼。漢儒敎嘗爲三角塔以顯之。塔尖示最小之周涵。塔底則反是。如圖一。人外周最小。以次漸大而至於物。物者無所不包。涵德最寡。別爲生物而義一富。別爲動物而義又一富。別爲人則富極矣。如圖二。故凡一名、外有其周。同時內有其涵，伸於外則必屈於內。伸於內則必屈於外。圖三所示。尖底一爲顚倒。誼卽互爲盈朒。未或爽也。

(一)

(二)

(三)

雖然。屈伸之度。果相應焉否耶。相應矣。標準又何若邪。曰、是難言之。天下儘有周增而涵不變者。如人口不論增殖幾許。而人之所以爲人如故。貨幣不論增鑄若干。而幣之所以爲幣如故。皆適例也。其在他一面。一名之涵，雖張弛由人。至爲數幾何。未易了了。卽或知之。屬德如林。從而加減其一二。亦不必有何影響。中於輪廓。如能言、人之屬德也。以加於人。而人滿自若。不加少也。如分別之跡、反爲動物屬德之一也。今覺去之。而反爲類之周自若。亦不加多也。何也。若而涵者同類之所俱有也。至若德之加減。舍同而取異。外周誠不得不隨之而變。然甲德變小。或乙德變大。其率往往不同。如以白狀人而曰白人。周之減率甚大。以盲狀人而曰盲人。則所減甚小。是已。要之。惟涵與周相互損益。周愈大者涵愈小。周愈小者涵愈大。乃邏輯之通義。不得以消長之無定率而遽廢也。

或者疑之。以謂遂斯義也。周最小者莫若個人。而周最小者涵最大。個人之涵宜爲無量。反之、周最大者莫若宇宙。而周最大者涵最小。宇宙之涵宜爲無物。乃由斯而談。名如宇宙。惟其包羅萬象也。錫以無物之號。而凡私名之周於一物者。轉被以無量之稱。有是理乎。嘗試論之。涵德愈多者爲物愈寡。則爲其物樹立界說。詞繁而義重。可知。遞演至於個體。勢几以連珠不盡之文。傾其更僕難數之證。夫然、邏輯可得語玄機。子曰汝窮年探討。非所謂無限無盡藏諸大問題乎。今既歸宿於此個體。不必升天入地以求之矣。然而邏輯不爲是

六六

也。若邏輯者與言探賾索隱之業、嘗謂約定俗成之事、時或理境朗朗不誤、而爲約與俗之所不許、亦且從而軒輊而不辭、闡之道家。知其不可先也、故後之。知其不可上也、故下之。惟邏輯論涵亦然。知其不可稱也、故略之。知其不可繁稱也、故簡舉之。下而逮於私名、略無可略、遂乃不稱。簡無可簡、遂乃不舉。久之、私名、不界、及私名、無涵、諸說、一躍而爲名家律令、不可搖已。夫私名者、由前之言、涵義之大、至於無上者也。今無上之涵義、等於無涵。然則何者、爲有、何者爲無、將孰得而辨之乎。由他一面觀之。凡名共物愈衆、德之有屬性者、去之愈多。餘惟無屬者而已。洎遞進以至於無共無屬、集其大成。於是最大共名之不可界、正與私名同。夫私名、則無可別者也。是爲最小別名。今以最大之共、與最小之別、同一名理。然則衡量、有無之質設、又何在乎。黑格爾以辯證法鳴。至德要道、不外有無同量、殆爲是歟。

今試執塗之人而語之曰、外周愈大者、內涵亦愈大。譬之人。有若孔子。有若穆勒。有若蓋世凱。有若卓別麟。凡此四人之德、皆統攝於人之一觀念中。進言動物、則有若人。有若禽獸。有若昆虫。有若鱗介。凡此四類之德、舉不爲動物之一觀念所包容。大抵別名所有、即共名所有。推而踦於無共則所謂庇音 Being 者萬有也 Being in the end means everything 非無也。凡界說別二物於仲別。不得不著兩物之差以為之郛。今有為萬有有之外無餘物其勢不能為界。然此非並其有性而抹𢫬之也。蓋有之云固非不可思議之境也。小而無內與大而無外事皆隸於有不隸於無也。小莫能破與大莫能載皆有之象非無之象也。此其為說在恆人聞之以較漢密敦之尖角塔喻淺顯何啻倍蓰。

解之者曰、邏輯之言共別未若幾何之言全分。前者重性後者重積。前者純主觀念謂即兩物之觀念而互勘之視其性之何屬而綱目以分。後者觀念與例證混謂有一觀念於此求物例之足以相證者一一布列於下因知一類之周幾何也。曾於學報 邏輯執中 邏輯通義周大而涵小其由前說不由後說章章明甚。於是共者一也 Unity 別者多也 Variety 一少於多此語足以說明一切而有餘。吾聞之鏗士 Keynes 詳見所著形式邏輯 執周六涵大之說者殆涵字未得其解蓋涵有三一曰通涵 Comprehension 一曰心涵 Subjective intension 一曰詁涵 Connotation 通涵、盡一物應有之涵德而適括之不論我知之與否也。心涵、德之入主吾心而吾聞名而即喻者也。

詁涵則一名檢儉之德，吾遣詞時，取以示別於他名者也。三者通涵之義最廣，心涵次之，詁涵最狹。凡辭書所為定義，大率詁涵之類也。今言周大涵小者，流意決不在統涵，而亦不為心涵。如其意在統涵也，則共名既賅諸別，宜悉諸別之德而兼收之，所涵大小，將適得其反，與壘所以語塗之人者同趣。如為心涵，吾心所知於別物者，宜較多於共物。顧鯨之名廣於巴力拉 Balaena mysticetus（巴力種鯨之稱）而鯨習聞之，巴力拉則否。是事例往往與心官不相應也。二者皆非所謂內涵者，何惟詁其尸之矣。此義既明，別物詁多，共物詁少，自然之勢，何容抵諆。不寧惟是，共愈大，詁愈小，上而達於無共節，下而降於無詁，最大共名之不能作界以此。然則私名不可界，字書中從不見有私名之詁者，抑又何故。解之者曰、私名無周者也。蓋周之云者，非一類與一類中個體總積之連誼也。孔子、穆勒、袁世凱若阜別麟者，俱個體也。既不能相與疊積，自為一周，而孔子而穆勒而袁世凱而阜別麟，介然一人，蒼頭特起，更何周之可言。周且無之，何言涵之大小。漢密敦之三角塔中，私名不得一位，良非無故。然則人果無別也耶。曰、有之。人別為紅人白人可，別為盲人啞人可，別為君子小人亦可。論域何若，即爲別何若。而俱非所論於孔子穆勒袁世凱與卓別麟之倫。何也。孔子穆勒袁世凱與卓別麟。個體也。非別也。夫私名之無周也如彼。而非別也如此。律之詁涵。將何所措手足乎。故曰私名不涵。顧有涵之說。時亦出於邏輯家之口者。無他。三涵、未辨之故也。以袁世凱言之。一畢是名。可以包括清末民初之全部政史。設無袁世凱。滿洲或至今不亡。豈曰無涵。然此乃通涵也。蘇明允云、平居聞一善。必問其人之姓名與鄉里之所在。以至於其長短大小善惡之狀。甚者或詰其平生所嗜好。以想見其爲人。而史官亦書之於其傳。意使天下之人。思之於心。則存之於目。存之於目。故其思之於心也固。（張益州畫像記）袁世凱之友若敵、更若民滿天下皆深有悟於其爲人。皆思之於心而存之於目。豈曰無涵、然此所謂存之於心者。乃心涵也。通也。心也。之二涵者。均非邏輯之所有事。而邏輯有事之詁涵。於此無所施其技。故曰私名不涵。（詳見密勒形式邏輯）

第六章　端詞

端詞者、非止於名詞也、端詞分類、希臘邏輯家首列單兼二種。Categorematical and syncategorematical 單兼之稱、出於荀子。其言曰、「單足以喻之則單、單不足以喻之則兼。」凡一字而義完曰單詞。一字而義不完、待與他詞合以見義者曰兼詞。是固不問其詞之爲名爲狀爲動也。如馬、駑然一詞也。特吾意在白馬、馬不足喻、而宜與白兼、始喻之矣。白、皤然一詞也。意在甚白、白不足喻、與甚兼始喻之矣。人井、詞已兼也、意在凡人非。人井不足喻、與凡兼始喻之矣。但兼。有德、有位、大抵虛字及語助、其德本不足喻、故無論何往、不可不兼。如「其容孔莊。」一曰其孔莊、或其容孔、皆不適。宋苗振試館職賦。韻押王字云、率土之濱莫非王、竟不中選。晏公、獻以、倒繃、孩兒、誚之、卽是一例。至若詩經貽厥孫謀、而如顏魯公帖、幸承貽厥之訓。截去二字。刑于寡妻。祗云刑于、則約定俗成。人人喻之久矣。寡妻下云、至于兄弟、以御於家邦。兄弟、不以、至、于、顯。家邦、不、以、御、于、名、約俗、未、具未易、一概、而論。是若其、若孔、在德、非兼、不。可者。也。至「一言而無信。」一言單稱卽喻。而在「巧言如簧。」一則言非與巧兼不詞。是號以。

位。非以德也。又或彙一二字。義仍不足。則單兼組出複成長詞。仍不害其為名。如「行君之令而致之民」即其例也。此在希臘謂之共詞。κοινὸν ὄνομα 荀子曰、「單與兼無所相避則共。雖共不為害」此之謂也

於此又需知者。荀子云、單不足以喻則兼。可見單足以喻。即不必兼。凡不必兼而兼。是謂語贅。近見某君四書新釋中有云、「必須近察地球的地質。遠觀星辰的天象」此地球與地質二詞兼。星辰與天象二詞兼。實則含地球則無所謂地質。言天象不間涉及星辰。如是而兼。無異疣贅。應需避免

位與德僅已。而形與義猶需留意。蓋兼詞有二。曰縱曰橫。如右舉白馬。白與馬兼縱也。或言牛馬。牛與馬兼則橫。橫兼之名。在英語有接續詞如 and 者綴之。朗着列甫而晉文則否。如人林中見鳥。驀然指目之曰、此一隻鳳凰也。實則鳳凰。絜然二鳥。人所尋常鳳可凰可同時。鳳凰不可。惟曹子建詩亦然。其贈王粲云、中有孤鴛鴦。哀鳴求匹儔。此所見無過一鳥。明號為孤。謂求匹儔。或是鴛求鴦。或是鴦求鴛。如司馬相如詠鳳求凰。斯可[illegible]雄雌。齊舉襄

一而表二，大是煩贅，且屬不詞。故劉勰新論審名有云：「狐狸二獸，因其名便合而爲一；蛩蛩巨虛，其實一獸，因其詞煩，分而爲二。」此言本兼而以爲單者有之，本單而以爲兼者亦有之。詞煩分二，即單而誤以爲兼者也。凡此皆因形而誤其義也。莊子言：「呼我爲牛者，吾應之以牛；呼我爲馬者，吾應之以馬。」若牛馬兼人，將不以是呼，呼亦吾無由應。乃司馬子長自稱太史公牛馬走，毋乃陷於誤兼爲單之誚。史有名將曰韓麒麟，石頭記有鴉頭曰鶯鶯，如是命名，其誚咸同。且鳥獸中有雌雄，若壯男稱牛雌，女跨牛雄，尤覺可笑。說部中嘗見父皆其子稱「這個禽獸」，其誚正等。

端詞雖不止名詞，而名詞特著，請即名詞之特性而類別之。

一曰私名與公名。私名，穆勒界之曰：在同一意義以內，名之祇命一物以爲眞者也。如印度、太平洋、袁世凱、東方病夫國、此吾最愛讀之一書，皆是。凡固有名詞，俱屬此類。雖曾有兩曾參，趙有兩毛遂，西京雜記載兩秋胡，特名之者不能不專守一義。（曾參兩殺人而不下機，即守一義之例）唐德宗時，制誥闕人，批與韓翃。時有兩韓翃，中書具二人同進。德宗批與「春城無處不飛花」之韓翃，以詩句冠於名上，不啻示與不能詩之韓翃有別。是所謂專守一義也。時或不提姓名，僅以詞句加於職銜之上，其效並同。如魏泰贈寇萊公詩，有「有官居鼎鼐，無地起樓臺」一韻，後北使來朝，問「孰是無地起樓臺的宰相？」此言者聞者皆知是詩指寇準一人，不得移於他相。是亦專守一義。果爾，一名限於一人，非得於兩人間任指其一，明為公名則不然。穆勒曰：「在同一意義以內，可於無窮物之中標一以應焉者，曰公名，如金屬，公名也。意義既定，不施金銀銅鐵以及其他，無有等差。」或曰：公名，通一類之名也。穆勒以謂類義不甚明顯，以類界公名，不如以公名界類，而曰：類者，無窮物而為一公名所統者也。穆勒之論，以墨經證之，良信。經曰：「名，達、類、私。」是以達類兩名與私名對舉，達類皆公也。公不泥於一類，如何以類界之？

公名與叢名異，不可不辨。太炎先生曰：「叢馬曰駟，叢人曰師，叢木曰林，叢繩曰網。」（國故論衡原名）惟太炎謂叢名用荀子之彙詞，愚意不然。駟師林網，是曰叢名。（譯總名，又曰集合之名 Collective term）叢名者，攝諸物而名其全；公名者，統其全而一一可名其獨。如一馬可名曰馬，而不可曰駟；一人可名曰人，而不可曰師。餘類推。此其別也。邏輯必為此別，蓋以叢名恆與公名渾殺。如圖書館，以藏書多也，為叢名，而以通名公私南北各藏書所。又爲公名。騈爾林網、舉作如是觀、耶方斯以公盡爲例。嘗病英文顢頇。不若拉體諸字體易辨。吾文則更漫無界域矣。英語 All men 解若 Any man 或 All men together 吾曰「一人皆曰予智。」人亦分指人人、或總體皆通也。墨經釋名曰。兼曰、「一體分於兼也。」指此。聚名與上衆詞異宜注意 梁天監七年。帝曰、古文、日月星辰、此以辰攝三物也。山、龍、華蟲、又以一山攝三物也。藻、火、粉、米、又以一藻攝三物也。是爲九章。附會帶末引 所攝相類。此中惟辰是聚名。

其次則玄名察名之別。穆勒曰、「玄名名德。察名名物。」玆義雖簡。然得體要。如馬察名。白馬之白則玄名。人、察名。仁義禮智信、則俱玄名。玄者懸也。謂抽物之象而懸之也。日本文作抽象之名 故玄名與狀詞相連至緊。歐文有語尾。二者不難區別。吾文全然混同。非視文脈莫明。尹文子云、「名有三科。一曰命物之名。方員白黑是也。二曰毀譽之名。善惡貴賤是也。三曰況謂之名。賢愚愛憎是也。」此三科俱以此詞爲之。總是玄名。

正名負名。其別亦嚴。正名以表一德一物之存。負名則表其亡也。如人與非人、善與不善。皆正負相對。歐文成於繁音、多接頭語、負名恆有負號著於字首。如 Ingratitude 忘恩 或 Inequality

下均之類。吾如俗用之歪字頗相似。然此類絕罕。通常非臨文時別附一負義之字不可無已成之負名也。

負名有習用既久。獨立爲義。相對之正名轉不存者。如不肖、負名也。正名爲賢。不聞爲肖不穀不軌、均負名也、穀軌雖亦用如本義之反。而非相與爲正負。不佞則正面之義。別爲一解。惟才不才能不能幸不幸等詞爲正負並行爾。又不著負號。義等於負者。所在多有。如明暗、暗非明也。原質雜質、雜質非原質也。反之、帶負號而義通於正。匪亦無之。如不便、雖便之負。而義含困苦。則正。不經濟、雖經濟之負。而義含濫費。又正。他如無價、謂最高價。無上、謂最上。無恥、並謂可恥。皆此一類。蓋凡一理想。表詞爲正爲負。特偶然耳。要之名有正。卽應有負。有負卽應有正。實有與否。當觀文字之孳乳何如。而在邏輯不可不如是立說云。

負名與褫名 Privative term（或譯缺德之名）異。褫者。褫其德之所前有也。如盲、如死是。入或有生而盲者。然具有視官亦可曰褫。死者奪其生之謂。無生如礦物。不得言死。故褫名以示物德未有先。後或無有。今亡負名。以示物德本來不具。且不能具。其大略也。耶方斯以謂爲別甚難。此類於邏輯且非甚要。然吾之名家、所以此別而致激辯。所謂孤駒未嘗有母。惠施之徒、駁辯終身不窮。至爲觀何若、莊墨俱不明載。由今釋之、則孤駒概名、非負名。惠施以概爲負、說殊未易持也。蓋負名之負、指未嘗有。概名之概、指嘗有而今無有。孤駒本來有母。今雖「孤稱立、而母名去。」一（莊子今注）本來有母之實、良不可誣。今方無母、而謂昔日已無母、是猶今日適越而昔至、不可通也。

十年前、吾在瀋陽東北大學講邏輯。同僚吳柳隅劉春艤兩君、互爲墨辯。劉君曰、孟子以墨子兼愛爲無父。復以無父爲禽獸。是墨子之學、禽獸之學也。吳君駁之、謂無父與禽獸無涉。古聖君賢相、如伏羲黃帝伊尹諸人、史不紀其父。是皆無父者也。固不聞史家斥此等聖賢爲禽獸。劉君曰、否。無父如吳君「當然解釋」爲沒有父、不可通也。北史蘇威傳、楊素云、蘇夔無父。得謂蘇夔生來無父乎。是無父云者、亦如鄧衍之不服父喪、心中無父已耳。吳說非。兩家之說如此。當時吾兩解之、即執概負之別、引墨經爲佐。如經云、無天陷天傾西北。神宮誕說、固自始未有此事。故無天陷爲負名。經又云、無驪馬在概中為人盜去。此夙有之忽化爲無窮無邊爲概名、今爲間。無父之云。無天陷之類乎。抑無邊之類乎。吾若言伏羲黃帝伊尹諸人、史不紀其父。然史所不紀之事。或是闕文。或是脫簡。未可遽斷爲無。即伊尹生於空桑。然其最亦與契稷初生情事相埒爾。不啻父也。王船山於玄鳥生商疏云、契之生。實以高辛氏宜之。故曰嚳何宜。宜、合也。歆也。猶生民之所謂攸介攸止也。（詩經稗疏）又疏云、履帝武敏歆。言高辛之事。履、踐也。踐迹相隨也。帝、高辛也。武、大也。敏、動。歆、感也。下云攸介攸止。介、抑也。止、宿也。蓋姜嫄隨帝往祀郊禖而歸。心大感動。介帝而止之也。（上）據此、古今安無父生子乎。偏是歸於想像之事。然則無父一詞。屬於概名。一言而決耳。何聚訟之有。至概之由來。亦限於鄙衍無父一科。至若蕪變心中無父事。涉心理及倫理範圍。邏輯家不當答。

名又有畸偶之偶。偶 Relative 或作相對。畸 Absolu 或作絕對。但相對易與對待 Opposite 混、（嚴氏名稱以對待但兩物對待者人都以爲有相反性質之義譯爲其實不然待字二義相反外有父子君臣諸義於相關也）而絕對尤覺過涉玄學。穆勒謂用偶之負名曰不偶爲當。亦有理。大抵畸名。不待想念。他物闕聲而即喻。如水、如樹、如屋、如聲皆是。兒童初習識名。指水而告以水。指書而告以書。殆無不解。若親、若師、若兄、若牧竟則不然。

言覩而不及子言牧童而不及羊。說與喻俱將兩窮。此所謂偶名也。如等、似、因、果、長、短之類、並是。凡言等、吾知必有與之等者。言似、必有與之似者。有因必有果。有短必有長。惟因。果。長。短。兩名駢。立等似。一名。雙。受耳。（甲等於乙或乙同於甲甲乙俱得同名惟似亦然故曰一名雙受）段玉裁曰、古分其合曰半。合其分亦曰半。（見說文解字）半一名。雙。受尤顯。

篤而論之。天下。蓋無。無偶之名。苟一切漠不相謀。眼前止於一物。思想將無由起。誠以。思想。生。於。異。同。至少。須。得二。物。始能。爲。辨也。夫思想律者、先天之法令也。據以爲推。入乎應將所及之物。擘爲兩半。然後饒有運思之地。張橫渠曰、「兩不立則一不可見。虛實也。動靜也。聚散也。淸濁也。不有兩則無一。」（正蒙）說可證此。如曰死也。非有他半之不死者。隱隱相嚮。則死爲何義。原子也非得他半之雜質以爲之衡。則原子胡解。其他命水勢且及火。舉礦意或在此可以類推。然邏輯必臚舉若干字。特錫以偶名之號者無他。亦以相偶之度本有未同而爲於思之傾。不得不取其特別有連於時空因果者表而出之而已。

凡物之相偶。有其際。爲莊子知北游篇、有曰物際。可謂知言。夫物有際。已凡彌漫於其際者。

皆爲雙方。與。接。爲。構。無可免避之事項。如慈孝、偶名也。實則慈孝初非二物。乃同一倫理範圍所表著之現象在父一方言之爲慈。在子一方言之爲孝。非有他也。若是者。希臘哲家謂之物際本事。Fundamentum relationis

最後、名之函義。一耶。歧耶。宜爲詳論。耶方斯謂邏輯爲用之廣。莫如審歧義。蓋事貴夫利器。善器貴夫切言。言之不切。思於何有。例如梵文、謂字爲奢婆達。假令梵人言漢字非奢婆達。語本無誤。而吾稱奢婆達、字也。語亦無差。惟並兩語而求其斷、曰漢字非字。則大繆叢出言有章者。字爲之也。而孳乳寖多。駁難董理。兩語之意各有所注。語辭以成。閱見太炎先生齊物論釋注嘗論。每一思想。邏輯宜即爲備一字。表之。反之、凡一獨立之字。在邏輯只宜有一思想與之相副。惟以節文字之流衍。繫理境之變遷。沿習既久。乃至一字一義。皎然可見者。甚少。概見叢一能取意念。所取事相。廣博無邊。而名言自有分齊。未足相稱。自其勢也。數論見齊物論釋攝大乘論立能詮所詮二名。謂一所詮上有多能詮。或一能詮上有多所詮。此誠古今萬國之所同。而此土之爲尤甚。何以言之。他國文義。由一而歧。大抵用者之不經意。成之。而吾國則造字者。

先立意爲歧。於是他國文字號爲末流之浮濫者、其在斯且轉爲創造之精神所寄。試觀假借引申、六書中雖然與指事形聲並置、遑論其他、尋吾文音義異同、最爲繁複、約略論之、一爲音異義異。如因形著用、而衣施諸身曰衣、冠加諸首曰冠。因用著形、而物所藏曰藏、人所處曰處。此乃虛實殊用、猶易爲辨、至如帑爲妻帑、金幣所藏則讀若儻、乾健也、而中乾、乾沒俱讀若干、截然二物矣。一爲音同義異。如萬物、育物、品物、物也、而易曰君子以言有物而行有恆、庶物、事也、周禮大司徒以鄉三物教萬民亦然。鄭君說易至含三義、曰變易、曰簡易、曰不易。此讀且相反矣。夫道、路也、而道若大路然之道、訓爲理。又左道、邪術也。王道、霸道、王霸之術也、均與術同。凡此皆一能詮上有多所詮。據大乘論、有顯目、密詮之分、顯目、現義、密詮本義。「如言校尉、顯目偏將、本義乃是木因火伸。如言列侯、顯目二十級爵、本義乃是解骨射侯。如言鴻臚、顯目主賓贊官、本義乃是大雁肥腹。苗本嘉穀、裔本衣裾、遠孫亦曰苗裔。酋本久酒、豪本豪豬、夷目亦曰酋豪。顯目密詮、相去卓遠、皆一所詮上有多能詮也。（齊物論釋）如此等類、不堪枚舉。益以名家離堅合異之詞、亦詞章家雙關隱射之熾張、譸張爲幻、無從剔抉。

此誠邏輯成毀進退之大關鍵。惟慎思明辨之士。其善爲之。

有言一字一思想、或一思想一字。爲不可能。其故表而出之。亦至有趣。請先舉一例於次。

毛詩馬名最繁。驪馬白跨稱驈。黃白稱皇。純黑稱驪。黃騂稱黃。蒼白雜毛稱騅。（可見明物之難因此）（赤色乃駱馬雜）黃白雜毛稱駓。赤黃稱騂。青黑稱騏。青驪驎稱驒。白馬黑鬣稱駱。赤身黑鬣稱騮。黑身白鬣稱駱。陰白雜色稱駰。彤白雜色稱騢。豪骭稱驔。二目白稱魚驪。白雜毛稱鴇。額有白毛稱白顛。左足白稱馵。黃馬黑喙稱騧。驪白稱駁。駵馬白腹稱騵。四馬皆黑稱驖。騂驪稱騧、小稱駒、七尺以上稱騋。爲服爲驂稱上襄雁行。（見十牧二三篇人獸馬木記）

此非由字書摘意採擷之名也。見於風詩。誦習於先民之口。流轉不知若干年代。爲問今日入耳即辨。入目不爽者。尚餘幾何。夫天演之境。大抵由繁趨簡。惟文字亦然。如右字彙。殆久矣失其之又其。恆民幾祇能囫圇併爲一詞曰馬矣。然則邏輯。爲一事。毅一名。察別入微。足有條理。亦何補。於人心之顢頇乎。篩擇的言、文化日進。古語殘缺於廢。故與他字音義渾殽。不能期人必然了解。則詁惟覆之而別以新者爲替。則有若干牝獸之名。古書流衍。意蘊漸闇。甚若歧入牡獸。難於示別。因不得不有以矯之。古高德（卽古代高地德意志文）Hinde 本牝鹿也。字形似犬。今遂直曰牝鹿。左哈 Zoha 本牝犬也。字形近一切獸。今遂直曰牝犬。由是城市生涯日益開發。字中所含獸德。未遑細辨。致使紀物之字。到目難明。民用飲闕。迫而生變……有識、不啻爲吾闡明毛詩詳紀馬德卒歸零落之故。語文繁習。中外一致。可勝慨嘆。抑詁學有格里䰟 Grashan 鐵律曰。惡幣驅逐良幣。惟言語學亦復如是。蓋人之立言。以閎者能喻爲的。嘗見文人慘淡經營。頗稱意匠。卒以解人難索。概從割愛。語云約定俗成。此約低而俗歸所爲定之。成之者不得不如是也。其在他一面。里諺流轉。情感衝激。以及承訛襲謬。競相做效。尤未易一二數。嘗之謂辟伯「如小麵包。奧京曰喫不菲 Kipfel 北德意志曰小牛角 Hoernchen 吾至柏林履食店。當然亦小牛角之矣。將令店夥明吾所欲。舍此又胡可者。」一藍果諺流轉之說也。謂辟伯又言「吾日晨出。必撫幼兒而命之曰爪李。如吾儕欲別兒。期與握手手字問兒所解。吾逕用之足已。然寄情遐爪千里。吾於此際。嶄嶄言爪。實無餘地」。一此情感衝激之說也。（可憐夢裏罔家內無不門小么兒茂名稱之曰猴息子門內老爺子向兒則小猴兒快傳你的猴子此獸兒獸出殺成小么兒定名亦情感衝激致然）師辟伯文學曲語之例。謂一曲語者。語之刻劃本事。不甚明亮。而聞之亦輒了了。兩情共喻者也。如受胎、人謂與性慾有連。未便揭言。而舉國不諱生子。在勢胡可遂。乃迴環其詞曰「那件事」。一此那件事者。猶吾等人之言阿堵或寧馨也。人習稱之。本今幾廢。此承、訛、襲、謬、輾、相、倣、效之說也。夫先民為物命名。有其本意。而人情如是。文化之程度如是。以致本意湮滅。謬誤流傳。漫逝名言。如麵包、如手、如錢。邏輯猶無從舉其職。命彼不受驅逐。其又奈之何哉。（師辟伯說但見此譯情與詐變之論）

此外尚有一類。應需著錄與否。邏輯家之說不一。則名之有、涵、無涵、是也。穆勒頗置是。培因蹤之以謂公名無不有涵。為其命物之時。即已涵泳物德。表著物物相與之誼。此公之名所由立也。如動物一名。吾以徧命牛馬麋鹿。而牛馬麋鹿之同德曰四足。翕然與其名以俱來。若私名則不然。私名專號一物。則無餘蘊。如天王星、以命星之號。天王者。倫敦、以命首部之辯倫敦者，特以爲標識而已，與泉之曾及行恆諸體，而隱挾有各體相類之象。首都二字、歷抵倫敦巴黎柏林江戶以及吾南北兩京，而顯示首善之區所不能外之同點者，迥乎異趣。並類此，同即公名之涵義是。

名之有涵，由穆勒之言，不僅公名已也，雖形容詞亦有之。如白、如長、如堅、如仁，其性爲公。凡普之有物，可得隨意藻飾，無所於滯。設如所狀之名，一一綴於其下，曰白馬，曰長河，曰堅石，曰仁人，將見凡形容詞，一可狀之物無限，而各物在彼本統系內所具之通性，即蘊蓄於其中。故形容詞亦爲有涵之名。試觀尹文子曰、「語曰好牛……好則物之通稱，牛則物之定形。以通稱隨定形，不可窮極者也。謂復言好馬，則復連於馬矣，則好所通無方也。設復言好人，則彼屬於人也」，形容詞之有涵義。此爲切證。培因曰、「公名者、概括物德之所由成也。惜形容詞亦然」。此如圓、一中同長也。曰圓、長河落日圓。亦曰圓。住景二說在重。（亦謂詳評）曰重。飾色天下重，亦曰重。其在英文，前者爲 Circle 與 round 之別，後者爲 Weight 與 Weighty 之別。（字下稱文所引）可見概括得來之德，以名詞或形容詞表之，俱無擇也。至吾文字形不分，即名即狀，離於一名。讀培因之書。尤易了解。

培因之見。如有而所舉公名。如圓如甫。皆玄名也。然則玄名有涵否乎。穆勒曰、玄名專指一德。與私名專號一物同。此俱義號於名。爲無所涵。觀培因之書。雖無反駁穆勒之說。推其用意。似不與本師苟同。他邏輯家頗謂玄名獨一之職。在乎涵德。焉得謂爲不涵。必如是言。將與。曰。廚師。不。好。甘。旨。無。異。如形。如色。其名。施之形。形。色。色。曾不。芥蔕。而通。德。之自。者。爲。一類。者。又悉被。於。其名。此非。有涵。而何。參考荷雷邏輯及 Coffey The science of Logic

第七章　命題卽辭

命題者。離。合。二。名。而。喻。一。意。也。此界之立。所得槩若。有如下述。

命題者辭也、荀子曰、辭也者、兼異實之名以喻一意也。此之謂辭。卽爲命題。且辭從𤔲從辛、𤔲（音亂）治也。理也。辛亦含斷制辛痛意。與歐語Judgement本義相通。故凡吾人之論物。於心理言之曰斷、或曰判斷。以文言表之曰辭。或曰命題。今言命題。取其順俗。然姑爲之說。命題亦非無義、題者標識之謂。其所以爲標識之法。度。曰。命。墨經曰、狗犬、命也。荀子正名篇曰、期命也者、辨說之用也。楊倞注、謂委曲爲名以會物曰期。則名而截副物謂之命。此新解者、義蘊彌宏。以律邏輯Proposition。亦不失爲良詁也已。

命題在墨經曰佴。（經作佴、自作也）說文云、佴、佽也。蓋凡辭、以二名相次爲之。前曰主詞，後曰謂詞。由荀子之言。二名必異實、異實之正解。頗不易得。如墨經言牛樞非牛。牛樞、刺榆之大者。與牛犂然異實。雖相次不成一辭。故經曰、「兩也、無以非也。」此其故何也。辨之者曰、異實指一論域內之異。非論域外之異也。如猶若吾知其爲牛。角者皆知其爲馬。牛馬無名。何截動物爲

八七

共。而曰馬非有角。牛非有齒。論域既定。則異之而成辭。雖然。墨經曰、謂非同也，則異也，一切正命題都含同，謂一切負命題都含異，謂夫負者正之窴也。苟不有正負念胡起。正負相消。謂從何來，茲之異實亦施諸負命題而止耳。何解於正命題乎。是知異者宜有別釋。則又爲之辨曰、荀子之異。兼有墨經「一異而俱於之一」之異。非必全異也。全異、墨經謂之相外。易詞言之。此異兼指內涵大小之異。非必內涵相拒之異也。如人與木石、爲內涵相拒之異。白馬與馬、則內涵大小之異。兩異並用。於是人非木石、及白馬馬也、正負兩辭俱可通矣。特內涵相拒。有必拒能拒之別。人非木石，斯謂必拒。若求非吾徒也。拒爲可能。不得言必。人之恆言，後項較多。

此其爲說近矣。然墨經。異而俱於之一。之說乃以釋同。非釋異者也。（原文云同異而俱於之一也）同有重同。有體同。有合同。有類同。類同、如本經盜與人、狗與犬之相同。體同、如董子蒐苗獮狩與田。祠礿蒸嘗與祭之相同。合同、如本經圜與一中同長之相同。重同、如說文宮謂之室、室謂之宮之相同。此種相同之名。排比使成命題。如盜、人也、蒐、田也、圜、一中同長也、宮、室也。固無往而不可通。凡其相同之度。極於曰重曰合。廣狹同幅而全不異為止。培因曰、「凡辭、主謂兩詞、不必同幅。其實謂詞之意、恆大於主詞。同幅者殊罕。」蓋命題者。所以表識、述意、解惑者也。命二名同實者、孟子曰、我為我。爾為爾。公孟篇曰、樂以為樂、室以為室。有時百誦其辭、俱將於義無取。故培因云然。然此固非謂主謂全不異者。在邏輯不能立說也。依此以談、吾人推究荀子異實喻意之義。從論域外之全異、漸及論域內之全異。以論域內言、從全異、漸及半異。半異者。半同也。更從半同、漸及全同。至是異同之名、混所實異實之名以喻其意。今易以同實之名。而意亦喻。正負俱真、將毋相反律之謂何。如上說不謬。荀子云兼異實之名。滋未當也。愚意祇曰兼二名足矣。曰兼二名、又不若離合二名。故今講匡荀、更為之界曰。命題者離合二名而喻一意也。

荀子云喻一意。而邏輯家輒曰二意。其言曰、「辭、排比二意者也。二意相受者也。二意互較者。觀二意之同異者也」主此說者。以謂達辭作斷。當然以吾意為之主宰。排比之事。自屬二意。穆勒駁之謂「如曰金之色黃。當其矢口也。吾之心必有金與黃之二意。同時而並舉然而未概也。徒舉二意。雖無所信可也。如曰金山。金與山豈不嶄嶄二意。是不獨無所信。心且知其無是物矣。」一穆勒此語。證之海大魚而益明。戰國策載、有人見靖郭君。僅言海大魚而去。靖郭君不解所謂。執而問故。曰海、曰大魚。明明二意。胡乃靖郭君不解所謂。凡言者當時僅舉三字。即故使聞者不解。是故此不僅聞者不解。即言者已亦未具其解也。至於魯公子友之左右。僅言孟勞二字。而公子友喻。則別有不同之情勢在。穀梁載、公子友謂莒挐曰、吾二人不相悅。士卒何罪。屏左右而相搏。公子友處下。左右曰、孟勞。孟勞者、魯之寶刀也。公子友以殺之。（僖公元年）此左右以孟勞兩字為一言。更無疏附。公子友居然了解其意。左右亦料定公子友之能了解。斬截為言。則是文法中命令或感歎之櫓句。如此非所語於邏輯之軌範也。綜之命題所表。不止於意。「而在物與物相與之間。方吾之知耕也。吾心固有地與耒之二意。然而曰、耕之為耕也。乃以耒之意加地之意。聞者不將大笑不止耶。由此推之。心有所信。雖必不能無所知於物。實獨其所信終在物耳」一（穆氏嚴譯）閔多猶有一說與穆勒相呼應。

所謂二意作何解乎。二意離合又胡謂乎。如曰意者吾人所知於物之德也。二意或離或合。一德或集於同物或不集也。意與物相離合者。德之屬於其物與否也。則此之理論。實由雅理斗多德所謂分析遞衍而來。蓋吾人必即事物而分析之。始得具有斯意。

是其意誠為邏輯家與行分析之所有。而決非俗民理解之所同存也矣

兩家之說甚辯。然二意不可一。意固無可非。洪辯所之。恍若斤斤為吾荀家闡其微。顧吾先民先識遠見之不可及如此。

荀子又言兼異實之名。吾以異同之佘易殺。遂從定義中將此短句刪去。雖然。異同可略。而實不可略也。實與辭之連誼如何。不可不論。或曰、二名所表之物。俱屬實在自德意志學者哈巴德 Herbart 有發壇坫以來。茲一問題頗成諸家聚訟之點。裕伯衞曰、自非所謂明斥主詞。如曰絕對多數為不可能之類。則主詞言必有物。而穆勒偶言命題命物。旨趣尤皎然以明。邏輯論壇以衞穆為眉目。故一時辭為實說。甚囂塵上。然此說持之太過。似亦於人事未可盡通。如見豐間畫龍而曰、有長爪。聞人說鬼而曰鬼有腳。腳且甚香。（此見聊齋誌異）若龍若鬼。果得謂有物為否乎。閔多、實派也。謂仙駝 Centaur（半人半馬之一怪物。希臘有此稱）雖無其物。而有詞表之。詞與物連。

Objective Reference 並不與言者之意違，則謂辭之所命為眞，終非無理。穆勒亦謂辭以明信。信者信物也。雖不必眞有是物，而吾信其為有，或望其為有，即不得謂是無物。如曰，被害者之鬼常往來於害者之前，此亦惟言者信其有，此辭始得立耳。由兩家之言，此之所謂較之物質之物，究猶有間。有為之說者曰，茲亦謂物之存於論域者爾，不必徵信於空間也。卓乙斯曰，凡吾所論，殆自為一小天地，號曰論域 Universe of discourse 中何所有，可由意造。是說也，有疑物將不威為物者。然論域之理，終不可破。穆勒等亦稍稍變通其詞，謂詞之德有常有寓。常德之辭，以明物之何由得是名也，能事止於名。寓德之辭，則別覓主詞所不涵之義，以謂一物範圍，始及於實。是實之云者，亦限於寓德諸辭而已。穆勒之標是義，自亂其陣，識者無取。古之道術，有在吾墨家者，諸子儕聞其風義，應有進。大取篇曰，以形貌命者，必知是之某也。不可以形貌命者，不知是之某也，不知是之某，不能引作不實之證。蓋能以形貌命且知是之為某，而廓然無物者，往往而有。仙駝是也。隔里鵰 Griff（鷹頭獸身之怪物）是也。此土福祿壽三星及文昌帝君，形之於圖畫，詠之於詩歌，形貌具存，矚目即辨，而澈無一物，即官下亦未必卽偕爲眞反之、不可以形貌命如抽象諸德如有長無廣之綫不等邊不不等邊及不二等邊之三角又不得謂竟無經彌那之存在明夫此方可與言實矣進筆墨義猶可得言二名者何一句主、Subject 一謂詞、Predicate 句主、墨經號曰名謂詞、號曰實經曰、所以謂、名也所謂、實也凡辭之起必有一物爲實質未明吾因出其名以示人期於共喻者也故名者、卽當時所以謂之物位於句主以資說明而說明之實對句主之名言之位於下端以之擬實故曰所謂一曰謂詞是「所」與「所以」之界域絕明胡君適之詁墨經謂實爲句主名爲謂詞如曰、此是一匹馬此是實一匹馬是名（哲學大綱）正與鄙見相反卽「此是一匹馬」一語致之此爲代名猶名也明明立於主詞地位人問此爲何物何物者實也吾應之曰馬吾舉其實也明明立於謂詞地位焉得謂此是實一匹馬是名胡君恐致未淸至以實爲句主遂釀成俗學譯句主爲所謂之通病嚴氏自始取所謂二字牒 Predicate 可云卓識命題在墨辯有三字一曰言一曰舉大抵前者出口說事之常名後者明術數用之專號故曰、言出舉也又曰、舉擬實也言之而正無家稱爲正舉不正、稱爲狂舉舉奈例經說曰、以文名學彼實也。文者實之賓。謂備著之文字爲然。衡即此深求。頗涉名實兩宗辯論之遺。暫不深敍。惟舉彼實云者。止於兩詞相次。實仍不彰。於是綴系 Copula 衡爲。荀子正名篇云。累而成文。名之麗也。麗以綴系當之可通。凡辭不外正負。正辭綴系曰爲、曰是、曰乃、曰即。負辭通曰非。此外或統括焉曰皆。或結於尾曰也。二者與共皆占其大略也。形式邏輯習言命題以三部成之。指此。如和爲貴、性乃遷、余是所嫁婦人之父也、論語 孟子 人皆有之、堯舜性之也等句。以爲乃即是皆也爲之綴系。皆正辭。如求非吾徒也、何非也爲之綴系。負辭。主、謂、相次。中以綴詞貫之。故曰三部。

嘗論人事紛紜。所用語言無限。每次必賴綴系吐詞。如揆工之所營爲。假於人性不習。民於實微之。詞何之中之不含綴系。天然顯白者。俯拾即是。此而必以贅語飾之。轉有嗤嗤生澀之嫌。若而情形。在震旦文字尤甚。吾爲邏輯此部位例擬定爲是乃即等字。求其嵌入句中。不覺痕迹。總不易得。幾有發書而起之歎。其在他家。所感諒同。此馮德、霍甫定諸賢發爲廢棄麗詞之說。誠非無病之呻吟也。彼以爲人之立辭。初非兩識同時並起。要皆綜合待充有。

實在吾欲從而援述因偏索於文名而求其舉耳薄而察之此象不似鍛工之爲而大類蜘蛛吐絲徐徐開發故凡斷制之生事出渾成融然一體義祗一耳何三之有哉例如有人而援之所謂人是如何人乃如何特不過某是如何某乃如何言者涉於想像可及之人人一一比勘期於無迕斯境既達意相以成是云乃云亦意識中出舉所經之各階段耳焉見累而成文之必須麗語爲哉

右說甚辯以主謂相與之誼具於本身不由外鑠因謂意境無更容綴系之餘地馮德諸家之論不得謂非通人之言雖然凡一實蓄而爲意出而爲言意言之間墻有區別倘若而所謂若而所以謂兩詞相望嶄焉獨立既中離合何似是非誠妄何似謂卽以此言者俗成而約定聞者聲入而心通其在西方文明亦或未易臻此如培因云「以 Gold heavy 兩言駢列直是不詞必綴 is 其間意義始顯」此在吾文月明星稀山青水碧單詞成謂毫無障害者遽聞培因之說誠難索解然非所論於西土之文字以及此土文字之必須綴系一部者也於是以意識言馮德兩派之理勝以語言論形式邏輯之法通在邏輯言邏輯猶須兩存而

吾、謎、之。

實際繫系之紀。緣於希音言之轉著義。往若穆勒論「希臘諸賢之用爲字。率伏有長存之意。如曰蘇格拉底爲大師。此於說明蘇格名分之外。猶隱示此人恆住不壞。實則爲之訓住。無關字之繫義耳。濟徵膠而不解。可謂多事。較曰。烏有先生爲詞客戲言。此既曰戲言名號。復爲烏有。寧得曰句中着一爲字。烏有者且不得不化爲恆住乎。蓋希臘學者所囿止於本國語言揭雜文字。無能通解。斯枝節叢起。陳自障礙。無怪其然。」（譯說）穆勒父子論辭之大義如是。竊思宇宙間之有中土文者爲邏輯別開生面之處不少。不能綴系其一端也。此不備舉。大家未嘗參見耶穆勒或亦未知穆勒主張多治異國文字以資參伍鈎稽辨言名理之間。世有願執斯役者。盍自實驗系詞始。

離合二者以爲辭。如上所述。而辭有嚴正負。如鯨、魚也。辭正。鯨、非魚也。辭負。既之正負。殊於何處之乎。辭旨之正負性者。將見之於名。抑見之於繫系乎。或曰見之於名。係網將有正而無負。如鯨、魚也。又鯨、非魚也。而謂爲魚。彼謂爲非魚。合爲一名。雖又爲一名。離合共之名謂離合二名，非也至也，爲系詞，前後如一，負者負於名，非負於系也。凡日負辭，率以謂詞爲負名，故信如斯也。鯨爲魚、及鯨爲非魚。辭之形式有正而無負，而正負辭之別以泯。此雖與西土哲士謀通有無之潘號爲玄妙，及吾莊子其成其毀，道通爲一者，有相求之雅，著同契之符，以云邏輯，未敢聞教。

如右之云，猶庶昔爲崇，乃實宗所滋之流弊也。顧在吾土則反是。吾文不繼綴系辭。夫人而知之，惟亦正系爲如是。倘若辭，負式非繫繫人以系詞聞者，莫喻，如首陽爲拙，柳下爲恭，此略去爲字，僅日首陽拙，柳下恭，此殆等於鄙夫寬，薄夫敦一類辭流耳。可通，反之何爲求非吾能也。或子非魚，非字無省略理。以是或謂中土象形，爲系詞不具之文字，至少亦祗得半近似之言，不爲典要。且正，爲此故，吾國之奇智博辯，率趨於負，而不趨於正。以凡命意，叶辭，著負爲錚錚，有物之理而正，號轉在可有可無之列也。試觀惠施二十一事，如火不熱，輪不蹍地，指不至，至不絕，矩不方，規不可以爲圓，飛鳥之影未嘗動，狗非犬，目不見，鑿不圍枘，鏃矢之疾，不行不止，及孤駒未嘗有母等目，桊牛俱爲負式。卽正辭如卵有毛，雞三足，及白狗黑等語。正而義亦負。以有毛之卵非卵。三足之雞非雞。及白狗非白。為其真實意義所存也。吾敢為之言曰。希臘哲學思想膠執於正。周秦諸子膠執乎負。兩派各取一端。啓示方來。凡東西文明之一畸進取。一畸退守。其星宿海在此。姑不深論。綴系之於辭何所用何用」藉此可見一斑。

辭之正負。以最言也。若以數言。其類有四。一曰全稱之辭。如云自古皆有死。是二曰偏稱之辭。如云鶴有乘軒者。是三曰渾稱之辭。如云民無信不立。是四曰獨稱之辭。如云伯夷聖之清者也。是此之區別。視主詞為用之廣狹而定。凡辭之主詞。全部屬於所謂。是曰全稱。僅屬謂辭之一部。是曰偏稱。主詞所及之範圍不明。是曰渾稱。所及者僅限於一人一事。是曰獨稱。

全稱之式曰、甲皆乙也。All S is P. 其符為皆、為盡、為悉。或為莊子知北遊所謂周咸徧。孟子、衆皆悅之。皆也。李陵答蘇武書、妨功害能之臣。盡為萬戶侯。盡也。親戚貪佞之類。悉為廊廟宰。悉也。墨子稱周愛人與周不愛人。周也。通書、萬物咸若。咸也。書、徧於羣神。徧也。大抵所以謂者在同一公名之下德若性無不皆然是之謂全稱。

全稱與單稱易混不可不辨蓋名有公性有獨性公爲全體德若性分律之於各個體而真。獨亦全體德若性分律之於各箇體而不必真如齊人滅宋此齊人者獨性也非必全齊之人一一與於滅宋之役也或因謂皆爲全符未安不如用每 Every S is P. 用各 Each S is P. 如通書萬物各得其理各則周得其理無一人不得其理與言萬物咸若明爽多多如孟子、每人而悅之每則周悅無一人不悅與言衆皆悅之更逐指無誤。

全稱正辭如右負式爲甲皆非乙或無甲爲乙。No S is P. 如太史公云、人非木石。此言人皆非木石或無人爲木石也但如無地自容、人無敢言者等語皆此類但此式之皆非如前式得易用每如云、其說每不可信與言其說皆不可信用意不同每含有往往意不必周也皆若盡則周於全域不容有例外矣墨經、以言爲盡誖誖說在其言夫言爲盡誖譯之爲曰無言不誖赫然負式之辭也於是言無不誖矣則「一言爲盡誖」一言亦應括在人言之中而不可信將孰從而主張是故曰說在其言蓋與周之連誼如此。

偏稱者何。凡人之智量過於一物而尚未及全物言出。於是正式曰、甲有爲乙者。Some S is P. 負式曰、甲有非爲乙者。Some S is not P. 是故人皆動物、吾知之審。將不謂人有爲動物者。或有不爲動物者。創景教者僅耶穌一人。吾知之審。將不曰創景教有爲耶穌者。有不爲耶穌者。爲而論之。知識未備。乃有偏稱。凡一物也。固不出乙與非乙之兩途。但吾所知所有未周。即不能一一指而目之。謂某爲乙。某非爲乙。信事勢之無可避。果其能之。則甲中有爲乙者。其德屬子。吾將知之。甲中有不爲乙者。其德屬丑。吾亦將知之。命題至此。其式不得不易。易之奈何。曰、正式甲子皆乙。負式甲丑皆非乙。是此偏稱乎。遂適邇而入於全稱矣。是故偏稱、爲所識未定而立者云。（依穆勒說）

渾稱、Indefinite or Indesignate 指主詞界域不明者而言。如試舉人非木石一例。以人皆非擇之究之。誠皆非乎。抑僅人有不爲是乎。非讀者自爲決之。意莫明也。日常用語。此類爲多。而在吾文尤甚。吾人以邏輯規律繩語繩文。覺方整適用之詞何殊學。此最著之一端也。要之辭類有曰渾稱。特以昭示用語含混不明之弊。非曰邏輯將於此有所得也。邏輯繫此。首當以數度之視其入於全稱宜乎抑偏稱宜乎無論何人即以所入之類相待渾稱云云在邏輯無甚價值也苟真屬渾稱雖於整飭則無可歸類之辭時曰棄材。

獨稱者主詞爲獨體然不必定爲私名如云此童甚慧或袁世凱稱帝皆獨稱也。獨稱之辭律於邏輯亦以個象納於通則之下示所當歸而已。如人皆有死孔子爲人故孔子死。孔子死以著凡居於人之範圍而爲一體者莫不得死。荀子王制篇云以類行雜以一行萬。類與一爲全稱。雜與萬爲獨稱。以故獨稱之辭性轉與全稱爲近。

上來所述以數律辭截然可論者惟全偏二稱。以量兼焉乃合言全偏正負用符作記。凡得四項曰A曰E曰I曰O。AI取諸拉體諸文Affirmo。我以爲然之義。EO取諸Nego。我以爲不然之義。前者表正後者表負。式綜列如下。

全稱	正	甲皆爲乙	A
	負	無甲爲乙	E
偏稱	正	甲有爲乙者	I
	負	甲有不爲乙者	O

右列各式。凡以舉示主謂二詞之外周何若也。以是端詞有盡物不盡物之別。如詞所及為物周全部。是曰盡物。僅為一部。是曰不盡物。在全稱正辭主詞顯為盡物。如云、人皆動物。主詞舉人之全部。至謂詞、亦謂動物中有為人者而已。未能盡也。惟若涉於界說、及其他兩詞蒙而相掩（此嚴譯・新指 Coincidence）之句。則主謂亦盡。如云、人、能言之動物也。是偏稱正辭、主謂皆不盡。如云、人有病心者。此既未以盡人。亦未以盡病心者也。至於負辭、全稱之負兩詞相拒。以彼相拒。卜其皆盡。何也。吾非於若而界域之內。兩詞所含全部。了然於心。不能斷言彼此互斥也。如云、人無全德。此於人一一稔知而斷定無一全德。又於全德之中。審為虛無一人也。灼灼甚明。偏稱之負。一盡一不盡。盡者謂不盡者主。如云、人有不畏死者。此所及亦若干人而已。故主詞不盡。但於畏死者之全體。若不徧知。將無以碻說彼若干人之相外。故謂必盡。以式綜核如下。

	A	E	I	O
盡	主	主		
不盡			主	主
盡	謂	謂		謂
不盡	謂		謂	

盡物之說。出於墨經。說下云、謂牛馬爲四足獸。四足獸爲物。盡與大小也。此其式爲

牛馬雙立於四足獸中。爲盡四足獸統括於物內爲盡。得按圖而知之。而四足獸外周較牛馬大。物較四足獸大。亦按圖而知之。故曰盡與大小。經又更端論之。似不可少。卽圖四言之。主謂之誼。以一部分關通者爲多。如云、病人有嗜酸鹹者。此病人不盡嗜酸鹹。而嗜酸鹹亦不盡。病人關涵者兩項皆止於一部。主

謂俱不盡。故如圖四。惟此中委細察之。尚有別異之情三。更爲圖以明之。如云、人有卑鄙無恥者。此卑鄙無恥之全部。苞舉於人。無一立於人外。主不盡而謂盡。與墨例主謂俱不盡者

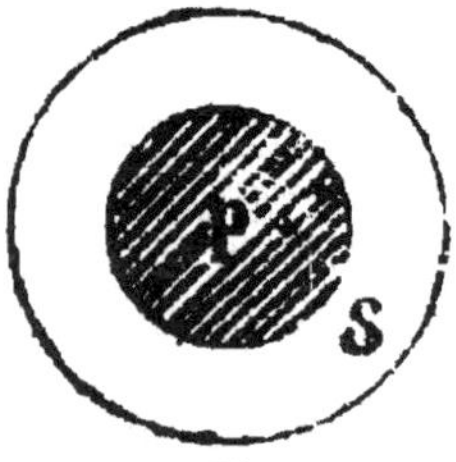

（丁一）

（丁二）

不同。如圖丁一。又如云、金屬有爲無機物者。此無機物以外。別無金屬。主盡而謂不盡。與右例適反。實則此辭貌屬於I。而情同於A。其辭不出於A而出於I者。則言者當時之意緒定之邏輯不置答也。嘗試論之。墨經云、無窮不害兼。有以爲不害者。卽有以爲害者。如或所知不敢自信。抑故欲掩其所知之一部分。斯害矣。A、兼之事也。害則退爲I矣。如圖丁二與上舉歐拉氏第一圖部署悉同。又如云、等邊三角有爲等角三角者。此主之全部。與謂之全部。本屬一致。爲A辭之極誼。其退而爲I。理由殆與上例所述略同。如實言之。主謂俱盡。如圖丁三。部署與歐拉氏第二圖無二。而自辭之現量觀之。化爲主謂俱不盡矣。更徵倫

例詩云、老馬反爲駒。在式、老馬有反爲駒者。I辭也。在實則反爲駒。者。止於此馬。總是主謂俱盡。舉子非攻爲云、有鬼宵吟。有女爲男。鬼宵吟目不論至女之變爲男亦屬狐證與馬駒之例同。

(丁三)

見卽圖五論之。情形略如圖四。如云、鹵有非毒物者。此謂一部分鹵。見於毒物範圍以外。主不盡而謂盡。爲O辭。絜矩之式。設云、人有非好辯者。此主盡。莫不然。若又云、或也者不盡也。或如云、四足獸或爲牛或爲馬。此牛不盡四足獸焉。不盡四足獸。圖照列甚顯。[illegible]用歐拉氏之圖觀之

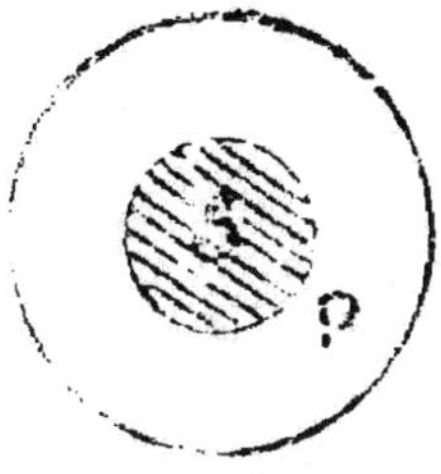

(四)

(二)

羣處表盡。全處表不盡。如圖一。示主全入於謂。而謂爲有餘。此主盡謂不盡。全稱正辭也。如圖二示主謂俱盡。而相掩。凡界說及其他兩物廣狹同幅之辭皆然。

（三）

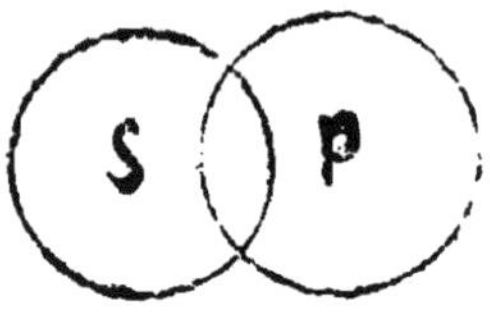

（四）

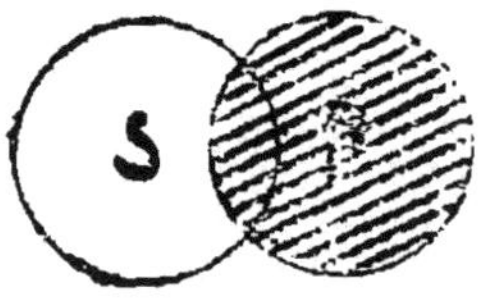

（五）

如圖三。示主謂俱盡。兩相拒斥。全稱負辭視之。如圖四。主謂交錯。而俱不盡。偏稱正辭視此。如圖五。示謂拒主於外。主不盡而謂盡。偏稱負辭視此。

更以墨經證之。圖一二四言同。三五言異。一爲體同、（即連同）類同。二爲重同、合同、（即具同）丘同、鮒同、同名之同、同根之同。重體合類、墨已釋之。就中連同即體同。不連屬不體也。一語可證。凡區域體同之辭。天下與國、兼體之說。惠施二十一事中有郢有天下一說。郢、荆邑。雖與荆齊。

（一）

（二）

亦不過天下之一體。墨經釋之云、荆之大。其沈淺也。說在具。凡一物置於他物之內。曰沈。若舟浮河中。然古浮沈同義。（詩載沈載浮沈亦浮）」故曰沈。荆沈於天下。荆小而天下大。若歐拉氏圖一。此謂天下有郢。可謂郢有天下。體大於兼。則不可。儘荆大與天下之大等。俱處於室。若圖二。是謂體兼等大。亦無一可。故曰說出。

具。具之爲言俱也。（說詳後）說此反證以爲說也。荀子非十二子、有齊秦襲一義。襲者當英語Coincide。亦具之謂也。齊秦爲同級體名。亦無俱處於室而等大理。此與郢有天下、皆爲詭辯墨家之所並斥。故連類及之。

按全大於分。無論中外舉視爲自明公理。洎至最近。佈算之學銳進。康脫G. Cantor始創所謂超有限數之數論Arithmetik der transfiniten Zahlen依此論也得以一列整數如一二三四……與一列偶數如二四六八……相對。兩列相對至無窮時。將見整數之量與偶數之量適等。於是全大於分。在有限之範圍內爲眞者。而跨入超有限之營宇。此理泯焉澌滅。惠施主張郢有天下。乃是分大於全。較之超有限數之整偶數相等。毀眞之度。抑猶有進。究之何所見而主張是無可考知。惟反乎常理之數論。歐哲今日始得其髣髴。若吾國二千年前。已有端倪。雖在邏輯史上無過誤聞勝義。而愛智之業要有足稱者矣。因附著於此。

具同、摎出。具當爲俱。而俱處於室。謂之合同。故具同即合同。（視同二俱處於室四字絕可玩）而大取明同。存重類。

而略。體。合其以達其代所略。義尤著顯。丘同、孫注、丘與區同。謂同區域而處。夫言區域。不齊。言室。故彼此俱盡移有、時同區域而處云者偶也非常也丘與室有微異者殆指兩物並見其中則無因果必然之誼特所占空間適同一域。甲至乙隨無緣脫輻人遂以同稱牒之爾如日出爲晝、日入爲夜是（此係錯簡删 者墨辯今注）辭同、孫云、辭、附通。史記魏世家屈侯辭、說苑臣術篇辭作附周禮大司徒鄭注、附、麗也此言一性麗於兩物以上彼此相同猶合同兩性同聚於一、物相對成義。如白羽之白、猶白雪之白。白雪之白、猶白玉之白是宋王鞏隨手雜錄載、呂吉甫問曾攷曰、蘇軾何如人也攷曰、聰明人也。吉甫厲聲曰、堯聰明耶舜聰明耶大禹之聰明耶、攷曰、非三者之聰明亦是聰明也。是聰明之性同麗於堯舜禹蘇軾而見爲同也。墨家有侔辯侔辯之中有非而然一目如讀書、非書也。好讀書、好書也是今即上引辭同例而立爲式。經曰羽非雪也。羽之白、雪之白也雪玉類推。又大禹、非蘇軾也大禹之聰明、蘇軾之聰明也堯舜類推。換質之法。有綴叢附益一經如墨引犬、四足獸也犬之鞹、四足獸之鞹也是惟此之附益例限於是而然。未及於非而然。附益之義未廣。今以辭、同、之、資、通、之邏輯、併、署、辯、

而用宏矣

同名之同對重同言之物有同實而異名者亦有異實而同名者前者二名一實後者一名二實尹文子載楚人有擔山雉者路人問何鳥曰鳳凰又載鄭人謂玉未理者爲璞周人謂鼠未臘者爲璞周人售鄭賈以璞視之乃鼠因謝不取是鳳凰山雉同名鳳凰玉鼠同名璞所謂同名之同也（此條見墨辯今注）至曾參殺人其母聞而不動此類同名世尤習覩邏輯家至少宜有曾母之見地又名非全同其初本取義於甲物以名乙物者亦屬此類如兔絲松蘿也而有絲之名燕麥亦苗與麥偶同之植物耳而有麥之名古歌云田中兔絲如何可絡道邊燕麥何嘗可穫此歌已昭邏輯之功用矣詩云維南有箕不可以簸揚維北有斗不可以挹酒漿惟箕斗亦然

同根之同義從根字可得根所由生也如圓規寫交方矩寫交規寫交所以生圓矩寫交所以生方又 H_2SO_4 爲硫酸硫酸之根即 H_2SO_4 俱是昔讀蘇子瞻志林一節頗於同根之義有關詞旨乖悟亦甚有趣辭曰

荀卿云、青出於藍而勝於藍。冰出於水而寒於水。世言弟子勝師。輒以此為口實。此無異夢中語。青即藍也。冰即水也。釀米以為酒。殺羊豕以為膳羞。曰酒甘於米。膳羞美於羊豕。雖兒童必笑之。而荀卿以是為辯。信其醉夢顛倒之言。以至論人之性。皆此類也。

此子嘗惡荀卿之言性惡。因尋垢以索瘢。遂不覺其言之無擇也。夫青、藍為之。冰、水為之根所由生。確乎未謨。然曰藍為之。知藍無所加不足以成青。曰水為之。知水無所加不足以成冰。尊代數方程式左項加何許者右項不加何許。不能施等。今全稱命題之即不啻等號也。青即藍、猶言青等藍。冰即水、猶言冰等水。為問如是發言。兒童將不笑之乎。推之酒、米釀之而多甘。膳羞、羊豕為之而多美。此在邏輯。並無所於誖。如是為言。安見兒童之必笑之乎。由此看來。以知命意、遣辭、不明同、謂即、人師亦難免語誖也。

至偏稱之同。墨家似未於論同時連類及之。惟或也者不盡也一語。誼指偏而不指全。顯然可知。又云、馬或白者二馬而或白也。非一馬而或白。二馬指二馬以上數。非必限於二。至於一馬。數止於一。難語於盡不盡。無所謂或。又一馬可視為標準。馬非專實馬。以標準馬無色。

可言即無或白理也馬或白者、當歐文 Some horses are white 偏稱之辭。異有四曰二曰不體曰不合曰不類此由同而反觀之義即洞明二必異二也。不連屬不體也不同所不合也不有同不類也語意嶄嶄絕可玩味不類如人隸於動物爲類木隸於植物爲類今反之曰人植物也而木爲動物是爲不類不體如蒐苗爲田之體蒸嘗爲祭之體今反之曰蒸嘗爲田蒐苗爲祭是曰不體不類、墨經曰木與夜智與粟不體墨經曰一與尺端與二莊子曰果蓏有理人倫雖以相齒（引北遊）不類也又曰、庖人雖不治庖尸祝不越樽俎而代之不體也不類在邏輯爲 Disparate or heterogeneous concepts（嚴君幾道譯作乖絕或異類概念）以內涵各異總不相通末由建類以爲之統故也（李白詩請君試問東流水別意與之誰短長水與別意木非其類何足爲比詩家故以不類爲類於甘逸忽深所詮於邏輯）不體在邏輯爲 Disjunctive concepts（屬謂離絕觀念）以同屬一兼各有司存相與離絕示不準殽故也二者俱屬已辭二必異、孫注、必讀爲畢謂名實但異皎然二物果爾與下文不有同何所別乎故二必異者自同言之謂二物縱極相同終有異處也昔侯失勒維廉問其子約翰曰何物同類最相似約翰曰一樹之葉絕相似維廉令掬葉擇絕相似者約翰莫能應此二必異之確證也由此涉愚。本事可括三辭在內。一、E辭。如云、此葉非彼葉是。二、I辭。如云、彼有似於此者是。三、O辭。如云、彼有不似於此者是。是知二必異。中有同、有異。至爲同、爲異、及異爲何異、以言者當時之意念定之、難豫料也。

不合之異、在不同所。不同所、如泛指不同區域、意與不體不類混。故同所當英語 coincide。嚴氏所謂蒙而相掩者也。蒙而不能相掩、是之謂不合。此形、不爲大、小相入、如圖一、或爲兩、環相交、如圖四、或五。從可知也。如狗、犬也。A辭爲類同式。然犬未成豪曰狗、狗與犬外圍不齊、不及同所而合於一。始雖同而終異。蓋從其同者言之、狗誠爲犬。從其異者言之、狗則非犬。狗爲犬、指類同。狗非犬、指不合。墨家意在類同、故認狗爲犬。公孫龍輩意在不合、故認狗爲非犬。墨家言類同、復言不合。故曰、狗、犬也。而殺狗非殺犬也、可。（下經）界域井井、至堪潛翫。

嘗論同所爲合、乃名墨兩家洪辯之歸宿處。何以言之。墨家揭櫫兼愛。如愛可得兼也、則吾所施之愛、與吾愛所及之人、量廣狹之幅、適爾相合。是之謂同所。顧天下之人無窮、勢不得盡愛。公孫龍子講其義曰、「物以物其所物而不過焉、實也。實以實其所實而不曠焉、位也位其所位焉正也」此律之墨子兼愛明明物其所物而過不得謂實實已亦實其所實而曠不得為位天下惟位其所位始號曰正墨子指勢不得兼愛之人而侈言愛則萬無可兼之道而妄言兼正於何有龍說如是而墨子之所以折服名家固亦有說全部墨辯之所為作者此也惟本論奧衍難於簡舉學者於此亦知不同所不合一義為主敵之所共許兩家但環是而趨焉足矣

命題之同異性有可論者名墨兩派之見解約略如右惟邏輯之用日廣立言者務求主謂分明勢所必然準稱之辭易生歧見墨已論及因是主詞部分所以凡號或用有……者呼應字通攝之令全偏之誼無可逃避者文中觸目見之並不足奇惟謂詞所期若何凡其大小多寡之量受身聞聲而即喻者於例實罕邏輯家以此語病無怪其然如曰凡人我所愛也我所愛云云將指心神之專注而言人外別無所愛之物乎抑嗜好無窮人類僅得為所愛之一部乎此問饒有意味未容忽視漢密敦所標宣謂數 Quantification of the predicate 一說於是乎起

定謂數者所以限定謂詞之數令施受兩方各了然於所謂之確實範圍也此在全稱之辭定有兩式一曰凡甲爲一部乙一曰凡甲凡乙

(一)凡甲爲一部乙　凡甲爲乙一式在語言中流用最夥然言者亦以乙謂甲而已未必計及甲之外尙有若干乙也如曰人孰無情言時意在某一人或若干人之有情未嘗想到某一人或若干人以外尙容有情之物存焉否也於焉定之價値在喚醒言者令知超越所謂別有同德共性之物幾許此與發言時意念所之截然兩事良未可料篤而論之邏輯所謂一部分亦至少一部分彌其大與全部等量者往往有之如此涉思凡甲爲一部乙或竟與凡甲凡乙一辭無甚區別邏輯中發見斯例雅不足怪

(二)凡甲凡乙　此謂詞盡物與常語謂大於主者不同爲用不如前式之廣自不待論如曰凡平角三角凡平邊三角也斯兩俱盡之可稱適例又如水銀爲液體之金屬二者互盡易言凡水銀凡液體之金屬也亦通大抵疊舉重同合同丘同鮒同同名之同同根之同諸辭皆得納於此式而無牾此式謂雖定數與未定數式之能換位者功用蓋同於是凡甲凡

乙。與言凡甲爲乙、凡乙爲甲無異。穆勒培因俱以是短之。雖然。謂數之定。於擧討A辭。頗呈異彩。蓋自雅理士多德以來。凡論A辭。眼光往往專注於類。未嘗轉移於同。如人與動物、其以類相統屬。無論已。然若兩物之間。品性一無同處。統云屬云。俱不可得而言。由是以同繩論辭。流較之周旋膠漆於類。尤爲親切有味。墨家析辭首標同誼。然後及於重體合類諸德。單提類言。號曰類同。蓋由同而因及類。將不至泥類而略同。此其爲識之卓。似非希臘諸哲所逮。姑不具論。惟同矣。法當排比主謂。使之相等。假爲開宗應有之念。而如質考之。由耶方斯之言。同有直同。Simple Identity 有分同。Partial Identity 直同尚已。分同則主謂必不等。如人與動物、周之小大偏全。顯不一致。兩者將何自而等。豈齊觀乎。由是謂詞定數。令與主平。邏輯拾遺補闕之用。於焉發軔。試以V爲一部分之符號。分同之辭。當爲A=VB。蒲爾邏輯恆用斯式。耶方斯以謂一部分云者。恆言略而不用。勉强羼入。時或不辭。且一部分、何部分也。色中有紅。誠不失爲一部分。然又安知其不爲黃爲白乎。是標識誠加義。終未塙。All A's are some B's 云者。與其以A=VB表之。毋寧訴之於A=AB。

尤爲深切著明。何以言之。凡A爲B。猶言A屬於B也。即A爲B之一部分。因以A、B共立一項。衡之於A一項。其無盈朒過不及之差。有必然而無疑者。試立乳哺動物、脊椎動物也。更立乳哺動物、乳哺之脊椎動物也。兩辭互勘。有何差忒。耶氏之說如此。蒋簡亦不以爲非。其邏輯中演作 X=UY 者有之。演作 X=XY 者亦有之。但聞並用。若問有爲至兩式優劣如何。求邏篤論者。了然於此等。俱有助於明同。斯近之矣。有助云何。凡分同之辭。論外周謂大主小。論內涵謂小主大。周大當限制之。故取VB式。涵小當補充之。故取AB式。辨而明之。是在達士。

更進一步。方程之理見。斯理也。在以同一之數。各加於左右兩項。而率無變。試取墨經證之。經之言曰。白馬、馬也。乘白馬、乘馬也。驪馬、馬也。乘驪馬、乘馬也。獲、人也。愛獲、愛人也。臧、人也。愛臧、愛人也。此乃是而然者也。此以乘愛爲分加之同一數。曰是而然。是者質辭。是然者加辭。然既是且然。即知方程之率無變。再析觀之。白馬、馬也。(A ⊂ B) 猶言白馬、白馬之馬也。或白馬、馬之白者也。(A=AB) 依方程、主詞受何變動。謂詞相與受何變動。故曰乘白馬乘馬也。（AC=ABC）乘馬云者、猶言乘白馬之馬。或乘馬之白者也。他類推。

經又曰、車、木也。乘車、非乘木也。船、木也。入船、非入木也。盜、（此下疑有人字疑衍字且因與殺明相混略之）人也。多盜、非多人也。無盜非無人也。此乃是而不然者也。此以乘入名無爲分加之同一數與變無異。顧一則是而然。一則是而不然。形同而情乃相貿如此。究爲何故。潛心思之。有以知異者之然。因善用方程之理。而然非徒然也。今用此理無爽。乘馬乘車實同一範。斷無一然一不然之差。譬車、木也。猶言車、木之爲車者也。則乘車、乘木之爲車者也。無難。盜、人也。猶言盜、盜人也。（盜人二字適合）AX則殺盜、殺盜人也。無難。餘倣此。然則何是而不然之有乎。易式以明之。車盜原辭爲X=XY。各以乘殺字入之則爲3X=3XY。辭理焉悖。以知墨家此節之所謂不然。純以謂數不定辭涉倫論之故。爲不定。此辭可行。本不定比辭不可行。詞性乃附離於概論以定數劑之則諸辭一切齊同矣。

經又曰、讀書、非書也。好讀書、好書也。鬥雞、非雞也。好鬥雞、好雞也。且入井、非入井也。止且入井、止入井也。且出門、非出門也。止且出門、止出門也……此乃非而然者也。持較墨經右舉兩節。於序適得其反。前者、號曰、加詞。後者、號曰、蛻詞。在方程原理。左右之同一數。各加焉而率無變。各蛻焉自亦無變。非而然、非者。乃示同量之不可得。減究何謂也。此稍一循覽。詞病躍然。蓋好書、有好藏書者。有好鬻書者。有好著書者。有好校書者。讀書無過好書之一目而已。於此而曰好讀書、好書也。其式當作 ABC is AC 而不為 ABC = AC。

（戊一）

兩既不等。即方程未立。式不正而遽以法齊之。夫亦焉怪其非耶。門雞以下俱視此質而言之。名理一貫。而俗用多違。不依邏輯之道。裁剪而整齊之。出語斷無昭若劃一之效。凡荀卿、所謂、用名、以亂實。（正名篇云殺盜非殺人也此惑於用名以亂實者也）墨家、所謂、內膠、而不解。（即小取篇不辭）職是、故也。

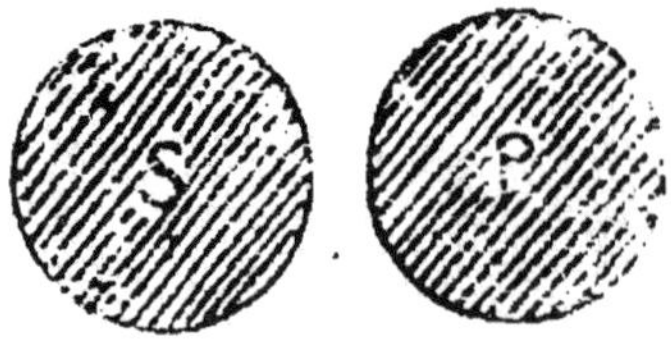

（戊二）

右釁舉歐拉氏五圖者。足統括一切辭。是為五範。特偏稱之辭。賦義稍複。好辯之事。非人莫為。其謂盡主不盡之情同。右而謂處於主之。內外為異。如圖戊一。又設云、鯨有非魚者。此鯨之全部。皆處魚外。辭改入E。周涵俱同。其所以不為E而為O者。兼義殆與圖丁二例所示相若。於是作賓主謂俱盡者。而現量謂賓主不盡矣。視圖戊一部署與歐拉氏第三圖同。

自由經濟

一二〇

第八章　辭之對待

AEIO。辭之四式。可論者如右。凡同一之主謂詞。可得依式爲之排比。其間相生之誼。名曰對待。Opposition　如諸式并立。聽其變化眞僞出入之迹。不難一覽而得。設云牛皆有角而爲眞也。則無牛有角、或牛有無角者必妄。是辭A與EO俱不相容。小取篇曰、愛人待周愛人而後爲愛人。不愛人不待周不愛人。不周愛因爲不愛人矣。周愛人A辭。不周愛O辭O之尅A如此。又設凡政治家皆陰謀家。其語爲妄。則政治家有不爲陰謀者。其語必眞。至凡政治家皆不尙陰謀。語之眞妄。殊未可定。以是A妄O必眞。而EI眞妄。無從知之。此種關繫。在A與E曰正負對待。Contrary　一曰全反。一凡甲爲乙。一無甲爲乙。倒語之明。相反之語同儕本楊升菴蓋莫逾此。如其一眞。餘一定妄。惟其一妄。餘一妄否難曉。以AE容或兩妄也。如人皆有父眞邪。人皆無父。非妄不可。一眞一妄。較然以明。顧凡人皆賢妄邪。人皆不賢眞妄無律可據。惟常識可通。理有時。不在兩端。子莫執中。以時爲帝。此類是也。若夫A之與O。E之與I。一眞一必妄。一妄一必眞。執一謀一。不容或爽。曰眞妄對待。Contradictory　一曰矛盾。他如A與

I。E與O。偏全之謂。全眞偏必眞。全妄偏眞妄混。反之。偏妄全必妄。偏眞全眞妄混。如人皆賢眞也。人有賢者自眞。人皆愚爲妄。人有愚者又不妄。如曰凡鹿爲馬是妄。而鹿有爲馬者。轉相與妄。偏之眞妄無定乃爾。是曰全偏對待。Subaltern 一曰差等。又I與O相得之謂。兩者可以同時並眞。而不得同時俱假。以乘馬言。曰、馬有爲我所乘者。又曰、馬有不爲我所乘、者。此俱信。若曰吾不好馬。無乘不乘可言。兩說均於我、無與。殆俱僞也、則大不可。邏輯於兩分法。可得窮極天下之事變。如以馬爲分本。而立乘不乘爲兩大項。于繫不好馬。亦當然隸於不乘之一方。則凡馬不乘爲E辭。馬有不爲我乘之O辭。又焉得不信乎。不寧惟是。此據一方之僞。得推見他方之必眞。如不能據一方之眞。推見他方之爲眞爲僞。是曰小正負對待。Subcontraries 一曰偏反。以上種種。總而括之。列表如次。

總之全反之辭。不得兩眞而得兩妄。矛盾之辭。不得兩眞。亦不得兩妄。若等之辭。全眞偏眞。偏妄全妄。惟全妄偏不必妄。偏眞全不必眞。偏反之辭。不得兩妄而得兩眞。此其綱要也。

更以眞妄分已知未知二項彙爲一表。

一二四

命題已知之眞妄	命題未知之眞妄 A	E	I	O
A 眞		E 妄	I 眞	O 妄
E 眞	A 妄		I 妄	O 眞
I 眞	A 無定	E 妄		O 無定
O 眞	A 妄	E 無定	I 無定	
A 妄		E 無定	I 無定	O 眞
E 妄	A 無定		I 眞	O 無定
I 妄	A 妄	E 眞		O 眞
O 妄	A 眞	E 妄	I 眞	

獨稱視同全稱。蓋已述之。惟若而辭者。僅有正負之別。而無偏全之誼。於是形屬正負對待。誼同眞妄對待。不可不辨。如云、陳仲子廉士也。又陳仲子非廉士。獨稱正負兩辭也。從而判其眞妄。二者必居其一。此其律之眞妄對待。無不得兩眞而得兩妄理。惟重同之辭亦然。凡重同、主謂兩詞。蹤而相掩。此其關係形雖爲正負對待實際乃與矛盾之誼不殊。如漢密教之名例曰、惟知理者能笑。反之合成兩辭。譬覽眞妄以得一爲滿。固亦眞妄對待之律令也。

第九章　辭之變換

邏輯者以其本科謂字言之乃四會八達之學也故一辭正言之可負言之亦可順言之可逆言之亦可要於本義無變爾凡正負屬質順逆屬位正負互易字曰換質順逆互易字曰換位是之謂辭之變換

換質——換質原語曰 Obversion 初說絕佳凡辭式易而義不易其稱敘以阿潘物雄稱之故此語一作 Aequipollence 訓均訓等與墨經小取言侔正同墨之言曰侔也者比辭而俱行也辭即命題孫注云說文人部侔齊等也謂辭義齊等比而同之此指兩命題以上形有變遷者義仍一義故曰比辭俱行惟比尚已辭有比而行者亦有比而不行者良未可一概而論故其下曰辭之侔也有所至而止吾嘗考覽中外名學之同異此之辭侔蓋包與換質換位諸律令而統言之於是墨家之論侔範圍殆與古邏輯之言 Obversion or Aequipollence 相差不遠惟今之邏輯取阿潘物雄一語專司換質至換位乃別制新名矣

嚴譯之於此部號曰調換詞頭此制語冗贅而質位不分似非良譯且詞頭云者疑專指主

何。實則謂詞統括於是。雖俗云兩頭。中有一頭謂尾。頭謂隸謂。指事則亦無妨。邏輯正名之肇。己名未正。何以正人。云詞頭在公文書。事之之謂。宋時草制。先發詞頭。故蔡襄有遺詔繳詞頭。情事。此等字樣。移作名理之用。障礙轉多。以上種種。詞頭既指兩端之詞。似仍以端易頭差勝。而要未若分舉換質換位之為朗朗也。姑不具論。換質者。何。凡命題。由正。易負。或由負。易正。形反。而義。不變。語其作法。悉縁此。稱如實原之。一事而正言為宜乎。抑負言乎。一任言者因利乘便。為之初無規律可依。譬云、氣感則言宜。氣者心理之所為蘊發也。故立言。人當時心理如何。殆為一言。條正。條負之主因。其或與人上下。議論。意在屈人以申己。抑重言以聲明。往往以負式為便。於用力數多於正。所謂正言若反。此意取正。而勢取反。其義可。深長思也。公孫龍子云、指非非指。孟子云、城非不高。池非不深。兵革非不堅利。米粟非不多。此較之僅云指指也。或城高也。池深也。兵革堅利也。米粟多也。論鋒遙為犀利。語勢遙為緊逼。不難揣摩而得之。然此為文家之事。邏輯家不甚屑意。邏輯所司。亦在正負之質易。而原義無損耳矣。如人皆有死、辭A也。易以E辭。而曰無人不死。此其為質。適得其反。為問原義或少相爲否乎。兩負相消。等於一正。故A辭換質。其形爲E。I辭之換。理亦如是。惟所換得不爲E而爲O耳。如婦有悍者。換質則婦有非不悍者。原辭然其正謂。今否其負謂。即得所換。所換曰Obverse。所以換曰Obverted。

其他由E換A。由O換I。一反其序即得。可以類推。如鯨非魚類。質易即鯨爲非魚類。前者綴系爲非。屬E辭。後者非易爲非。魚類則聯屬成一乘詞。屬A辭。此由E換A者也。如菌有非毒者。質易即菌有爲無毒者。前者綴系爲非。屬O辭。後者亦非易爲無。毒乘詞屬I辭。此由O換I者也。

蓋舉墨經辭侔之義。範圍本甚恢擴。邏輯亦於右列四辭換質之外。別有附益二法。相應而生。

甲、加詞附益法。Contribution by added determinants 法以同一形容詞。各加於句主及謂詞之上。因之涵義豐富。詞系亦煥然改觀。如犬爲四足獸。犬與四足獸上。各以白色字狀之。

便成爲白色犬白色之四足獸也此主謂之性。雖以白色字之增殖而見爲狹。而其相與之誼未改。故無不可通。墨家於此所加殆不以形容詞爲限。如白馬、馬也。乘白馬、乘馬也。惟驪馬亦爾。獲、人也。愛獲、愛人也。惟臧亦爾。斯加詞爲乘愛。動詞也。而前後主謂相與之誼無變。故號曰是而然。彼所謂侔辯者此也。惟墨之言曰、侔辯之轉而危。詞加而意轉。不無危也。以故是而不然諸例。（[illegible]乘[illegible]非乘木馬例）如車兩輪。與乘馬愛人[illegible]辭、斯立於篇。所說部載漢人適吳、吳人食笋。問何物。曰竹也。始食其實不熟。曰吳人欺我哉。（[illegible]）此在墨經當曰、笋竹也。食笋非食竹也。漢人於墨辯。不習。夫何尤乎實之不熟哉。加形容詞者。如云、蟻動物也。大蟻大動物也。其爲侔之而危更不俟言。

乙、綴意附益法。Contribution by complex conception 法於主謂二詞之下。各以新意綴之。所綴之意既同。因推定新辭應於方程之理無悖。亦侔辯之所必至也。如擧例、犬爲四足獸。各以鄰字綴之而曰、犬之鄰、四足獸之鄰也。可通。惟侔辯之所至如此類者。抑最殊大。如鯨、鯨動物也。各以善走綴於後。而曰鯨之最善走者、動物之最善走者也。將見辭侔立止。於是。謬天下無走。不可以視龜。固童騃之所必不誤也。

右二法者。論義分詞意。論序分先後。一曰加詞於前。一曰綴意於後。分域似亦犂然而可觀。雋而論之。此之區別。倡於卓乙斯等。固牽强而不甚衷於理道也。湯謨士著思想律一書。(Laws of Thought)辭倅論之綦詳。而卽未嘗斤斤於二法之異。加詞部分所引最著之例曰、黑奴者同胞也。黑奴受虐、同胞受虐也。如斯云云。是宜不屬加詞而爲綴意。湯氏一律視之。所見彌超。抑有進者。吾竊主謂二詞。以加以綴而卽於倅。是固不問加綴之爲正爲負。蓋若 A=B∴A+C=B+C 而無誖也。則後項易爲 A−C=B−C。宜亦無誖。如史記司馬長卿傳云、所不足者非財也。本意亦曰、所足者財也而已。今以不負足以非負財。適成今形。力且較本意加强。尚何語誖之有。邏輯之有造於文辯如此。惟本意者A辭也。今形爲E辭。二者互易。終不外A辭換質之事。邏輯如建章然。千門萬戶。無往不通。辯家賞心之境。殆無逾是。

又宋子曰、明見侮之不辱。使人不鬭。人皆以見侮爲辱。故鬭也。知見侮之爲不辱。則不鬭矣。(荀子正論篇)此以見侮不辱爲前件。鬭爲後件。前後各加負號爲推。式作見侮不辱、門也。不見侮不辱、不門也。

譣然以明。

換位——換位曰 Conversion。主者謂之。謂者主之。顚倒其詞。而原義一無損傷也。所換曰 Converse。所以換曰 Convertend。當其換也。有二義、必先留意。一、詞在原辭不盡物者。在新辭不得盡。二、新辭必與原辭同質。以前者言。如E辭凡鯨非魚、換之得凡魚非鯨。此主謂兩盡。換之亦自俱盡。又A辭丹顆忘憂草也。換之得忘憂草丹顆也。此本二名一實之物。無不盡理。故換與不換等。若A辭人爲動物。則不得換作動物爲人。何以故。動物於原辭不盡物。無法盡之於新辭故。丹顆辭凡甲凡乙。可逕倒作凡乙凡甲。而動物辭甲者乙也。不許倒作乙者甲也。故吾昔與胡君適之論墨經爭彼一義。適之謂彼爲佊之譌字。佊依墨經不可兩不可也。不可兩不可、矛盾律也。故辯爭彼也云者。謂爭矛盾律也。吾駁之詞繁難於備舉。大旨謂。矛盾律者。止於辯術中之一目。辯足以盡矛盾律。而矛盾律不足以盡辯。故謂爭矛盾律。辯也。則可。謂辯爭矛盾律也。則不可。何以故。以換位律令之第一條法當恪遵故。（詳見本著名錄甲寅雜誌第四號）

第二條曰，新辭之質，必與原辭同。此非謂質異卽不得保持本恉也，蓋論換質義法頗詳，夫復何疑。惟換質與換位，辭焉兩步，此兩辭當前兩事，次第行之，未始不可。惟換位不令與換質混，及換位時存留原質，乃初步必守之準則，無可依違。以是之故，換位之法有三，析觀合守，俱不得忽。

一、直換 Simple conversion　直換之義，得望文而知之，卽移主作謂，移謂作主，直截了當，無所於礙者也。此在E I兩辭，例最軒豁。如云，西洋女子無纏足者，換之，得纏足者無西洋女子。兩義俱顯，無不曰宜。此E辭然也。又如云，西洋人有信佛教者，換之，得信佛教者有西洋人。情實整然，顚倒咸信。此I辭然也。此外主謂嚴核同幅一流，若翡翠之丹練例，又若圜，一中同長也，與一中同長爲圜。此俱卽主卽謂，反來無疑。惟獨稱之辭，如始皇帝爲秦政，秦政爲始皇帝，下類亦然。假如有人序戴石屏詩集云，藝之難精者文也，文之難精者詩也。（注）

（注）此等句雖擁全稱之形，而實質與獨稱無異。若言者之意，藝之難精，文外無物，文之難精，詩外無物。於是換而言之，曰文，藝之難精者也，詩，文之難精者也，於義無辟。墨經所謂平立

反者。疑指此。立、所立之辭也。反之而平。論言換位而無悖於法。夫是之謂正。夫是之謂合。故曰合、乎立反。……正也。

淮南子說山訓云、徐偃王以仁義亡國。國亡者非必仁義。比干以忠靡其體。被誅者非必以忠也。此藉明不能直換之理。良得。

墨經云、俱二不俱鬭。二與鬭也。此言鬭以二人爲之。但二人所爲。不必即鬭。再以蛻詞推論之法施之。將人字蛻去。辭式乃變爲鬭以二爲之。而二所爲不必即鬭。此事以歐語之遷變證之。理且愈塙。善鬭在希臘語爲 Duel。至今英法文因仍未改。而法蘭西語之二。不過將鬭之語尾L易爲而已X Deux 是也。拉丁民族並不別立名目。闡示最初級之雙數。即鬭即二。意境廓然。東西思想竟趣一轍。明夫此也。墨經二語。罔是指示換位之戒律。蓋鬭二也。可二鬭也。不可直換明明爲謬矣。是之謂俱二不俱鬭。

二　量換 Conversion by limitation　量換者、量而後換之謂。夫量不外偏全。由全及偏。時用此法。如云四足獸皆動物。吾取動物一詞量之。則明明不盡物者也。如此明明不盡物之詞。

違反之使主一辭。非以有……者字樣從而範之。而曰動物有爲四足獸者。將見原意漫滅。立與反頓失其平。又如右舉墨經俱二不俱鬬例。反立不可。若取二稍稍估之。謂曰二有爲鬬者。固無害於立。夫是之謂量。須知凡屬A辭。謂數大抵不定。設如漢密登之說。凝然而定之。將見A辭凡甲爲一部乙者。直換凡一部乙爲甲。是一是二無所容心。量換之名。無自而立。墨經所謂巧轉。至此轉全失其所以爲巧。夫若理亦何貴乎有問故觀宜之法哉。或曰、量而後換。辭有所失。何也。由A得I。以直換施之。所得仍I。坐視A量之損而不能還也。顯以A往。（四足獸皆動物）而不以A歸。（四足獸有爲動物者）當不爲失。曰、此於謂數之理。有所未明。非有他也。蓋邏輯之一部云者。亦至少一部之謂。而量之擴充。容或大與全部相稱。良未可知。於是I辭一而已矣。其謂數大小輕重何若、羌無一定。如曰、鶴有乘軒者。鶴誠無過乘軒者之若干分。或古今來如此僭妄之鶴。止於一隻。而今云動物有爲四足獸者。四足獸則彌此項之全營宇而無餘。是形與一部混。而義與全部齊。如實論之。換得之辭。等於一部之動物爲全部之四足獸。再換一次。豈不復歸於凡四足獸皆動物乎。是固不得謚之曰失也。

三、疊換 Conversion by contraposition

疊換者、先易辭質。再反詞位。疊積行之。乃得斯稱。例如A辭、凡雞皆趾疏禽。先負其綴系。並負其謂詞。凡雞非非趾疏禽之E辭以立。而質變。以雞既生息於趾疏禽全營中。其非趾疏禽之範圍以內。固無從發見雞之匹影也。於是變質之辭、凡雞非非趾疏禽立已。（E）反其詞位。凡非趾疏禽非雞之新辭可得。至於E辭。先將綴系負號。結於謂詞。今變質爲A。而後依法行之。無所於滯。例如凡鯨非魚。首化作凡鯨爲非魚。（A）旋以負式之加詞附綴法施之。變作凡鯨不爲非非魚。與反詞位。而凡非非魚者非鯨、之辭見。實則兩負等於一正。言非非魚。不啻言魚。於是E辭之在疊換。與直換無異。

O辭疊換。移原謂之負式爲新主。且不如此法。換乃無從。何以明之。如曰西洋人有非耶教徒者。依換位之第二律。新辭不得與原辭異質。所換當爲耶教徒有非西洋人者。果爾、兩辭之意義懸殊。與易位不易義之精神不合。推原其故。西洋人一詞。在原辭不盡物者。（O辭主詞不盡物）而在新辭則盡。（O辭謂詞一盡物）與換位之第一律乖違。此道之不通也明甚。O辭直換之進於律也如是。而此辭偏謂。再度限量又無可為限。於是偏負之辭之不能換位。邏輯家殆於一致承之。惟耶方斯先取綴系之負。附連謂詞。使成負名。而辭變為I。再以直換I法了之。始形理順。即所謂移原謂之負式為新主者也。此耶方斯名之曰負換。Conversion by negation 實則此之所為。亦先變辭質。後行直換。終無過疊換之一種。術多立名目。應是無庸。

第十章　外籀大意

昔劉申叔 師培 以博學知名。嘗撰荀子名學發微。其言曰、

……夫名學之大要。不外演繹歸納二端。而荀正名篇早明斯義。正名篇有言。有大共。有小共。物也者大共名也。推而共之至於無共而後止。共即公名。即荀子所言歸納法也。故立名以爲界。正名篇又曰、有大別。有小別。鳥獸大別名也。推而別之。至於無別而後止。別即專名。此即荀子所言演繹法也。故立名以爲標。

劉君之說。思致渾殽。其以求共爲歸納。辨別爲演繹。正得邏輯之反。不容不辨。近[illegible]君[illegible]所著名學[illegible][illegible][illegible]劉氏[illegible]與此說 吾嘗論翻譯之事。舍音而取意。易蹈望文生義之弊。今讀劉君之書。益信。蓋歸納演繹二名。固是展轉稗販之字。歸納義近於聚。因誤以爲言共。演繹義近於散。因誤以爲言別。吾引此以起例。亦欲學者致謹於是爾。

邏輯不外二事。一本公例以應散實。一由散實以見公例。前者謂之演繹。後者謂之歸納。演繹嚴譯外籀。原曰 Weduction 直譯題達。歸納嚴譯內籀。原曰 Induction 直譯陰達。劉君所引荀

子共別名一段。止於演繹邏輯中界說有關。且不足以盡題達。何言歸納。界標之分。殊不可解。剛卽學名。語尤奇。

邏輯為正思之學。蓋亡言之思想為物。邏輯家取其內容析之分為三部。一、名詞。二、命題。三、三段論式。雖然。三者特思想之經程。吾為之各立名號。俾便稱述者也。外也。自外以之內。學者又別樹三名以牒之。牒名詞者曰概念。牒命題者曰判斷。牒三段論式者曰推論。由前謂之外系。由後。謂之內系。之二系者。貌若對立而情乃通融。以言。名詞。不能離。概念。言命題。不能離。判斷。言三段論式。不能離。推論也。惟內系之有所不能離。亦然。外籀邏輯。蓋此二系盡之。荀子正名。亦其中一小小部分爾。

判斷者、兩概念相次而成者也。如曰、鐵為金屬。鐵與金屬、確然二義。中以為字綴之。口耳出入解途。是知識之部於判斷者。有曰概念。章章明甚。以是之故。邏輯著錄。往往先論概念。後及判斷。然此亦為立言之便。循名理如此序次。並不足為典要。何以言之。判斷非於所斷及所以為斷。先有極明之概念。勢不可能。固已。為問概念之生。經何途而致然乎。卽以鐵為金譬言之。設有人於談言中遞下此斷。苟非人云亦云之辭。人手必且懷挾鐵念。自不待問。此鐵念者。有其確然一名之外。別有實質屬焉。則其所以得之。非了然於某一物之爲堅爲粗。爲可鎔爲其他其他。從而斷之曰鐵。其道無由。堅云粗云可鎔云其他其他云云。以擬於某一物者。謂非判斷。各爲判斷。亦無別種名義可傳。如實言之。若而判斷。盤紆所藏之意義。念顯脫。非此所謂觀念。亦廓然無物之名詞而已。無思想可言也。由斯以談。判斷成於觀念。觀念何成。成於判斷。如環無端。不審於何處止。將孰從而先後之乎。

凡號爲諸學之學。若幾何、若邏輯、若名辯。非有公論資以起信。學將無所由始。此在邏輯。其號曰止。止者何。謂學之所宗。一切期命辯說（學術）之事。未提熟計。不得不先假定數四原則。姑止於是以爲准況而已。非有他也。如是爲止。大抵盡人可喻之旨。反之將不可思議。惟邏輯外籀亦然。此之止誼。率已散見於各項討論之中。綜而言之。約分四目。

一、凡兩物與第三物相等。則彼此自相等。幾何公論之一也。外籀自同一律發軔。亦得一精義如是。爲第一目。

二、墨經說云、「止、彼以此其然也說是其然也。我以此其不然也疑是其然也。」此明詮止義極見竅要。試以此為甲是為乙其為丙說為正系疑為負系負式為

甲為丙。　乙非丙。　故乙非甲。

甲為丙者此其然也乙非丙者是其不然也故乙非丙者是非此也即所謂疑是其然也此赫然（Cam estres）體裁也。律曰、兩物僅一與第三物相等則彼此自不相等名墨一致而其理自毋相反律得來為第二目。

三、墨經云「辯爭彼也」彼為第三物號曰爭彼可見彼非爭得辯無由勝經又云「彼不可兩不可也。」邏輯體其意制為律曰、兩物與第三物俱不等彼此無等不等可言何以故以無因緣為之准的（詳本王充論衡）故是為第三目。齊物論曰「既異夫我與若矣烏乎正之既同夫我與若矣又烏乎正之」一由前之說是為第三目張目由後之說又適令第一目墜地齊物固不為辯說某窮此理宜別參之。

四、大取謂辭以類行而繹之詮「止」亦曰類以行之說在同夫類於何行曰推盈否。

大。訓。則。行。盈、莫不有也。否、莫不無也。盈之。其類。自相。與、爲。有。否之。其類。自相。與。爲無。華嚴經云、一切即一。一即一切。此境何由達。曰、執盈。否。大。訓。則。達。又荀子云、通統類可謂大儒。統而類。何以通有盈。否大。訓。則。通。外籀術由全之偏。精要在是。是爲第四目。

四目既通。可與爲推

第十一章 推一 曰推論

命題之性既明。其間相與之誼。可得進論。於此有所作焉。（所作即命題為出發點）爲數或一或二以上。他辭由是遞邏而生。夫是之謂推 Inference 而推有紆逕之別。邏輯家處無異詞。紆推 Mediate Inference 者。何凡聯合主謂二辭之先。必將兩辭共度之於同一之物。以爲規矩準繩也。惟如此曲折以赴斷案。如滯之落。自有結束。故曰紆。或曰間接。三段論式其最著例也。雖然吾人不經曲折。直從一辭竊見他辭。於焉論定。亦不待謂非邏輯之所應有。如謂人孰無過。而信然也。從而爲之推曰無過者非人。語亦可信。如曰、山禽趾疏。澤禽趾纂。而於實無迕也。則有揚言者曰禽無趾疏或趾纂者。謬妄將不足以欺愚童子。如是直截交證。無所假借。逕推 Immediate Inference 之名。緊來無爽。譯亦曰直接。

推也者、非可苟焉而已也。大凡兩物相並。必有固質潛蘊於中。發見斯質。因而著明彼此接構之誼。乃紆推之所以爲。直此之推也。兩物表裏出入之途徑如何。大抵如益著顯中間層累曲折。各守級次。凡所推得與所以爲推。意義未遠。而要有新知識逐步展示於吾人之前。

若夫邏推。於新知識爲何如乎。其能以別一理解所見告焉否乎。如曰人孰無過。而推見無過者非人。此乙命題者。無過甲命題之顛倒詞。令凡人類之識量。於此一無所增。若而程、叙邏輯家、或以辭解 Verbal Interpretation 謚之。謂不當闌入推論之域。寧其然乎。

嘗論推者比較之詞。並無絕對之義。三段之見稱爲推術已。而亦不免以不得新知識。爲邏輯家所詬病。蓋三段由同然推至獨然。所謂獨然。早縕蓄於同然之中。知同然矣。由是邏輯以達於獨然。此步驟之間。事有必至新知識。公乎哉。雖然有說。

公孫龍子有兩明之術。兩明者。兩物相互以明也。其無假第三物以爲之介可知。但龍又有他辯與此並著。歐幾里得公論曰。設有多度彼此俱與他等。則彼與此自相等。（舊依徐譯）幾何之他。即龍之他。亦即墨家之彼也。顧之術胡所自取。書闕有間。然龍之道不爲名理正宗。不必深論。亦見古之多異術足矣。

疊論換質。則有附從二法殿之。此二法者。一曰加詞。一曰綴意。義例已詳。無庸贅述。惟此類附從之法。邏輯家頗好以推論之名歸之。如湯謨士其流亞也。且如此爲推。顯然直接。於是前者號曰加詞遷推。Immediate inference by added determinants 後者號曰綴意遷推。Immediate inference by complex conception 較之換質亦質未虧而名略異耳。此外有反於加詞者一種。亦厠於推論之列。論之曰蛻詞遷推。Immediate inference by omitted determinants 以嚮者未遑細論、輒復及之、

蛻詞有於謂詞部分。任意脫略焉。者詞脫略而意以變更。勢所必然。特其變更之度何若。當視詞性而定。未可一概而論。如人含生之動物也。脫去含生字。而曰人、動物也。於意無差。以動物無不含生。僅舉動物。涵義已具。故若以人知理之動物也。爲之原語。遽將知理字抹去。意雖一譜。而深淺大不相同。至若南華經寓言也、類辭旨略去寓字。雖亦勉強成句。直是纇然無義。他如小取篇云、馬之目盼。則謂之馬盼。馬之目大。而不謂之馬大。牛之毛黃。則謂之牛黃。牛之毛衆。而不謂之牛衆。目、毛等是一字。兩去之。而意義槎枒縣遠。抑又何也。尋莊子天下篇釋文引司馬彪云、狗之目眇。謂之眇狗。狗之目大。不曰大狗。此乃一是一非。孫云、卽襲此文。小取篇 而易馬爲狗。吾按淮南說山訓亦云、小馬大目。不可謂大馬。大馬之目眇。可

譬之眇馬，諸家所說，大同小異，可見此項詞條，久成名家題目，各以己意立為論宗。所謂古之道術有在於是者也。由邏輯論之，動靜字脫離名詞本義自足者，謂辭時單言之乎？抑兼言之乎？舉無甚區別。反之，動靜字無所系屬，泛應而止於曲，富者去曲則將不當，易而言之，離開名詞，即不知所以為言。此其大凡。迆眇字以目得名，雖引申為得以其義傳於他物，如人而盲者可稱之曰眇於心，出言謬妄者可斥之曰眇論，惟名從主人，本訓居先，嶄嶄提出眇字，絕去語脈，不附解釋，而見者不審其所指為目，直無目者矣。大衆字則不然，天下無大不可以視馬目大，天下無衆不可以視牛毛，安見吾一言大，即屬甲大；吾一言衆，即屬乙衆乎？此等理解，本極尋常，當時在煩瑣辯再三申警者，無他，荀子所謂析辭擅作，以亂正名，使民疑惑，辯訟者流，必如是辭析以為名高也。彼此所為，措慮之道如何，非本篇所得探究，適言推論，亦知推論之事如是而止可已。

第十二章　三段論式 Syllogism

三段論式。嚴氏譯作連珠。於義無取。吾廣論及茲。於連珠源流。著其崖略如下。

連珠之作。始自子雲。……蓋謂辭句連續。互相發明。若珠之結排也。（沈約注制旨連珠表）

所謂連珠者。興於漢章帝之世。班固賈逵傅毅三子受詔作之。而蔡邕張華之徒。又爲之廣焉。其文體辭麗而言約。不指說事情。必假喻以達其旨。……欲使歷歷如貫珠。易覩而可悅。故謂之連珠也。（傅休弈叙連珠）

文選止載陸士衡五十首。而曰演連珠。言演舊文以廣之也。大抵連珠之文。貫穿事理。如珠在貫。其辭麗而言約。其體則四六對偶而有韻。（引見說文齊辯前）

由右觀之。連珠體制可見。辭句連續。互相發明。之二語者。牒之三段。頗亦得其髣髴。至按其如何發明。似傅休弈最爲知言。即所謂不指說事情。必假喻以達其旨者也。夫三段何不說事情。倘不說事情。小前提將無自而生。可知此體在邏輯別有所屬。而決不能強指爲三段。

連珠作者約略可數。

漢揚雄連珠、班固擬連珠。潘勗擬連珠、魏文帝連珠、王粲做連珠。晉陸機演連珠。宋謝惠連連珠、顏延之範連珠。齊王儉範連珠。梁武帝連珠沈約連珠、吳均連珠、劉孝儀豔體連珠、（劉宣附爲孝綽）唐蘇頲連珠、宋徐鉉連珠、晏殊連珠。宋庠連珠。劉攽連珠。明劉基連珠。

右目爲言連珠流別者所列。其始於漢。而盛於六朝。唐宋稍承墜緒。有自鄶之譏。殆爲事實之不可掩。體裁始終如一。略無變更。臣聞妾聞。徒資謔浪。曰擬、曰倣、曰演、曰範、名號雖一。軌度不殊。無取爲之辨析徵芒矣。

此外隋書經籍志載黃芳引連珠一卷。梁武帝連珠一卷。沈約注梁武帝制旨連珠十卷。陸緬注設論連珠十卷。謝靈運撰連珠集五卷。陳證撰連珠十五卷。又連珠一卷陸機撰何承天注新舊唐書經籍志增設論集三卷。新唐書藝文志載海藏連珠三十卷。竇氏連珠集五卷。宋史藝文志載周易連珠論一卷。明鑑連珠歌一卷。李鼎祚明鏡連珠十卷。連珠經十卷。連珠之名。別見者如此。就中梁武帝制旨連珠。應是唐張鷟龍筋鳳髓判之類。以詞章方式移用於公文書。於論法殆無違誼。時人競作此體。曰引曰演。題號不一。陸機何承天之流。並爭爲作注。以廣其傳。殆一時風氣使然。與徐庾文格之兔園冊子相仿。至連珠之上冠以設論二字。自不無略與名理有關。惟書既散亡。所設論釋亦無可考。以云其極。諒不過如班孟堅所擬。陸士衡所演之以假喻達旨者爾。假喻之非司洛輯沁。詳翻譯名義論。不贅述。若唐宋之所謂連珠。尤去邏輯日遠。竇氏聯珠集者。（連聯二字互之無擇）止於其兄弟五人（竇常牟群庠鞏）之詩。裒集成冊。意或有取於五星聯珠之意。此亦持與海藏連珠並列。海藏之爲何物可知。唐宋二史將此類著述於藝文。列入類部。卽爲邏理歸文之證。由此看來。以連珠。牒三段。絕難自圓其說。吾且討論及此。特稽是稍明其流貫已耳。至義法容後幅再論之。

三段論式。義如其文。以辭說明一原委相貫之理。節次凡三也。凡一辭一理。嶄焉獨立。示不可階者。此名獨斷。不名推論。（吾國蔡邕之傳郡碑多此類）此爲經典式。Dogmatism 非邏輯式。自古教宗之書。祇有授受不許考詢皆此類也其在邏輯無斷則已斷則無不託命於原詞凡原具而委隨附於人人心目中之所同然各當不加強飾斯號三段論式此之原詞謂之前提 Premise 由原得委謂之斷案 Conclusion 或曰前提者亦吾今番如是用之已耳前日必曾根諸其他前提而自爲斷案其理足證者也遞轉追溯前而又前原詞總有窮時爲之柰何曰理有互諸 Assumption 有自然 Axiom 墨經曰「正互諸皆人所知有說過互諸若圓無直無說」（按墨無直無說謂已言圓無直則其先無設有啟之者繼後從而說之也亞里士多德謂當時直線不能爲曲及曲線不能爲直二者皆往往有於不可證明要物方 Antiphon 案遂謂數實爲之實曰「正多邊形之邊數倍之若干即與圓近若干至無限形且幾與圓等此者等所主張也須知多邊形終是多邊形終是以數直線合成之形如何等等是直線而等於曲線矣」此蘇派之所以未張是者究作術論道論去其惟的以曲直既可不分齊悉矣云一定但以知方圓與俗理相較亦是最古論法孟子云規矩方圓之至也聖人人倫之至也如此對比同一論云惟曰方圓之至必以用至字即以其無限分進得與圓近（與者即孟子云墨家恐其亂朱之亂太炎先生曾取此字以釋邏輯之方最爲切當）與俗語圓直之名如何其論說無可考耳）夫圓無直之對曰直無間皆幾何公論也直無間之例曰二直綫不周一形 Two straight lines cannot inclose a space.（依嚴譯）此說穆勒與胡威立博士 William Whewell（從李善蘭譯嚴譯呼威了）曾馳激辯一以爲無待閱歷而信一以爲有待閱歷而信然不離夫盡人而信者近是惟圓無直亦然當紀

元前二三百年間。希臘辯智雲興。務絕對待。就中方圓二義。尤爲眉目。與吾國惠施所主規不圓及矩不可以爲方諸說。遙相針對。頗呈東崩西應之奇。算學大師阿奇米底。Archimedes 毅然以圓爲方 Quadrature of a circle 相標榜。流風沾溉。歷二千年不衰。近世如奚學士 Hey-rons 藍伯德 Lamber. 諸家。竭精馳說。迄未得當。卽至最近一八八二年。此論猶足奔走天下方術之士。刻意以求。德國林德曼教授。Ferdinand von Lindemann 其中心人物也。卒經林教授宣稱圓爲方爲不可能。異議始寢。林本年三月以八十七歲之高年歿於慕尼黑雖然。圓無直者。亦幾何界說之流耳。贊合小生。得目驗而信爲必然。墨家當異術爭鳴之頃。嶄嶄定爲不待言說之根本大例。截斷衆流。不媿宏識奇士。

圓無直有一實例。足資解頤。列子載孔子東遊。見兩小兒辨鬥。一以日始出去人近。日中時遠。一反是。王仲任論此事。以植竿屋下爲驗。屋高三丈。竿於屋棟下正而樹之。上扣棟。下抵地。以知屋棟去地三丈。如旁邪倚之。則竿末旁跌。不得扣棟。是爲去地過三丈也。日中時。日正在天上。猶竿之正樹。去地三丈也。出入邪在人旁。猶竿之旁跌。去地過三丈也。試復以屋中掌而坐一人。一人行於屋上。其行中屋之時。正在坐人之上。是爲屋上之人。與屋下坐人相去三丈矣。如屋上人在東危若西危上。其與屋下坐人相去過三丈矣。日中時猶人正在屋上。其始出與入。猶人在東危若西危也。（見論衡）王氏之論如此。間嘗論之。王氏此說。殆爲答覆揚雄而起。蓋雄嘗難蓋天八事。以通渾天。其七事。即日視物近則大。遠則小。今日與北斗近我則小。遠我而大何也。（傳及隋書天文志）揚雄之意。必謂日遠我時。「天轉從地下過。」（本渾儀表說見王充本傳）蒙氣蒸發。顯之爲大。與今之言天者相彷。充則駁之謂「日隨天而轉。非入地。夫人目所望。不過十里。天地合矣。實非合也。遠使然耳。今視日入。非入也。亦遠耳。」（同上）日遠奈何。凡論衡植竿過三丈云云。皆爲日遠非入地作證。以蓋天寫天如笠。笠頂平日西行。不當人行屋上。直樹西危也。由是以知充之所持爲蓋天說。即本傳所謂據蓋大之說以駁渾儀者也。是二說辯難紛綸。由來已久。今爲說明之便。取最近最淺者一段。藉明充說之反。陸朗夫（燿）曰。東西危與中屋之危平列人上。故中則與坐人近。移而東。移而西。則與坐人遠。今天穹窿如蓋閼轉如毬。屋上人移而東西則東西下。而中間高矣。三丈之竿。亦從環繞地心。上下四旁。無不扣楝矣。不信地圓，猶可。并天圓而亦失之，謂天平正，與地相等。可乎。（見切問齋文鈔）此陸氏之詞辨。除所用蓋字，與蓋大之義相混外，餘均一覽可知。篤而論之。陸氏之知此理，殆受利瑪竇湯若望等之賜。前乎此而不明地球繞日之理，亦安足奇。昔程伊川見邵康節，指食桌而問曰。此桌安在地上。不知天地安在何處。邵堯夫曰、月本無光，借日光以為光。程邵所見如此。卓卓設於時聞歌白尼之風，宜有惺惺相惜之感。周子通書詁動而無靜、靜而無動為物，此何等大義。駸駸與奈端之律同符。前乎此者，至理名言，尤未易一二數。可見久宇定理，共明之後，一無足怪。未明之先，縱當時魁人碩士，非偶有所見，一瞬即逝，即以為神祕大事，而不得通。善夫穆勒之言曰「自歌白尼之說定，即童子而以謂自明。實則與歌白尼同時，駁斥唯恐不力者，並皆一時偉士。」（見穆勒名學）移以論充，正是其倫。夫充之不信天圓，非不知也。特己見為蓋天所蔽，遂爾橫決若是。故此土亦苦實驗之學不進。爾進則有目共見，頑者之意可回。夫然，以敢為非常之論，力攻虛妄如充，何至為辨日而自儕於兒童，顯犯邏輯之辭，漠不之覺哉。其後粲有崔靈恩，以言天知名，立義合渾蓋為一。阮雲臺撰疇人傳，論列靈恩，謂西人未入中土以前。古人固有先覺之士。但其含義何如。與西法比較何如。俱無可攷。姑不具論。
還及植竿之喻。以圖明之。

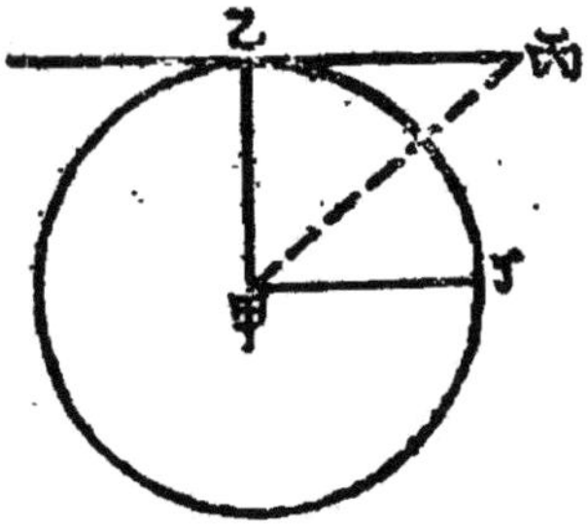

甲爲坐人。乙爲屋上人。丙爲東危。甲乙相距三丈。甲丙相距過三丈。此弦大於勾。自然之理。其所以得是象者。不問而爲乙丙「平列」之故。其所以使之平列。乃不晤乙所立點爲圓之周線。故不晤彼所謂人。（即乙）乃比擬於日。故試復以三段式明之。

圓無直

人中屋而行——日行圓也

故人中屋而行——日行無直

人中屋而行。等於日行無直。其軌跡自不爲乙丙。而爲乙丁。果爲乙丁。則甲乙距離三丈。甲丁當亦距離三丈。何以故。甲丁與甲乙同長。故甲丁與甲乙同一中。曰甲。故陸氏更講其義曰天中高外下。滂沱四隤。自北極至南極。一百八十二度餘。自日出至日入。亦一百八十二度餘。地在天中。自地心上至天頂。與其東自日出西至日入。以天度圍三徑一中半測之。各得六十度餘。日行正中與在兩旁。有何贏縮而分遠近。(集解) 此若干語者。不外爲墨經一中同長之義。數陳左證。一中同長。亦即圓無直之別一說明。而圓無直者。墨家所號爲自然之理。無須言說者也。王充在東漢。以觀治曆妄有駁。乃於此天然顯例本體自明之誼。熟視無覩。之不已。且一再求證於適爾矛盾之反面。自矜博辯。所謂明足以察秋毫之末而不見輿薪。誠非虛言。而名墨兩家。舉於人人可解人人易忽之公理原論。熟熟致辯。機智殆乎不可及已。

至互諾。亦是自明之理。人所不爭。殺有爭之詮釋。應不能免。經所謂有說者是也。有說奈何。此在本經。號曰舉不然。蓋吾主張一事。以謂人心同然之理。脫有不然之者。則請以彼所不然之點。先行作證。如證爲是。我之理自非。如證爲非。我之理自是。邏輯所謂 Presupposition by denial 恰與經合。兩家各以互諾或自然三事。確定最先原詞。以資論難。其道得之也。

雖然。最先原詞云云稱猶有病蓋此類自、證之理以廓淸本身之理障誠有餘以肆應萬殊待證之事若物每生形格勢禁之感且三段之成爲論式乃爲諸辭連環而設律以幾何自理往往捍格而不可通蓋自理云者所以濟三段論法之窮而遽以彌補司洛輯沁之缺限則猶去顯甚遠也。

凡一斷辭當前爲之表著彼與他辭之連環關係而他辭之理又爲人人所〃喻者斯爲司洛輯沁。[illegible]

司洛輯沁。嚴氏譯作演連珠。日翻如言。謂「連珠即一排言物理。以一排據此爲推」。用故字轉」。因斷與司洛輯沁是一是二。三十年前、吾曾著論非之。若連珠爲傅玄擬制。當時正名宗義。在「假喩以達其旨」。假喩達旨。在邏輯曰安奈羅支 Analogy 邏輯肯綮界說示朴語。辭。今吾爲邏輯之事妄取推論與設喩二大部門併爲一談其餘格律將何所施即以推論言之連珠所語殆適涉外內籀之大溝決非限於先原後委之單一形式如云、鑽燧吐火擇鄰生風物有徵而呲著事有瓚而助洪此明明先委後原誼同歸納如此渾殽豈曰佳名見譯吾重思之。是誠不若逕稱三段論式之爲直截了當也。取音曰司洛輯沁。亦信。三段者、指三辭而言也。雖曰三辭。包含之詞亦止於三。所謂 Three terms 是也。詞、以命物。故三詞、一曰三物。大取篇曰「語經、語經也。白馬非馬。執駒焉說求之……三物必具。然後足以生。」孫云「語經者、言語之常經也。」語經。與語辭相對。墨辯明義之標題也。曰白馬、曰馬、曰駒。是爲三物。執白馬與馬以明其異非。僅兩物辯。無自明理。必訴於第三物曰駒。立爲說以求之斷語。始萌生之謂也。故曰、三物必具。然後足以生。此其結構。全然與邏輯三段合符。以是三段論法。亦可曰三物語經。

然則三段中諸辭相與之誼爲何如乎。諸辭如何連第。始覺前爲人所共喻之理。而後爲不得不然之斷乎。辭有A E I O四式。序次何若。始無誖於法而得斷乎。法曰、司洛輯沁有兩前提。是固非曰、任取兩辭。卽可以前提牒之也。如曰、凡甲爲乙。又曰、無丙爲丁。明明辭也。其數又二。以之相次。了無所得。以知辭之得爲前提也。其中連誼。有不可易。律令相守。有不可背者矣。

若是者何也。請以式明之。

凡乳哺者、皆脊椎動物。

鯨、乳哺者也。

故鯨爲脊椎動物。

乳哺者一詞。兩見於前提。而不見諸斷。是曰中詞。Middle term 中詞者。所職爲媒。詞不見諸斷。叶於里諺。「媒人過牆」之義。故一號媒詞。媒詞以外之二詞。以會次第校量媒詞之故。因得自相結連。尸於裁斷之位。由是三段者非他。兩物與第三物相比。彼此有連。自結成斷之謂也。墨經曰、論求羣言之比。比、者邏輯之最要誼。比已。將必待第三物居間用事。紆推之名。以是得之。

小取詁推之言曰、「推也者、以其所不取之同於其所取者予之也。」所取指媒詞外之兩詞言之。以兩詞俱爲斷案收納。故曰所取。所不取指媒詞。媒詞者「婚姻成而媒妁退」此例通俗家語例為所附 故曰。所不取。凡三段式之命脈。全操於所不取者之一詞。所取者。有與之同。斷乃。

得同詭。其式爲予。故曰以其所不取之同。於其所取者予之。其在他一面所取者有與之異。斷即得異詭。其式爲拒。故當曰以其所不取之異。於其所取者拒之。墨家著一略一倂寶隅反。

所不取在墨辯爲宏旨。如右所述。爭彼一義。推闡更精。經云、「辯、爭彼也。」說云、「凡牛樞非牛。兩也。非以非也辯、或謂之牛。或謂之非牛。是爭彼也。是不俱當。不俱當、必或不當。不當若犬。」彼、第三人稱。不問而爲中詞之義。墨家以爭彼詁辯。可證外籀邏輯之通體結構存乎。三段中外之理。解悉同。查經說全節。共涵三詞。曰牛樞、曰牛、曰犬是也。試以甲代牛樞以乙代牛。以丙代犬。甲乙不過兩詞。無以相非。亦無以相是。所爭者丙而已矣。丙之當否。蓋無一定。惟必於丙有當。而後甲乙相是。於丙不當。而後甲乙相非。語意燦然明白。成爲墨辯中樞。

公孫龍子之他辯。（通變篇）他猶彼然。亦即三段論法也。其說曰、「青以白非黃。白以青非碧。」此以青白黃碧爲符。而用負式。以白非黃之白。與以青非碧之青。皆所謂他詞。即媒灼也。試列爲式如次。

青、白也。白非黃。故青非黃。
白、青也。青非碧。故白非碧。

狗、四足也。凡四足非人。故狗非人。

語意朗朗。無待疏證。

他辯者。先秦名家同執之號也。故墨經言爭彼亦不廢他。其詞曰、「是猶謂他者同也吾豈謂他者異也。」凡媒詞之見於大前提者以第一他字表之見於小前提者以第二他字表之經說言「盡與大小」第一字所表者盡與大第二字所表者大與小也邏輯原理物眞於全者。必眞於偏則盡若大既同大若小自不得異故墨經之詞云云如乳哺者爲他他同、乳哺者皆同屬脊椎動物也而鯨爲乳哺之一則乳哺動物同爲脊椎矣吾豈得謂乳哺之鯨獨異於脊椎耶。墨辯詮他入細如此

右述原理物眞於全者必眞於偏此在邏輯謂曰盈否大訓不可不論盈否者、吾墨家語也。義與雅里士多德之 Dictum de omni et nulli 合符。Omni 者盈也 Nullo 者否也。Dictum 者訓也。嚴

氏譯作曲全公論雖大旨不差而雅氏制辭字不及曲且原文正負並舉嚴氏又略負不言如此槎枒似非良譯況墨辯揭橥盈否與希臘大師所立名言羌無二致名墨一貫寫辯故關吾安得不鄭重訂之乎

雅氏之訓曰凡於公名而有所謂全正者偏亦正全負者偏亦負一正即無不正是曰盈之一負即無不負是曰否之於斯問題起矣所謂全然偏亦然者全以統偏也全既統偏樹全而偏即具亦何取夫有三段式爲如人皆有死蘇格拉第人也故蘇格拉第死此三段式也然蘇格拉第爲人苟不將彼併入人之觀念中人皆有死之辭不立以皆字之義訓中不容抹撥一蘇格拉第也辭既立矣蘇格拉第有死一事當然應念而至似此推去云胡爲得是三段之云所斷早伏於大小原中推論號本顯之隱或由已然發見未然至此精義悉成廢料蓋其所謂新知即顯即隱即已即未不審界在何許也此直丐詞之尤推於何有三世紀中伊壁利加 Sextus Empiricus 爲之言曰各個證例非一一徧觀而盡識也原詞莫立立矣論由通則之中驗一偏實是丸辭謂 Circulus in arguendo（丸辭殷辭）甚矣無謂

如右云云。穆勒主之尤力。以謂「推論為由偏及偏之事。由全及偏。擬非其倫。如嬰兒見傷於火。不敢復觸爐灰。意謂前日之火傷我。今日亦必傷我無疑也。即此散例為推已足。初不必有何公例大法曰。凡火能傷也。是推論本無待於三段而可能。而三段轉無與於推論之要質。而言之。凡律物普及之例。有識共信之辭。為慎思明辨之所由終。信非格物致知之所由始。故凡適用例法云者。亦從其後而為之辭耳。無所謂推論也」是說也。穆勒以為有革新邏輯之功。自矜特甚。計所執持。亦「信之徵諸散著事迹者之總和。始號公信」如是一律而已。

辨之者曰。否。物之存於世間者若干。與吾人所知於物者若干。非為一事。推論誠不能於世間存物以外。別有所增。而能助長吾人之識量。以恢廓其格物致知之用。則斷然無疑。苟吾人識量本充。宇宙無物能逃其鑒既。將何取乎推論。為推論之事。明明起於人智之不足。於是由斷取得之理。吾祇見其次於前提。遞第而至。至於自然現象之本身。固原委同時。並具無所謂先後連續之序也。故三段式者。論程也。而非貨棧。為吾人所知於物者幾何而作也。

而非爲物之積諸空間者哉。何而作沉心思之論者云云。亦泥於膚淺習近諸例。如人能言。鳥有尾等術。倘以精深晦澀者當之。觀念不變。吾滋未信。穆勒排公信主散實。耶方斯駁之。謂如邏輯唯一職志在求知未來散實。又令由散之散。有途直接。無須假途公信。穆勒之法誠簡而可用。顧實殊未然。夫以人心之有因。及凡事屬同類。其信於甲例者自可推而信諸乙例。卽下等動物。至乏思考之力。此種思想。不得言無。特邏輯之事。亦止於推而在了然於推之是否正確。吾縱以習慣聯想諸力由後視前。得其所推矣。號爲正確之條件安在。邏輯不得不釐而剔之。此一釐剔。卽豁然與公信有關。耶氏之說如此。其與穆勒異趣。則後者謂公信爲推理之終。前者謂其必爲推理之所託始。而託始之道。又莫善於以人人共喻之公論爲之基。遞衍遞進。以至於無窮。脫由所始以遞無窮。亦越一階不亂一絲。主者從事於統計之作。本末之紀事。總複沓總量而責其全局在胸。有條不紊。殆非絕難。而且終局之博大宏深。決非託始時之所及料。作簡舉鉅。蔚爲奇觀。幾何學之全部是也。苟以此託始諸條爲未經用力者言之。將見前路虛廓。莫必有物在。學一二非常可怪而又爲不可移之斷皆以節此肇祖元胎諸淺近物理所從出其不瞠目撟舌而莫名其妙者幾希如是乃謂斷案盡具前提之中公信爲不足立此得爲知言之徒與否宏識足以判之矣

綜而言之前提所正所負之物大抵非視爲箇體之總積而云然也若然所謂推論誠無異於列舉 Enumeration 惟在盈否大訓之下所謂全者語共時有之篇別時有之而要爲邏輯之全 Logical whole 增之不加多減之亦不加少即如人能言馬有尾此一掃凡人凡馬而空之語到意隨莫之夭閼董子凡號之散（凡號字見春秋繁露）特以表著所性盡物之量而已非曰吾能窮人窮馬而數之以爲富也吾儻不知偏之若干而由全逶迤而下在法決不至誤若曰如撲滿然必歷驗人若馬收爲己有然後除出其一齊爲標本字之曰命題此斷非人力所能至將探討無所據以起信而科學之道絕矣尋刻白爾 Kepler（從嚴譯）之星學公例其始立也決非盡天空之星悉窺見焉而後之言星者本之歷試於新發見之諸星初不疑所同之不確惟星學原則亦然後見天文星之軌道於此有違因推定別有障礙者存並非原則之不驗至海王星出理益明矣凡此皆指前提確立者而言也藉令未甚確立致因例外而生動搖

斯關乎人智有限隱微難知並亦何損於科學家之面目哉何況所謂動搖者未必眞動搖哉昔陳軫勸楚勿伐齊爲設畫蛇之喻有舍人畫先成爲蛇添足後成者駁之曰、蛇固無足今爲之足是非蛇也又凡烏皆黑古今之所共喻而唐雲見齊高帝會有獻白烏者雲曰、王者敬宗廟則白烏至（傳唐雲）又杜老之哀王孫復曰長安城頭頭白烏有足非蛇一語破的白烏自語相違自非唐雲之佞庸詎不得以白者非烏一言了之杜老詩家見欺物象亦固其所科學家篤守盈否大訓焉得以彼易此

墨家以兼愛名故無窮不害兼五字爲墨辯之根本大義然則墨家何以御無窮乎曰、奮之經曰、不知其數而知其盡也說在明者何謂明曰、以同則明之何謂同曰、交相愛交相利則同此與邏輯之基於物性一致或曰性契 Affinity of nature 者適相脗合

此正言之如是也若負言之經曰、知盈之否之足用也誖說在無已蓋人不能盡知物不能盡格而知格之爲又不容一刊緩將奈之何經說曰、「人若不盈先窮則人有窮也盡有窮無難盈無窮則無窮盡也盡無窮無難」蓋天地間之事物不外有窮無窮兩面如自始料

其爲有窮也則逕窮之。無事夫盈以窮之。已足以幾有窮。故若夫事物當前。浩瀚無垠。窮無所措乎足。則唯有盈之無取乎窮。以先盈已足以盡無窮。故於是不窮。先盈厥是控制無窮之不二法門。惟有二義。應須總知。一、雖曰先盈。並無毫髮無憾之義法以爲之甚。二、盈否爲外、猶初步。不令通天地人之大業爲之躊躇。故曰知盈之否之足用也。將無已。謂不得已而爲之盈之否之俱不得已而盈之否之者也。學者之雅量如是。而三段不爲丐詞足以知之。何以故。以大前辭早審其未嘗盡物故。（往法必盡於否未盡）先盈不能保無例外故。

嘗者盈否大訓之所可得施。大抵以推類二字爲中心意念。請得稍語其概如次。推類者、原語爲 Class-Inclusion。此義如其文。率以謂詞爲一類名。主詞屬焉。至主爲獨稱私而謂爲類。抑主爲小類。而謂爲大類。皆不計。小取篇曰、以類取。以類予。即指是言。吾有取於穆勒以其爲邏輯家之一也。是不啻以邏輯家爲一類。而穆勒屬焉。吾有取於人以其爲有死者之一也。是不啻以有死者爲一大類。而人屬焉。浸假由穆勒思及郝伯思。郝伯思有類於穆勒之所以爲穆勒也。因即以有取於穆勒之名予之。而郝伯思邏輯家也之辭立焉。浸假由人思及馬。馬有類於人之所以為人也。因郎、以有、取於人、之名、予之、而馬皆有死之辭立焉。浸假由人之全思及人之獨。蘇格納第有類於盡人之所以為人也。因郎、以有、取於人、人、之名、予、之。而蘇格納第有死之辭立焉。凡能予者。以其類也。設若不類則不能予。格蘭斯頓不類穆勒。不能予以邏輯家之名。而辭乃為負式。曰格蘭斯頓非邏輯家。石於人不類。不能予以有死之名。而辭乃為負式。曰石皆無死。故同篇釋之曰。有諸己。不非諸人。無諸己。不求諸人。不非諸人。以類予也。不求諸人。以不類而不予也。是之謂推。（推也者以其所不取之同於其所取者予之也解已別見不贅於此）如是為推。

穆勒頗有微詞。曰、「吾言皆白。吾未嘗特標白物為一類。以譬錄之於時所思。皆外了無因及（印證想之謂因及字見世說新語）勉憶其全。亦所見為皆所感為白而已。言下游思。或者徐達他物。綜為類念。亦未可定。然事乃後於吾之立辭而起。決非要於其前。今取以說明辭旨之由來。可謂衣裳顛倒。」其言甚辨。然亦基於此君軒內輊外（謂內籀）之全部觀察爾。殆不足怪。不備論之推類一念。據以包舉吾人控辭設謂之理。以為就題發語。爾時命意範圍。碻不外是。固未免武斷之譏。惟邏輯之學。以部署語言為第一大事。料簡詞條。令遵是道。將見然否全曲大小先後諸說。秩序井井。了於一目。愼思明辨之業。孰便於此。

因明論式。依量而立。作法以五支爲之。比於三段。多出兩項。所謂宗因喩合結是也。以例明之。

一、彼山有火。……………………宗

二、有煙故。……………………因

三、凡有煙處必有火——如竈。……喩

四、今彼山有煙。………………合

五、故彼山有火。………………結

宗者斷案也。因與媒詞相當。喩視大前提。於是以三段式部勒之。其道亦通。而因明與邏輯有此歧異者何也。曰、無他。亦尼。夜邪。Nyaya（譯言正理因明所自出）由量入手。有事於證。邏輯由理入手。取義在推而已。抑有進者。邏輯家比勘因明。每好舉聲無常一例。聲無常者何。曰、所作性故。此其理殊與邏輯大相逕庭。設聲無常。在邏輯家思之。固將不能辨其爲聲。謂所作性即是無常。邏輯亦苦難索解。以凡物不能離概念廓然自立。人無概念亦無從辨認所感為何物也。而概念者何。即常之謂也。非常不足以為概念。非概念而物不至於心。正理此例倚乎非邏輯所喻也。吾嘗思之。明因者立之事少。而破之事多。聲無常云云。殆破外道之所為設無疑。尋因明屬正理派。梵語別有彌曼差Mimamsa派。主聲常住論。大旨謂人類語言以二聲為之。一變動不居之聲。一常住不滅之聲。非有後者。我以前者傳達於人。人且不能理解。以聲銷而質去。無實在物以為之綱維也。反而觀之。人或說牛。聞者不生馬意。語及黑色。紅相無緣而生。何以故。以人之語言。決不因發聲而獲存立。實有永久不壞而未發之聲。先蘊於中。然後藉會逢其適而偶發之聲。以詮表之。始相得而彰焉。故此派之如是主張。或謂其為吠陀經典中之讚歎文句。非令滿容無限之神祕力。無以堅斷禱者之信念云云。是與邏輯原理無關。不足深究。又梵中兩派如何就聲之常假而立二說。相與立破。亦復探討未遑。特聲常住論有足與邏輯之概念論互為發明。誠不害為名理比較之一良證。故略論次如右。

第十三章　所生三段（Categorical syllogism）

所生字出墨經大取篇云、一立辭而不明於其所生、妄也。」同篇又云、「三物必具。然後足以生。」三物者、邏輯之Three terms也。此生指三段。異常明顯。吾故如是迻譯云。

三段由三辭成之。前二辭曰前提、後一辭曰斷案、或略曰斷。前提有大小之別。含有斷謂曰大前提。Major premise、含有斷主曰小前提。Minor premise 兩前提所同具。獨無者曰中詞、亦曰媒詞、大前提之名詞爲斷謂者曰大前詞、Major term 小前提之名詞爲斷主者曰小前詞、Minor term 此其結構也。

所生結構如右、至義理則已詳述、即不覼縷。惟列其規則於下。

規則依其涵性、別爲正附。計正則五條、附則兩條。

一、論式以三名成三辭爲之、不得多。亦不得少。　如少於三名乎、則兩明之術。逕推之事。於本式無關。本式者、基於幾何公論。所謂二物與一物相等。彼此自相等者也。物數爲三、故所表止於三名。如多於三名乎、則四名有兩塗可趨、將無一可。一、取甲乙丙丁四名分隸兩辭。而曰甲爲乙、丙爲丁、令司前提之職。將見四名中無一相同。無從已顧、不知孰爲媒詞。而辭式不舉。若於四名中勉樹媒詞。又將媒詞非一。而式不期變爲連環三段式。如先立一式曰、甲爲乙、乙爲丙、故丙爲甲。後立一式曰、丙爲甲、甲爲丁。故丁爲丙。此以丙、甲爲環之情形甚顯、亦無與於本式也。此其一。一、三名之形如故、而中有涵義不同之名、實乃無異四名。如云、

動植物者、有機體也。

社會者、亦有機體也。

故社會者、動植物也。

此有機體、在大前提爲實質之名。在小前提爲取喻之名。實質與取喻異。涵義不得不異。詳辭中有四名之辭、指此。此其二。二者皆不可行。故本式三名不得少、亦不得多。比名成辭。惟三辭亦然、可類推。

二、中詞必一盡。　此指中詞在兩前提中。必盡物一次也。設無一盡。則此前提中詞所

指範圍未必即同於彼前提中詞所指若然形止於一中詞而實等於二又數雖擬有二中詞而用等於無何以言之大小前詞之誼為未知數賴有中詞以為之儀而誼始明今中詞義歧勢不可用本式將以中詞不中效而廢如右所舉有機體一例本兩名之辭同時即中詞不盡之辭以此詞在大前提所指為實質部分在小前提為取喻部分兩部分絕乃失之交臂而無一同也如云邏輯學者專家也植物學者亦專家也故植物學者邏輯學者也或邏輯學者植物學者也此其連誼得以下列各圖明之

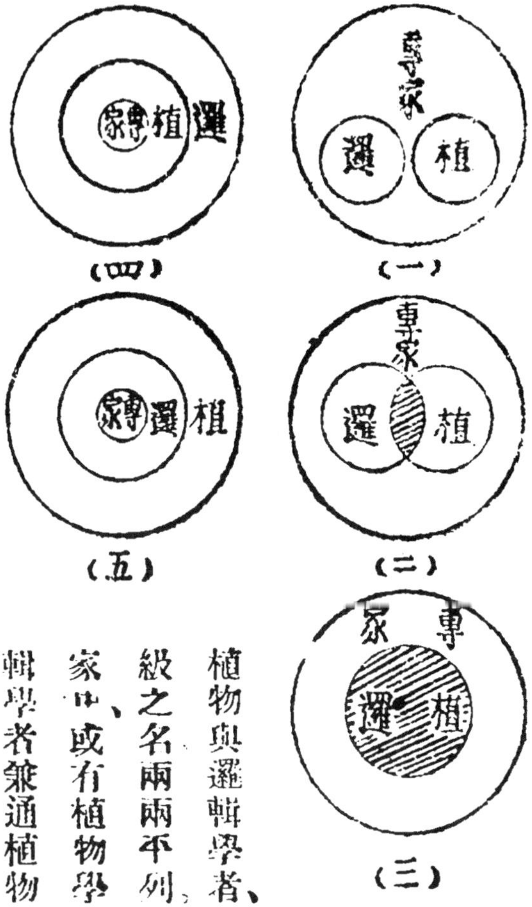

植物與邏輯學者、在專家中為一類同級之名。兩兩平列。無所繫屬。如圖一。專家中、或有植物學者兼通邏輯學。或邏輯學者兼通植物學。如圖二。又兩家廣狹同幅。俱處於室。如圖三。此外則專家中皆植物學者。植物學者中皆邏輯學者。如圖四。後二目反其序。如圖五。此五圖專實際可能之境。亦器面所示者偏示者。何示盡也。圖二為偏稱正辭。最為合理。或進一步一人兼通兩學。並皆精到。如圖三。亦屬可能。至圖四、盡專家而植物之。盡植物學而邏輯之。圖五反是。俱無從徵實之事。理想殊悖。而圖一者。兩家同占專

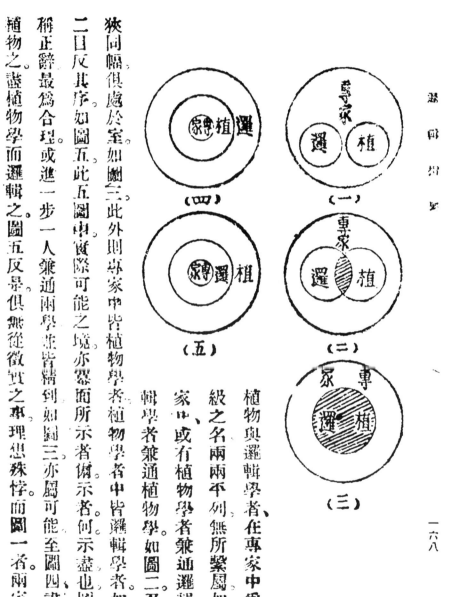

家一隅之地。各不相入。無相互之證可言。即不例兩前提之事象也。所擬斷案。則在圖四五屑累之中。夫以兩無關繫各有執守之人物。一翻覆間遽合達於彼此涵蓋是一是二之位次。斷無此理。何以故。植物學者。在商家。居東。邏輯學者。居西。主人。未嘗為之介焉。故易詞言之。即中詞無一盡故。

更取聊齋志異司文郎四語證之。「北人固少通者。然不通者未必是小生。南人固多通者。然通者亦未必是足下。」前者O辭。後者I辭。O辭以北人為中詞。I辭以南人為中辭。中辭兩俱不盡。如圖。

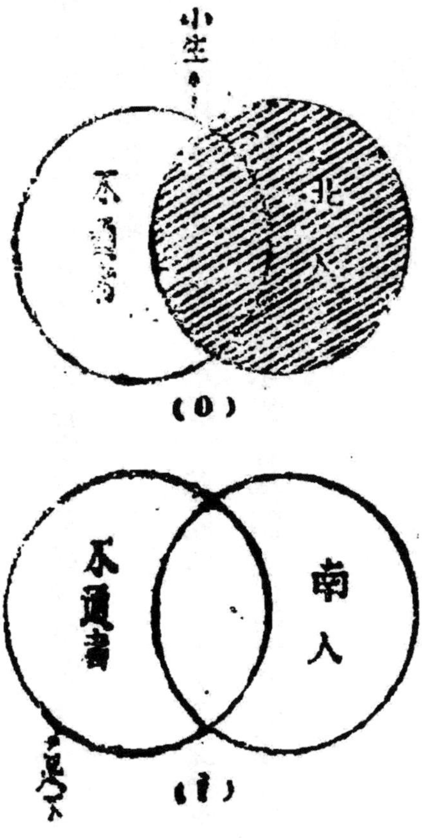

北人有不通者。止一部分。未必足以括小生。南人多通者亦止一大部分。足下未必在內。卒之小生與北人之不通者。足下與南人

之通者。兩不相涉。故司文郎之議為謬。何以故。中詞。任。大。小。前。提。無。一。盡。故。不。通。者。未。嘗。盡。北。人。通者。未。嘗盡。南。人。故。

三、前提未盡之名。斷不可盡。　蓋此名所示眾物全體。與中詞之連誼既不全。中詞自無從持其全體。使與他名所示訢合無閒也。何以故。彼連誼不全之部分性質如何。不可知。故。如云、

讀書人皆尊孔。

張勳非讀書人

故張勳非尊孔者。

大前提所示無過讀書人之尊孔。至非讀書人尊孔與否。本不在末嘗討議之列。如實論之。讀書人以尊孔為名。禽犢之行。附非讀書人莫之為而為之。尊聖大抵誠實無妄。即張勳悍將。繳飾耳目。亦務於章甫縫掖者所為。本斷云云。自去事實甚遠。何以故。以尊孔本非讀書人專利之品。名在前提未盡。而斷案中以置於賓號之下。為抹殺之論。無端厓之辭。故諸謬有

大小前詞不正兩目覩此。

四、兩前提皆負無斷。兩前提皆負。可見大小兩前詞。舉爲中詞所擯斥。無毫末之連誼。馴致中詞無所用力。媒灼之效靡際。究竟大小兩前詞性契如何。無從測定。如云、

英國人非奴。

黑種人非英國人、

故黑種人爲奴。

此斷在史實無訛。以云邏輯則生適從何來之機。論式至此。大小前詞相與之誼。約有三種。請觀下圖寫示與媒詞有關。

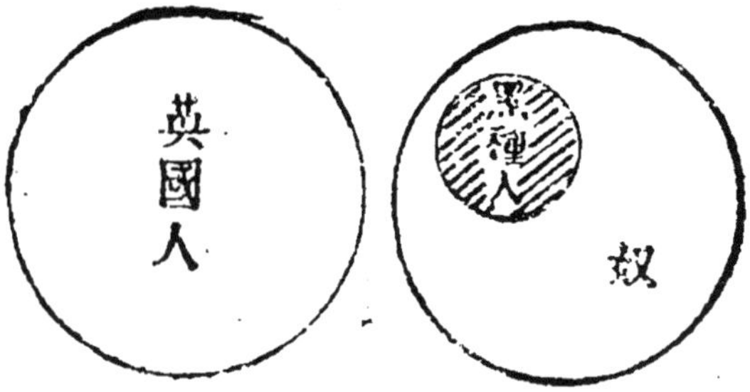

(一)

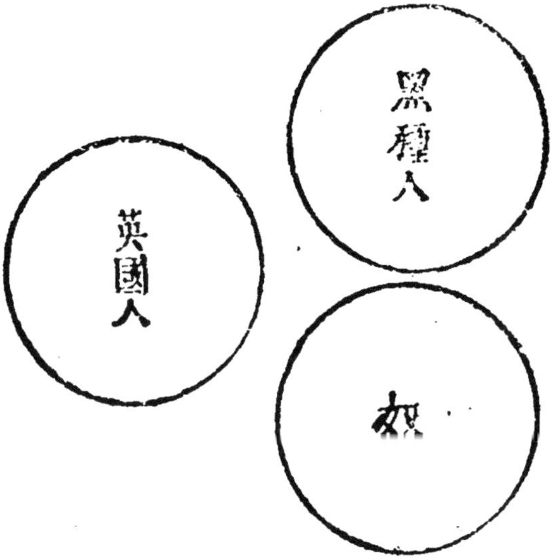

(二)

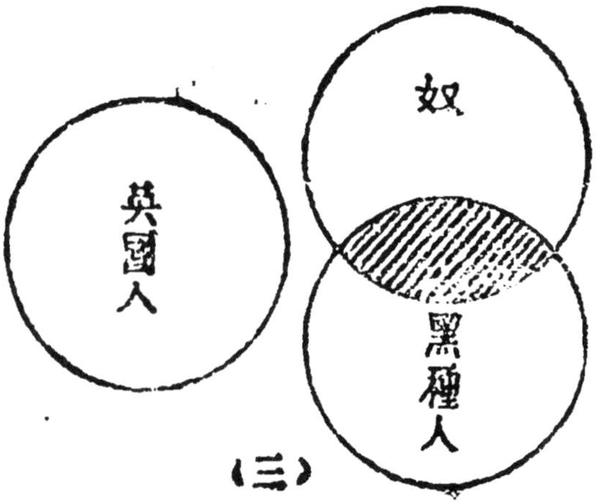

(三)

英國人非奴爲既定事實。三例一律。舉立於奴外。如圖。至黑種人之視奴。則可能性凡三。一、全部苞舉於奴中。如圖一。即本例所得之斷。一、步英人後塵。與奴無關。如圖二。二、或爲奴或不爲奴。如圖三。此三前者。黑種人應得何種本式之兩前提。殊不足爲張本。何以故。以兩負故。兩負生正。在命題換質中。誠爾。而非所論。於三段規則。故在代數中有之。而非所論於邏

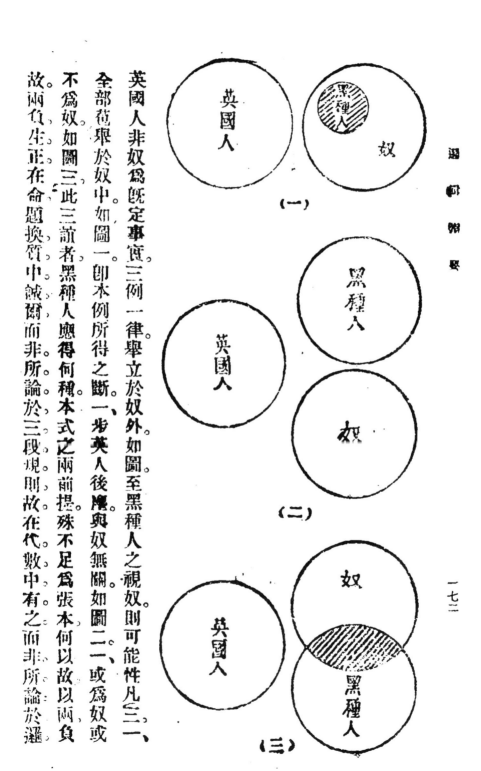

五、兩前提之一負。斷亦負。

偏言前提不能俱負，其必一正一負而後有斷可知。將負者在大前提乎正應在小前提而大前詞與媒詞之記斷惟小前詞與有關矣。夫斷表著大小前詞之因緣者也大前詞之全部或一部既與媒詞無關當然與「與媒詞有關」者之全部或一部亦無關故斷必負試作為圖幕所表如前條。

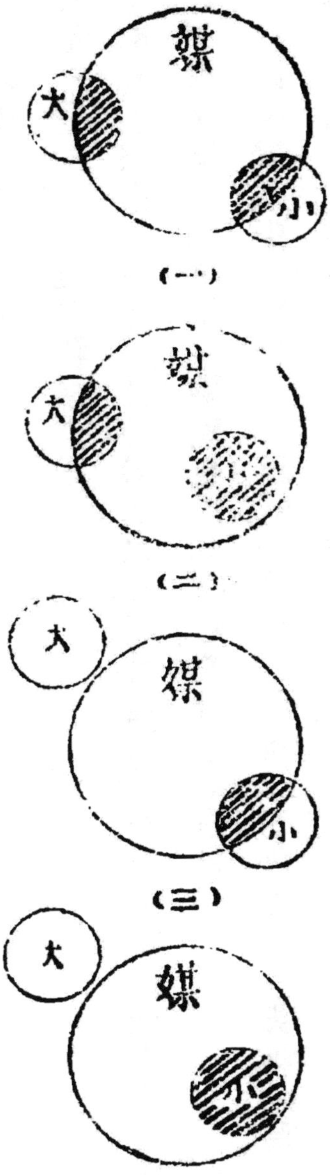

大前提偏負、小前提偏正時視圖一。大前提偏負、小前提全正時視圖二。大前提全負、小前提偏正時視圖三。大前提全負、小前提全正時視圖四。如云、耶教徒不拜祖先。
中國人有為耶教徒者。
故中國人有不拜祖先者。

此為第三斷所示。一覽可得。餘類推。

右正則凡五條。第一、以明三段結構之大凡。二、三、範圍三詞。一中詞詮。一大小前詞詮。最後兩條。則指示提斷間之正確關繫也。由此推衍。更得兩則附焉。

一、兩偏詞無斷。　兩偏不外三式。一俱正。一俱負。三正負各一。兩負無從得斷。第五條已詳之。如俱正。媒詞無一盡物。而媒詞不一盡物。斷將莫立。此又第三條所詳。如一正而一負也。偏負謂盡而主不盡。偏正主謂皆不盡。是盡物者。止於一詞。依第三條。盡物者必為媒詞。然以前提有負之故。依第六條。斷必負。斷負矣。依第四條。大前詞必盡。而今之大前詞則否。故斷無。

二、兩前提一偏。斷必偏。　兩偏無斷。前條已詳。是知前提中必有一全。果二者俱正也。

則偏正主謂俱不盡。全正主盡而謂不盡。盡者必爲媒詞。斷將莫得可盡一詞矣。故必偏。果一正一負也。而在全正偏負時。前者主盡謂不盡。後者主不盡謂盡。若在偏正全負時。前者主謂俱不盡。後者主謂俱盡。不論位置如何。盡物止於二詞。而依第三條。其一必爲媒詞。依第六條。餘一必爲大前詞。更何所留爲小前詞地者乎。故斷必偏。

第十四章　三段體裁 Moods of syllogism

辭不外四式。曰AEIO。質量既不同。體裁自隨而異。請先以A爲大前提、任在AEIO四種辭中擇一爲小前提。一爲斷案。將得配置不一之體裁十六。表如下。

大	小	斷	大	小	斷	大	小	斷	大	小	斷
A	A	A	A	E	A	A	A	I	A	A	O
A	A	E	A	E	E	A	E	I	A	E	O
A	A	I	A	E	I	A	I	I	A	I	O
A	A	O	A	E	O	A	O	I	A	O	O

依右法。次第以EIO爲大前提。分級相當之小前提及斷案。亦各得不同之體裁十六。總數六十四。

此六十四數。有中效者。亦有不中效者。效者何。卽與舉正。附七則是也。例如AAO、大〇前提皆正。而斷負。與第五則相違。EEA、兩前提皆負。據第四則。應無斷。IOI及III等、與附則一復不合。如此等類。中效與否。一目了然。計六十四數中。剔抉之餘。於規則無牾可以採用者。不過如下列十一而已。

AAA	AAI	AEE	AEO	AII	AOO
EAE	EAO	EIO			
IAI					
OAO					

凡A式六。E式三。I式一。O式一。總數十一。

體裁者。依辭類而見。爲然凡料量一物。每因觀點不同。而法柄以異。惟三段論式亦然。夫其詞者。三段之樞要也。若舍其他因素不論。專注其詞。將見別有所謂格律足資著錄。凡其詞有位。位易而論式亦易。二者相與。易足生變化。是曰格。Figures 變化者、非散無友紀之爲也。有導之不得不然者在。是曰律。Rules

格律者、唐白居易以名其集者也。今假用之。白氏集中。何者謂之格詩。何者謂之律詩。邏輯家固難言之。惟白氏不視格律分隸各詩格則非律律則非格。爲明不可掩之義。今則不然。所謂律者格之律也格律相次移植則舛二字之用大與白氏異趣不可不辨。

格凡四。如下。

M—P
S—M
∴S—P
(1)

P—M
S—M
∴S—P
(2)

M—P
M—S
∴S—P
(3)

P—M
M—S
∴S P
(4)

四、媒詞。媒詞在大小前提中左而右者爲第一格。集右端者爲第二格。集左端者爲第三格。右而左者爲第四格。位置井井。便於覽觀

律如其格。各有不同。二者相次裒列如左。丙爲媒詞。乙大前詞。甲小前詞。

第一格　丙爲乙。甲爲丙。故甲爲乙。　律曰、

一、小前提必正。　如其否也。大前提必正而斷爲負。大前詞將在斷盡。在前提未盡。是曰大前詞不正。故云。

二、大前提必全。　盡依前條。小前提爲正。則是媒詞在小前提未盡。而在大前提不得不盡。故云。

三、斷必與大前提同質。與小前提同量。　小前提正矣。斷自以大前提之質爲質。又大前提全矣。斷之爲偏爲全。自以小前提之量爲轉移。此不啻前兩條之附則云。

第二格　乙爲丙。甲爲丙。故甲爲乙。　律曰、

一、前提必一負。　不然。媒詞將無一盡物。

二、大前提必全。　蓋大前詞負。斷謂必盡故。

三、斷必負。　以前提有一負故。

第三格　丙爲乙。丙爲甲。故甲爲乙。　律曰、

一、小前提必正。　理由同第一格第一條。

二、斷必偏。　蓋小前提正。小前詞不盡。此在斷爲主詞。當然不盡。

三、前提必一全。　媒詞俱在前提爲句主。若無一全。媒詞即無一盡故。

第四格　乙爲丙。丙爲甲。故甲爲乙。　律曰、

一、如前提一負。大前提必全。　以斷負而大前詞必盡故，

二、如大前提正。小前提必全。　以媒詞必求盡於小前提故。

三、如小前提正。斷必偏。　以小前詞未盡於前提故。

四、如小前提負。兩全提必俱全。　蓋小前詞盡。而斷主必盡。斷主盡而斷全負。斷全而大前詞必盡故。

五、斷不得全正。　以全正則小前詞必盡。而小前提負。小前提負。則斷必負。適相舛故。

纇言中效之三段。共體裁十一。若每一體裁三詞之位置。依右列四格而錯綜爲之。可得四十四種不同之新體裁。惟其中有祇宜於一格。而他格不宜者。亦有能兼兩三格。而獨某格不中效者。效者何。本律是也。本律維他。即由疊舉正附七則醞釀來也。中效者表如下。

第一格　第二格　第三格　第四格

AAA	(AAI)	AII	EAE	(EAO)	EIO
AEE	(AEO)	AOO	EAE	(EAO)	EIO
AAI	AII	IAI	EAO	EIO	OAO
AAI	AEE	(AEO)	IAI	EAO	EIO

第一格之斷。得AEIO四種。他格至少必缺其一。又全正之斷。惟第一格有之。故凡欲獲備觀盡識之辭。非斯格莫勝其任。雅里士多德視此獨重者。以其可得推行盈否大訓也。邏輯家稱第一格爲正格。Perfect figure 餘三格變格者。Imperfect figure 職是之故。

表中有加括弧者。示斷案之量。較應得者爲小。此號弱斷。Weak conclusion 如AAI、大小前提皆全正。例獲全正之斷。今斷止於偏正。諒是老氏知雄守雌之意。故曰弱。弱斷體裁。實際無甚用處。邏輯家頗不重視。此外協律有用之體裁。總各格計之。十九而已。

正確之論式。爲數十九。邏輯家以其艱於記憶。擬爲歌訣以助之。號曰輔憶詞。Memoric verses

詩中之字。略無本義。牽強傅會之迹顯然。是在學者黽勉求之。俾副於用爾。詩如左。

Barbara, Celarent, Darii, Ferio, Prioris;
Cesare, Camestres, Festino, Baroko, Secondae;
Tertia, Darapti, Disamis, Datisi, Felapton, Bokardo, Ferison, habet;
Quarta insup x addit, Bramantip, Camenes, Dimaris, Fesapo, Fresison.

詩中劃線各字。眞拉體諸文以示格之次第。其他諸字。三段之構造在焉每字含有音字母，三辭類及序次以之。如 Babara、三A字以見全正三辭。Celarent、兩E一A。乃全負爲大前提。全正小前提。又全負爲斷。餘類推。

右輔憶詩。巧思綺合。盡其變化。爲形式邏輯之珍品。經院派顯稱之。或比之佛家各色經咒。並疑永久不變之眞理。卽伏於是。誦之爛熟。其聲琅然。神怪當相應而出。實用主義派如美之詹美生英之席勒一流。常目笑存之。謂妄誕莫大於是。稗販邏輯者。又稱上帝是幾何學家。歐几里得之幾何原本。不啻以通俗文字翻印之天書。若而譜語。用學之徒、每取與輔憶詩連類而並譏也。實則輔憶云者。亦取其便於記誦耳。通人固未泥之。乃爾用學派之讕浪。

意別有在。亦不止攻許此詩一端。

格有由變而之正者。曰變格改造術。Reduction of the imperfect figures 所用符號。應需說明。以換位言。前面有音字所表之辭。須直換者曰S。須量換者曰P。又大小前提須顛倒者曰M。改造以後。正格中應與何種體裁相當者曰B、C、D、F。如Cesare, Camestres 等、可改爲 Celarent 而 Disamis, Dimaris 可改爲 Darii 是三段應間接改造者曰K。餘如T N E等、則爲調音而用。羌無意義。

直接改造之例如下。

Camestres

大	恆星自發光……A
小	行星非自發光……E
斷	故行星非恆星……E

S凡兩見。第一S、以示小前提應直換。第二S之於斷案亦然。第三字母M、則示大小前提應行顛倒。如是改造。乃見下例。

Celarent

大（舊小）自發光非行星。（經直換）……E

小（舊大）恆星自發光。……A

斷 故恆星非行星。（經直換）……E

經此改造。提斷之辭類及位置悉變原格之第一字母C、即示改造後應相當於 Celarent 者也。餘倣此。

十九式中。惟 Baroko 及 Bokardo 用間接改造法。例如左。

Baroko

大 鐵爲金屬。……A

小 黑色物有非金屬者。……O

斷 故黑色物有非鐵者。……O

間接改造、先設原格之斷爲妄。而以其眞妄對待之辭爲眞。繼乃取此假設之辭。與原格中之辭合而成爲第一格之論式。推出新斷。卽以新斷之眞妄、反證原斷之眞妄、今設 Baroko 之斷「故黑色物有非鐵者」爲妄。眞妄對待之辭「黑色物爲鐵」應眞。繼卽以此新辭。

與原格巾大前提合成論式如下。

Babara

大（舊大）一 鐵爲金屬。……A
小（舊斷之對待）一 黑色物爲鐵。……A
斷（新）一 黑色物爲金屬。……A

右斷恰爲舊小前提之眞妄對待。舊小既經確認爲眞。此斷不得不妄。此斷妄。新小亦必相與爲妄。新小妄。與之顯然矛盾之原斷。無不眞理已。

如此改造。殊不邏輯。蓋推論之事。乃本已知求未知。凡所論列。應以原斷之誼爲限。今乃假定原斷爲妄。不啻於原辭有所懷疑矣。然原辭之誠妄。當於事先決之。事後猶爽。其無是理。故輓近邏輯家、頗多吐棄此法。而仍乞靈於逕改一途也。

Baroko 之直接改造如左。

舊大先換質。次換位。改爲全負之辭。仍置原位。舊小止於換質。改爲正辭。亦仍置原位。而第一格Ferio之新體裁立矣。

Baroko

大　凡鳥卵生。……………A

小　能飛有非卵生者。……O

斷　能飛有非鳥者。………O

Ferio

大（舊大換質位）　凡非卵生非鳥。……E

小（舊小換質）　能飛有爲非卵生者。……I

斷（舊斷）　能飛有非鳥者。……………O

Bokardo以有K音在。應施紆改之法。而此法之不可行。在Baroko已知之審。故並以逕改爲宜。

Bokardo

大　金屬有非固體者。……O

小　凡金屬皆元素。……A

斷　故元素有非固體者。……O

舊大質位並換。大小位次互易。舊斷質位亦換。新論式遂成爲第一格之Darii。

大（舊小）　凡金屬皆元素。……

小（舊大換質位）　非固體有爲金屬者。……I

斷（舊斷換質位）　非固體有爲元素者。……I

第十五章　界說

自來學說之爭每起於用名之不謹莊生所謂彼亦一是非此亦一是非不過就一二名爲之韓愈號爲文起八代之衰原道一篇畢生宗旨所在語其大要亦開宗明義博愛之謂仁以下四語而已名義之重如此此之謂界說

界說墨經曰舉界之而當謂之正舉不當謂之狂舉經云、舉擬實也擬實二字確是邏輯界說之本誼一語道破不媿語經擬者何易繫辭傳云、聖人有以見天下之賾而擬諸形容象其物宜卽是其義至形容如何擬物宜如何象在荀子正名之術在

荀子曰、「故萬物雖衆有時而欲偏舉之故謂之物物也者大共名也推而共之共則有共至於無共然後止有時而欲偏舉之故謂之鳥獸鳥獸也者大別名也推而別之別則有別至於無別然後止」此所謂舉無異墨經之舉此所謂共別墨經曰達類經云「名、達類私」達卽共名類卽別名私卽無別之名兩家將天下之物如是第之就中形容以見物宜以著邏輯界說此物此志

釐論概念。立外周內涵二名，謂外周大者內涵小，內涵大者外周小。自大共以至小別，各有其外周，亦各有其內涵，非了了於其周涵，無以爲推。推而共之，共則有共周遍大而涵遍小；推而別之，別則有別周遍小而涵遍大。凡執涵以定周，就周以窺涵，皆界說內所有事也。

別何以異共？曰：別涵大。小別何以異大別？曰：小別涵大。於是大加別涵，即等於別；大別加小別涵，即等於小別。夫是之謂差。淺密數之三角塔中名義凡四：曰人、曰動物、曰生物、曰物。以涵入之，物之含生者曰生物；生物之有知覺運動者曰動物；動物之有靈性者曰人。（此姑入涵以粗例求界說，讀者勿以辭害意）生物何以異於物？曰：以含生爲之差。故動物何以異於生物？曰：以知覺運動爲之差。故人何以異於動物？曰：以靈性爲之差。故凡以差合大別成小別，或以差合共成大別，夫是之謂界說。

界者何？界差也。說者何？差說也。夫是之謂界說。

墨經云：「狂舉不可以知異，說在盬。」此即闡明界說之理也。何謂狂？漢時龔遂爲渤海令，歲饑多盜，民好帶持刀劍，遂教民賣刀買犢，賣劍買牛。當時因有帶牛佩犢之謠。此蓋渤海之民見牛有劍象故曰帶牛猶有刀象故曰佩犢儋即者爲義曰牛、如劍可帶者也犢、如刀可佩者也雖在渤海人心目中爲不妄易地易人俱覺未然如此等句乃爲時地所限之孤證失之大狹聞若將全不可以知一類之異夫盡者何盡物也盡物者惟其德爲是類之所偏有或偏無也反之若德爲一類以上之所俱有易而言之即非偏有偏無此失之太寬亦不可以知異此凡狹若寬皆狂故經說下云「以牛有齒、馬有尾說牛之非馬也不可是俱有不偏有偏無」若夫角爲牛之所偏有馬之所偏無以是爲別而曰

牛有角　馬非有角　故馬非牛

於理無訏何也有角在小前提爲盡物也故經又曰「牛之與馬不類用牛有角馬無角是類不同也……非狂舉也」偏有偏無之偏字胡適之哲學大綱謂當作徧非是蓋徧者僅就同物而言惟偏義斯對異物而立所謂盡僅知同物之徧有性不足必舉其性於他物有無如何始爲完義也差與界說之連誼如此

欲明差之謂何若從名始思之誼尤易顯往者吾從師辟伯得一說請得徵之

凡　物當前。為覺所未知。抑知而未嘗留意。今將有以名之。大抵先從語之喻性著想。附人附名而可喻此本人覺之亦或不覺必也人覩是名。意概及物。而物德所涵。彌形昭著。此二者所得愈高。人依名辨物。由德察形。因及卽[illegible]物之入於心也愈速。忘之也亦愈難。夫世間之字。如石轉崖。廢墜不用者衆矣。而於存語之中。擇以名物。往往屢明一相。多不過二。反之、物德之翹焉待舉。紛不可紀。命名者於德不能不有所揀。勢也。揀之之道。以得其。最要為歸。當不為要。物無由喻。然則所謂最要為何等德乎。此似不問而為主觀之事也。已假定吾為手鎗之發明者。物具而名未立。鎗之為德。如下數相。子彈六枚。次第可發一也。有彈藏。二也。彈藏鼓形。三也。轉於本軸。四也。他猶未可一二數。於是字曰六發鎗。彈藏鎗。或鼓形鎗。宜無不當。然均不若彈藏之能旋迴。最稱主要。遂以標之。此旋迴鎗之所由名也。引抽象情實講之原論　Sponer, über den Logos als ursache der Sprach volembrung

由右論之。何者無媿於差。不難隅反。再申言之。差德以別一別於他別也。而各別之差。不止一德。如以知理詮人。誠無間言。然人之所以表著其為人。猶有熟食一事。熟食其得與知理同爲差焉否乎。爲邏輯者曰、否、不然也。熟食雖足以別人於獸。然非人必不可少之德。日本人好食生魚海濱之民生息於剌身一物者有之。歐洲人標榜衛生。其一味餐果實食生菜、以頤養者有之。他如持熊經鳥申之說。吸風飲露以爲奇者有之。或以崇恥尚義之故。若夷齊之於首山薇蕨者亦有之。如此等類。在人類固極少數。顧謂熟食非吾人得之則生不得則死之物。要不中不遠。卽讓一步而認生理非此不可矣。至爲人作詁。究應何去何從。猶當別論。荀卿曰、名聞而實喻。名之用也。今聞人之名。謂其所喻之實在乎熟食。然乎否邪。孟子曰、人之所以異於禽獸者幾希。庶民去之。君子存之。此幾希者無他。卽知理也。漢密敦之詮人曰惟知理者能笑。且自詡爲重同適例。人亦許之。然則能笑與知理廣狹同幅。亦得掩盡知理之封界也無疑。顧獮猴能笑。鴟鴞亦能笑。笑原不爲人所獨擅。卽讓一步。慈如漢密敦所稱矣。而謂言談之際。聞人稱卽喻笑德。無負荀卿所期。其誰信之。以是種種。差之一目。邏輯家惟以知理尸之。若熟食若能笑。一一列於著之一倫。以資質劑。誠非無故。

邏輯家之病差無的標猶有說。如幾何界三角曰、三邊形也。是以邊爲形之差。而角轉爲著。

互易爲詁。有何不可。曰、必欲易之，誠無不可者存。惟立差本以便語言，而非盡物性。名爲三角。倫復以角界之，失之重贅。故舍角而取邊。須知垂之的彀，難於十分準確，不足爲邏輯之病。荀卿曰、散名之加於萬物者，則從諸夏之成俗曲期。儻措辭而成俗之不知，曲期之不顧，悍然以吾之所自信者，強聒於人，則的彀誠陳，隆正誠得，（隆正下詳）如闇者不喻，正言化爲廢語，何也。夫曲期、曲者不全之謂。凡諸夏中一邑一鄉之所期，命倘且不肯，總略乃爾，何況國語。隆正云者、隆則高，人一望而知所止；正則準，人即之而知所合。荀子制名之樞要，於此得見一斑。邏輯之僅取知理爲人之差一事，全然以常人之理解爲根據，可謂無違於荀子「離心交喻」之戒。程明道曰、禽獸與人絕相似，只是不能推。不能推，即不知理之謂。王制篇云、水火有氣而無生，草木有生而無知，禽獸有知而無義，人有氣、有生、有知、亦且有義，故最爲天下貴也。理義本互訓之字，有義亦即知理之謂。可見如此論，愚賢者所同。

或曰、如右云云，亦爲邏輯而言邏輯耳。若所治不爲邏輯而爲烹飪，則特標熟食以擬諸人，未始非宜。是說也，吾然之。非惟此也，法蘭西生物學者李尼亞、Linnaeus（嚴氏指爲瑞典，大誤[illegible]）謂人之差在口中上下各具四截齒，左右犬牙各一，其身直立，三者（[illegible]）獨不言知理。此李氏意在尘理，標舉似未可非。吾國邵堯夫云、動物體橫，植物體縱，人宜橫而反縱。（[illegible]）如邵氏，從李尼亞之後，以宜橫反縱四字，傑人亦能得而非之。語云、言非一端，夫各有當，為邏輯之學，宜不忽此。

謂進言蓄。蓄、德不必為名所涵泳，而為所漸積，既知名之正詁，此隅反而即得者也。穆勒謂蓄有二。一曰符蓄 By way of demonstration 一曰使蓄。By way of causation 符蓄、由涵達蓄原委，井井若合符節之謂。如平行四邊形之對角對邊俱等，此雖不為本形之涵義，然既立平行四邊矣，邊角必然相等，無或爽也。使蓄、蓄從涵生，猶果有因，不得不然之謂。如人之能言，未為人之涵義，然人知理，自可繇之使言。天下有能言而不知理者矣，猩猩是也。知理而不能言，未之前聞。明斯二者，蓄德之性，思過半矣。

此土文士，喜望文生義，遺言拱意，大抵取諸蓄者為多。如董子云、王者往也，言天下人所歸往也。君者羣也，言能結集天下之人羣，使不離散也。此諸義者，皆取之宮中，理有固然，苟去。

此者王與君亦獨夫耳矣與其名不相稱也惟吾人之有取於善者事由所以然而漸入於當然誼由 is 而漸入於 ought to be 易詞言之義由科學範圍而漸入於倫理學範圍不可不辨

其次則寓凡德之無與於涵義而又涵義所不能推者咸歸之假遇一名謂之共若別不可謂之差不可謂之嗇復不可此無他必寓也夫德得諡曰寓其效可知是故斯德不論偏於羣體抑止於一人蛻而出之大都於兩者之本質無礙不若差與嗇之不可移焉嘗試論之寓應分兩種一曰不可離一曰可離不可離之寓被於一類隸屬此類之各個體無不皆然或謂此與嗇無異處如歐洲之反芻動物蹄必分趾蹄之分趾似嗇非寓然蹄趾之與反芻二事初無因果符驗之誼實不可離邏輯家終於理不讓也至若白色歐人久視爲鵝之寓質不復可離自黑鵝見於澳洲此執著之念始改易詞言之不必一類之中皆如此矣以個體言不可離如產地如生日如姓字（以余所私名曰「若姓字屬」屬附也離之反也梁任公釋之云「若姓字之於本人相屬而不可去」是）終其身無可變易是可離如職業如行爲遷變靡常者是兩兩比勘性絕易明惟事關無別邏輯例不重視

宋丁晉公謂自崖州貶。與客會飲。一客論及天下地里。謂四坐曰、海內州郡。何地最爲雄盛。謂曰、唯崖州地望最重。客問故。曰、朝廷宰相。只作彼州司戶參軍。他郡何可及也。見彭乘墨客揮犀。夫宰相雖貴。貶于某地。終是某地可離之寓德。况客意作州郡形勢。尤與謂語無涉。惟若功德在民。文章絕世。如韓退之之於潮州。柳子厚之於柳州。久而久之。人地相與。誼無可脫。又疑疑有化寓爲著之勢已。

夫寓亦何常之有。楊朱之弟楊布、歸家衣易其色。其犬吠之。然楊布之寓矣。犬遂不識其主人也。蘇軾志林、俗傳書生入官庫。見錢不識。或怪而問之。生曰、固知其爲錢。但怪其不在紙裹中耳。錢在紙裹。乃是極可離之寓。而書生離是。顧不識錢。可見寓德時亦因人而異。寓者偶也。審是可與言名矣。

凡右所論。共是九事。一曰共。二曰別。三曰差。四曰蓄。五曰寓。雅里士多德號爲五謂。Five Predicables 謂者。吾取墨經之名義。牒之釋曰、謂、移舉加。墨辯意可謂者凡三事。雅里則列爲五事。李之藻氏譯曰五公。參看拙著名理探考 嚴復氏譯曰五旌。前者、擬此爲天下之公稱。後者、謂得是

五、目。足以、旗、別、萬、彙、也。實則雅理當時所列。只有四事。其徒彼和利廣之爲五。並昌大師說。爲師所定十倫先資。術遂被覆於問學之途。一若師擅十倫。弟擅五謂。流風分衍。以迄於今。大抵目論之士之所爲也。尋此五者。又區爲二。一曰類。一曰德。共別皆類也。共之上復有共。別之下復有別。以類相屬。雅無定域。差著寓則皆德也。凡物之不必以共別名者。則以涵德爲歸。如此種種。上已量爲疏列。不更覼縷。惟邏輯家大抵取五謂與界說連類並論。而穆勒獨否。吾於此不爲左右袒。特爲敍說之便。姑舉其崖略於例證五事之後云爾。

雅理邏輯之立五謂。志在統括一切命題者也。新邏輯 Logistic 輒病其過於局狹。以凡人見物。吐辭未必即起共別相涵之念。並勤勤以指畫肚。如歐拉發作大小圈也。於是建議以函數之不變式（Un invariant fonctionnel）代之。四十年來。蔚成風氣。請以兩派之演式較比如下。

舊　別＝共十差（或譯 式……）

新　x=f(y,z,……)

今假定其底辭爲「一人知理之動物也。」人屬別。動物屬共。知理屬差。在舊式爲甚明。倘若新式X代表人函數因子Y代表動物。Z代表知理。結果適與舊式所命相若。其區別。處則共。別。相函始終爲共。別。相涵而函數之所代表則齊漫無垠可盡空間一切。連誼。而包孕之以本底辭言用函數。而共別之象通用共別而函數之義無從招致也。試爲較之。

舊	新
明類。	明連誼。
重質	質量並重。
畸於言值。(價值)	言值並言存。(存在)
起念於圓	起念於點線。

類與連誼之別。其勢顯然。無取深述。觀是之殊。即左式可見。

動物 $=f(a,b,c,\cdots\cdots)$

人 $=f(x_1 x_2 x_3 \cdots\cdots)$

a, b, ……代表人猿牛馬等。x_1 x_2 x_3……代表白人、黃人、黑人等。A. De Morgan（狄木黎甘）此純取外周爲概念直量，可知辭本分言偵言存兩種。如曰某在斯，此言存也。又曰、某君子人也，此則言偵。舊邏輯執著系詞，凡言存之辭，非加入綴系，易言價值不爲中程。如某在斯，改作某爲在斯之人，是圓與點線分隸兩式，此緣類與連誼迤邐而至，雅無足奇。圓大小以之，凡歐拉所畫皆是。點線長短以之，二者相切，宇內乃無不可達之境。新舊相衡，爲別如此朗朗。自數學侵入邏輯領域以還，名碩數輩迭爲主盟，其附庸蔚爲大國。邏輯斯迭克駁取邏輯而代之，似爲最近無可避免之趨勢。其中弱點，如多瑚米野 Dufumier 所稱，在數目之函數中尋求概念，終無是處。以因子之數及其所覆區域，固非界說所必需也。又言存而還就言偵，辭雖對立而意義有殊，首於同一律未合。諸如此類，亦頗逐漸流聞。夫邏輯之與數理，犂然二科，其將前者數理化乎，抑後者邏輯化乎，將二者各併其所長而掩其所短乎，抑終於分道揚鑣各行其是乎，非得奇偉宏博之士，以深造之力，持久之功，相與融會而貫通之，問題無能決焉。由今觀之，似猶距此彌遠。本編敘陳邏輯綱領。原本雅理。略及遞變。新邏輯之義旨及各家爭點。考覽未遑。

亦於五旌之次。稍稍稱述。以見斯學遷流之一斑云。

界說在明若以擬實。不可以蓄寓混。略如右述。實者名之對也。於是界有名實之分。請稍及之。實界者、義由擬實而來。即界說也。名界不。擬實。而僅擬名。主謂。繳繞。終不。出。一。名。訓詁。以。外。此仍得爲界說與否。邏輯家迄無定論。往者吾兄太炎先生有書抵余。論墨辯事。中數語極精。「訓詁之術。略有三塗。一曰直訓。二曰語根。三曰界說。如說文云、元、始也。此直訓也。與翻譯殆無異。又云、天、顚也。此語根也。明天之得語由顚而來。（凡說文門聲訓者率多此類）又云、吏、治人者也。此界說也。於吏字之義。外周內涵。期於無增減而後已。說文本字書。故訓詁具此三者。其在傳箋者。則多用直訓。或用界說。而用語根者鮮矣。」（見附錄第三首）夫界說無論已。語根一。塗。介乎。蓄。德與同根之閒、以大含顚義。固是蓄而不散之德。而得語由來本乎聲韻。於界根亦不悖。故云至於直。訓則眞所。謂。名。界者。矣。吾兄又云、「今且以幾何原本例之。此亦用界說者也。點線面體。必明其義。而不可徑以直訓施之。假如云、線、縷也。面、容也。於經說亦非不可。於幾何說本。可乎不可乎。」同上由此以談。直訓。恰居界說之反。名實同尸。界號直不邏輯之尤矣。顧穆勒、席格華特Sigwart之流。於此別有見地。若謂言語者、思想之徽識也。中心寂然無思。決無聲息之著於外。墨經有云、「聲出口俱有名。」即指此特言之。短長聲之高下。與意之輕重相比如何。光無一定。即字典中單詞。短釋。貌若。洞洞。屬屬。無所有者。亦不得謂非心聲之一種。辭亦。荀子曰、「星隊木鳴。是何也。曰、無何也。」辭之負性至無何也。而極矣。然讀者決不以爲可略之辭。且認爲下文天地之變。陰陽之化。二語。經無何也三字一宕轉。形有力之辭之進。於是而有所申述者。嚴氏此謂曰申辭又不待言已。由是言之。名界之與實界其分別處。蓋在程度而不在性質。爾何取擇。斥使不得齒於界說之林哉。是說也。姑存之。

界說不可。即以所以界之名。界之。此其理由。不言可喻。蓋所貴夫界者。爲所以界之名。明而不喻其意。或見而不得其解。將借助於比較爽朗之詞。加以詮釋也。設仍以所以界之名界、之。如墨子問樂。曰、所以爲樂也。問室。曰、所以爲室也。則界亦與不界等耳。何必。多此一舉乎。[illegible]惠施、梁王與惠子論彈。惠子曰彈之狀如彈。梁王以爲未喻。如此爲界。皆有喻理。劉熙撰釋名。其例有二。曰本字。曰易字。本字。卽。所。以。界。之。名。也。顧千里作釋名略例分本字爲三。一本字。二疊本字。三本字而易字。本字者何也。則冬曰上天。其氣上騰。與地絕也。以上釋上。如此之屬一也。疊本字者何也。則春曰蒼天。陽氣始發。色蒼蒼也。以蒼蒼釋蒼。如此之屬二也。本字而易字者何也。則宿、宿也。星各止宿其處也。以止宿之宿釋星宿之宿。如此之屬三也。（見上頁顧氏原文）推顧氏之意。所謂、名、如、此、釋。本地、風、光。最爲、愜、當。卽易、字、之、例。亦字、不、同、而、理、同。其言曰、「易字之所由生。固生於本色而已矣。所謂易簡而天下之理得也」。卽此觀之。可見釋名之例。應集成於用本字一法。餘無一可。何東西學者之見解。僻馳一至是哉。平情論之。顧氏所舉各例。本字之外。尚[illegible]他詞。詞於本義。[illegible]所附解。亦非篤論。特邏輯之。聯以杜渾殽。求精審。爲貴。而界說。尤。甚。本字云云。於律令之精神。爲。未叶。爾雖然。本字爲界。在此土文字特有可原。不可不認歐文系統不同。語原非一。專名率自希臘拉體諾流入。從而界之。選詞之範圍絕廣。無甚與本文複沓之虞。吾國大抵以義爲名。出自邏輯者義尤顯豁。作界求避本字。儘有捨捬難就之時。邏輯本界之戒。吾文應如何變通以求其合。尚待明辨之士審處之也。又易繫中釋爻詞、與界說相近。蓋所謂象者。謂有以象其德也。然孔子有因爻詞而申言之。若無所損益於其詞之義者甚衆。比之初六。有孚比之無咎有孚盈缶終來有它吉象曰、比之初六。有它吉也。小畜之初九。復自道。何其咎吉象曰、復自道。其義吉也。損之六四。損其疾。使遄有喜。象曰、損其疾。亦可喜也。大有之上九。自天祐之吉無不利。象曰、大有上吉。自天祐也。夫既已言之矣。而孔子又申言之。使無所損益於其詞之義。則孔子固多言也。（[illegible]）所謂名言。即邪本條戒律。子瞻卒云、乃孔子則有不勝言者。顧與諸君論之。此論于邏輯如何頗關吾國學術特性。亦明辨之士所應有事。惟子□又云、易之爲書。要以不可爲必然可指之論。而邏輯所事。在明定必然可指之域。界說尤然。是不可不析觀。

界說應需滿足所界事物之全。適如其分。不可太過。亦不可不及。此惟參用內籀方術足以得之。一名入手。即取類似之物若干而推較之。既觀其同。復審其異。展轉翻覆。不厭其詳。如是而去者去。取者取。庶乎過不及之差可免。再取人界論之。欲界斯名。應舉數端。動物中足與比較者幾何物乎。同點安在乎。同得而所餘皆異。究異焉否乎。試先驗其形體。動物有機體而能運動者也。顧生物最下級之構造。固不若是。人也者蓋具有特異之神經系統。腦與脊髓。各備適應之骨骼以承之。比勘至此。知人類示別於生物在脊椎。然脊椎動物亦夥矣。若猿、若蛇、若牛馬皆是也。此其神經組織之疏密。雖大有等差。而終不得謂之為異。他如消化、呼吸、分泌、血脈諸機能。高級動物所不同於人者殆不多。即李尼亞所標之身軀直立亦不必人之所獨。古維耶 Cuvier （法人比較解剖學之創始者）謂拇指能動。人類獨特。尤不為典要。要之似人之猿。以形體論。與人相去之度甚微。區以別之。信未有當。三國時、吳人姚信著昕天論謂人為倮虫。形最似天。其頤前多臨胸。而項不能覆背。故知天體南低入地。北則偏高云云。今猩猩亦頤前臨胸。項不覆背。是猩猩同是形似天之倮虫也。論焉可通。形體既無可言。是不得不折衷於心理一面矣。心理有三。曰情、意、智。以情言之。如羊之能羣。蟻之同愛。犬之知恩烏之盡孝。情何嘗有遜於人。以意言之。鳥獸之語言。人所不解。機緘不啓。固無從測其淺深。然動作者意之符也。謂曰無意。攫拿跳擲。孰主張是。柳侯鶻說載。冬日之夕。鶻取鳥之盈握者完而致之。以燠其爪掌。左右而易之。旦則執而上浮圖之跂焉。縱之延首以望。極其所如。

往必背而去焉。苟東矣。則是日也不東逐。南北西亦然。此情之至也。非細意以默貼之。無其委曲。必從而識之曰。乃禽義也。人固不若是則恐人將媿之未暇。孰得而妄輕之。於是柳先生曰、孰若鵲者。吾願從之。毛耶翮耶。胡不我施。夫謂人禽之意殊。苦無的標也如此。無已。其在智乎。其在智乎。爲而論之。智亦若情意然。在人禽間。無過程度之差。究不爲種類之異。傳稱狌狌知往。乾鵲知來。知之事自是智之事。宋有處士劉易隱、居王屋山。嘗於齋中見一大蜂。罥於蛛網。蛛搏之。爲蜂螫墜地。俄頃、蛛鼓腹欲裂。徐徐行入草。蛛嚙芋梗微破。以瘡就嚙處磨之。良久、腹漸消。輕捷如故。自後人有爲蜂螫者。挼芋梗傅之則愈。（見續墨客揮犀）傳說如此類者。不可殫述。吾所聞雲南白藥之起原亦類是。是蟲類者。且尸神農之職。功在民生。其智較之貍頭愈鼠。雞頭已瘻。（見淮南子說山訓）爲無意中推得者何如。穆勒好引嗶甯母 Houyhnhnms 一例。（[illegible]）嗶甯母者馬也。能聚其曹侶。建爲馬國。羞惡是非之性。與人絕無異。人爲得而予智自雄者。

或問知理於何驗之曰、於能言驗之。然能言何常之有。魯僖公二十九年。介葛盧來朝。舍於昌衍之上。聞牛鳴。曰、是牛生三犧。皆已用矣。其音云。人問牛主。竟如其言。又廣漢楊翁仲、能聽鳥獸之音。乘蹇馬之野。田間有放眇馬相去數里。鳴聲相聞。翁仲謂其御曰、彼放馬知此馬而目眇。其御曰、何以知之。曰、駡此轅中馬蹇。此馬亦駡之眇。其御不信。往視之目竟眇焉。夫介葛盧之聽牛鳴。翁仲之知馬聲。聞者雖有擅術任數之事。所當別論。而獸爲能言之物。所言旣見喻於儔類。復關通於人間。無甚異於人之理解。二例皆證示而有餘。嵇康著聲無哀樂論。申論此事。謂「牛非人類。無道相通。若謂鳴獸皆能有言。葛盧受性獨曉之。此爲稱其語而論其事。猶譯傳異言耳。若謂知音爲當觸物而達。無所不知。爲問聖人猝入胡域。當知其所言否乎」。此特於人知獸音。微有異議爾。至獸之能言。則視與胡語同倫。未予抹撥。由斯以談。能言之不足爲界人準的。灼灼甚明。夫界說者。本相對之詞。固無獨至之誼。詞令便宜之號。未是盛水不漏之方。自有學科以來。唯數理化三門。所界可云切至。餘亦差強人意。用之無甚惡弊已耳。且界說之功用。與言本身之如何精當。常謂用後。前後之一致。蓋釋同一律。甲者甲也之第二甲字。乃無往、非甲、之謂。卽斯意也。明此數者。本界之爭可解。人爲知理動物一辭。數百年來。經邏輯若博物家反覆推校。許爲可遂。其中取而復棄。棄後終取。

慘淡艱苦之流，都可按驗。衡之所界事物，適如其分，一律亦可謂常日在之者已。荀子曰、人之所以爲人者，非特以二足而無毛也，以其有辨也。王充曰、夫倮蟲三百六十，人爲之長。人物也，萬物之中有智慧者也。（辨界說）曰有辨，曰有智慧，均去知理一義匯通。即作本邦，於此界亦無異議。

復次、界說務求明晰。不可以暗界明，或以暗界暗。ignotum per ignotius 如說文云、火、燬也。火本易知。界之則反不知。又云、[illegible]、神魖也。變較難知，界之愈不可知。約翰孫之界網曰此方罫爲襴平均作界之織物也。此意之如設穫然，頗爲通識所笑。（辨界說）法儒巴斯噶 Pascal 論幾何法則，首立二義。（一）凡字稍涉曖昧，不免歧義，而未嘗爲界者不可用。（二）字非人所共曉，或已經說明者不可用。誠爲知言。幾何定義之不濫，即以此故。或又以比喻之詞傳會人界，亦不可。假如曰、心、人之靈臺也。荀子王制篇曰、公平者職之衡也，中和者聽之繩也，皆此類。又界說必遵正辭。非其不得已，勿含負性。蓋所貴乎有界者，以明物之所涵，非欲明物之所不涵也。如中庸云、不偏之謂中，不易之謂庸。說文云、假、非眞也。俱宜更有正面理由，足資衡義。僅詁其負。不敢謂妄。幾何公論之流。雖於說明之便。以負性爲宜。然有是理。而無是境。邏輯之價値如何。似猶待論。如墨經云、間、不及旁也。間爲中義。而欲確立中間位置。當然不能侵及四旁。惟歐幾里得云、點者無分。所謂間者爲域。宜無過一點。此外皆分。分即闌入四旁。實際如何得有。眞中直不能。欺愿竟于特在理境。不得不如是設想耳。幾何原本又云、線有長無廣。兩直線於同面行至無窮。不相離亦不相遠。而不得相遇。爲平行線。如此等義。俱爲一類。雖然邏輯家護持負界。以謂不僅宜於幾何。而且推之一切事物。無不愜當者。往往而有。其言曰、「曩舉界不明不涵之說。特未解人類眞性倚者爲之。須知天下智識。不必處處可從正面得來。智識云者。亦若干相反相質之迹象。會歸於一 Union of opposites 而已。非有他也。又吾人運用智識之正量。孜孜不懈。而每在洞知所求不得之頃。理智豁然開朗。顯有進徵。攻負界者不明斯義。以致思想受其障害。大是可惜」戴蔚孫教授說。教授、吾所從受邏輯之師。所著界說邏輯一書。頗有名。Davidson; Logic of definition

界說有界根者。亦不可不論。墨經所謂同根之同。即是此種。同根云者。謂即一物。而詁之不章。視當時顯示之體狀，而追溯其本原之所自也。尋論界之有此一說，達爾文之種原論實有以致之。由達氏之言，凡號曰種，雖不同祖，特質性逐漸變化，以至久茲，眞源遂儻疑莫能明。若而變化，脫能一一表而出之，大本既立，枝葉扶疏，將見種之所以爲種，與夫德若性之同異。異同可以一覽而得。歐語有所謂系本圖 Genealogical tree 即指此也。惟若闡發此德若性者，不以圖而以言，於焉文之，即爲界說。界說者，是與謂描寫動植物之時，空實狀，當謂平視種性，尋求大原之所爲。此義沾溉既廣，幾於泛應。凡立詁以紀述物所自來爲職志者，遂一律以同根之名謚之。幾何者，即富於根界之學也。如曰、自圜之一界作一直線，過中心至他界爲圜，是。此化學中亦有之，如曰、水爲養一輕二是。

此外尚有一種，以分析爲能事，其得稱爲界說與否，至今尚無定論，所謂散界是也。Definition by partition or analysis 散界者，特一物所含質繁，萃而散之，別而舉之，直云某成於某某，其餘不著。一字之謂也。散字出於董子，其言曰、名衆於號，號其大全。名也者，名其別離分散也。號凡而略，名詳而目。目者徧辨其事也，凡者獨舉其大也。享鬼神者號，一曰祭。祭之散名。春曰祠。夏曰礿。秋曰嘗。冬曰烝。獵禽獸者號一。曰田。田之散名。春苗、秋蒐、冬狩、夏獮……物莫不有凡號。號莫不有散名。（見深察名號篇）曰別。離。分。散。曰徧。辨。其事。此物。此志也。由全而之。別。離。分。散。由別。離。分。散。還而之。全。相互爲用。俱屬界說。周不論所別。離。分。散者之。爲何。名所徧。辨。者之。爲何。事也。如界人而曰身與心之合體。界心而曰智情意之全能。界哲學而舉心理邏輯及其他以對。界立體而舉長廣狹以對。俱是嘗論界之所以難言。首以共別之念。莽不易理。故散界良便。且治生物學者。每苦觀念歧出。各種作界之法。皆不可行。惟從分析著手。性乃莫遯。故散界者。所以補諸界之不足。且適於用。而不可少也。呼威理以爲不然。力言析治不可以爲界。戴蔚孫教授又反其說。詞非辨。詳界說邏輯中。姑不具論。邏輯中有此一種分析法。謂之界說可。謂之分類亦可。得其當而用之。要不爲不智。茲以結界說之終。而啓分類之始可已。

第十六章 分類 Division

分類云者、分一共而成諸別也。所分之共曰分綱。Totum divisum 所成之別曰分目。Membra dividentia 當其分也、必有所本以爲分物之德、是曰分本。Fundamentum divisionis 而物德有同有不同、是曰差。differentia 閔多曰、本與差、非斯稱邏輯之分類矣。如人種可分作黃白黑、此以色爲分本、而黃白黑差。

凡名、分本非一。如三角形可分爲平邊、兩邊等、及三不等。其分本在邊。又可分爲直角、鈍角、及銳角。其分本在角。以故同一名也、分本幾何、卽分類幾何。如是多本而多分、其程敍謂之俱分。Co-division 俱分所得之類、平級相較、應須互有出入。至若一無出入、則必兩分本卽一、分本殊無異軍特起理也。

凡分類、一分之後、仍可進分、是曰再分。Sub-division 再分之後、又有再分。以是遞進、至分無可分而止。易而言之、至最小別、其僅能蔽爲個體而止也。所當注意者、一次爲分、分本卽盡。設欲再分、宜立新本。如三角已分作平邊、兩邊等、及三不等矣、苦不得更以邊之長短爲的標。重與細析也。惟易邊言角。又無不可。如兩邊等得分直角兩邊等、鈍角兩邊等、銳角兩邊等。三不等得分直角三不等、鈍銳角三不等是。反之、分本其始爲角。今易作邊。如銳角三角得分平銳、二等銳、三不等銳。直角三角得分二等直、三不等直。鈍角三角得分二等鈍、三不等鈍。理亦如之。

俱分與侵分。Cross-division 異。俱分者、分各有本與差。侵分則本差錯綜。分目如犬牙也。夫人種以黃白黑分之。是已。若立人而駢署於下曰、歐羅巴人一。商人二。繼人三。美人四。黑色人五。有胃病人六。(例本圖多)則去邏輯遠甚。何以故。以分本不明。差德準殺。故惟分本不明也。而種族而地域。而職業。而容貌。而疾病。凡可資分羣聚類之目。棼然雜呈。一無制限。惟差德準殺也。由種族以至疾病。諸差對立。交午不休。凡歐羅巴人同時得爲商人。繼人同時得爲美人。黑色人同時得爲有胃病人。夫是之謂侵。侵分。篤而論之。本之與差。原無定準。種族也。地域也。職業容貌若疾病也。無一不足爲本。凡本之不同處。無一不足爲差。惟各立一系。使不相犯。於法爲俱。並爲一系。彼此互攙。厥病爲侵。此其歧點。衍盛言俱分得類。互有出入。是所指異。

系。非關。同系。異系。出入。俱分之所必至。同系出入。則假分之所特然。由是分類律令有可言者。

一、依所。分物。之同。德。立差。如色。爲人類之同德。因在其上立爲黃白黑諸差。是此之原則。爲「相同者合相異者離」。殺不相同。則其德爲不足。依。如脊椎動物、德爲脊爲椎。而海岸有沙蟲者。長一尺若二三尺。身乾脆易斷。捕偶不慎。即應手折。人因以玻璃名之。玻璃蟲之食道及呼吸器等。一一與魚類相符。其他類似脊椎動物之性質。仍復不少。然以之還隸脊椎一門。終覺不安。蓋脊雖有之。椎則未見。介乎同。異。之間。甚爲離。合。之難。也。生物學家乃推而上之。爲前、立脊、索動物、一綱。使玻璃蟲一孤證。與他脊椎類駢立於「大小殊絕。亦所不卹。凡分。類。學。上。處理。同德。所。不。得。不。然。也。

二、所據。同德。不可。有二。易而言之。分本。必一。如以種族爲分本。諸別一一俱符種族性。不得夾入職業以及其他諸別。是以式明之。樹(G)爲其即分本 S_1 S_2 …… S_n 爲諸別。諸別(D)所必稱。特變其形爲 d_1 d_2 …… d_n 所演如下。（式[illegible]章[illegible]）

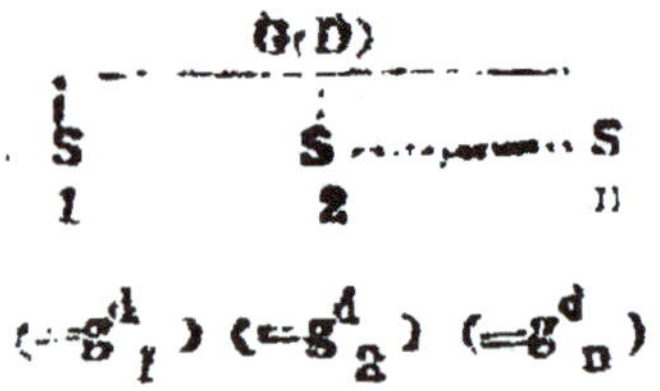

三、凡物之有同德者，必居諸別之一，而不得逾一。易而言之，諸別必互拒。此一律也，不啻為二律之系論。第二律有違，當然第三律隨之而破。譬若分本不一，乍以邊歷紐三角，繼轉而以角為斷，因取平邊三角、兩邊等三角、三不等三角、直角三角等平列於其下，將見直角三角無害為兩等邊三角，是一物而歸入兩別，其繆中於僞分，已顯然。持此律邏輯，亦正難言。常識所詔，物德不明，無從為之分野者，往往而有。如指一物屬諸某別，似無可辭，諸被視之德，又與他別識兩端之間，戛戛其難。於斯時也，惟有於同德中立一甌脫地，容諸此自為出入。由是事不獲已，卒以一物納諸一別，以上良未可知。甚矣，物無顯性，性無顯界之，綜可如何也。古詭辯家有以石堆為喻者，法假定若干石可成一堆，先問三石成堆何如。如答不能，則四；四不能，則五；以次遞增。答者欲斷謂某一石增成，缺某一石不成，直無由也。反之，問二十石可成堆否，如答曰能，則十九；十九能，又十八；以次遞減。答者亦難斷定去某一石，堆即解體，不去某石，堆仍如故也。以心理言之，德性之所昭著，情緒之所發舒，百狀相錯紛繞不已。如機智之與滑稽，之與感憤，感慣之與高尚，思致互入，如峯迴疊從而截然分之，若者屬情，若者屬志，若者屬意，如犀之分萬流，壁立不可能也。匪惟此也，事關科學，迹近自然，情督物機，時亦難免諺譏。蝙蝠弃於禽以四足被逐，歸於獸以雙翅見排，兩無所可寄，狀可擬。細德斯密 Sydney Smith 嘗記生物學者在植物灣 Botany Bay 發見珍禽怪木，不勝惶惑，而於鴨嘴獸 Ornithorhynchus 者尤甚。「是物也，大如貓，眼與色與皮似鼴鼠，喙及翼趾則全爲鴨。邵博士 Dr Shaw 以不能定其爲禽爲獸，終身不樂。」（[illegible]）其在吾土，司馬君實在竹園中得一物，如蝙蝠，巨如大鴟，莫有識者。有自衡山來，云此鼯鼠，一名飛生，飛而生子，每欲飛則緣枝至顛，能下不能高也。（見夢溪筆談）此介乎蝙蝠與大鴟間之怪鳥，亦鴨嘴獸之類儔。南山人以意名之爲，爲定說。匪惟此也，千八百六十一年，在德國巴滑利亞發掘化石，得一怪鳥，上下顎密排細齒，與尋常鳥類絕異，又尾骨甚長，脊椎二十餘節，結連成軸，與山雞孔雀尾長在毛而不在骼者大殊。以體狀論，近夫鼠若蜥蜴，以羽毛言，又是飛禽，迹相生物學家因以鳥類之祖稱之。今魚類中以肺呼吸空氣者有之，哺乳類中而卵生者有之，益

以化石此等蹟證自然似具渾然一境無從界別上云諸別互拒詼何容易特治邏輯不可以其不易輒忽之也

四、諸別之全必與共等易而言之分類必盡而亦僅止於盡凡以防所分失之太狹若太寬也如人區爲善人惡人書爲教科書小說書物爲日用品裝飾品皆嫌於過狹然此弊犯者絕罕以恆習足以戒之使勿爲也惟物有性複不易條理者所當別論須知分類能盡與否一以知識程度爲衡必也人智所之適與物之原域相符曰盡始爲不虛否則亦以幽渺之識終備方今科學之多缺陷及類族辨物之難臻嚴密正坐知識有限惟知識有限也所謂分類亦就吾人所得理想於眞境者而董理之非能肇自然之區執主宰之役過物爲之識別一無挂漏也分者分心非分物分名非分實也遽言盡也抑何早計其在他一面如分錢幣爲金銀鎳紙又失之太寬此守第一律不謹將生此謬總之用第二律之式以衷本律當爲墨家論名、體類之分。經云、「體、若二之一、尺之端也。」二之一、二爲兼名、一爲體名。尺之端、端猶言寸也。尺爲兼名、端爲體名。體統於兼、一覽無餘。如二止於二、端止於寸、是以此爲分、無盡不盡之可論。尤可怪者、兼體相屬不可偏廢、而恆人涉思、往往貴體而不重兼。即古人制名、亦往往略兼名而不備。憶閻百詩有云、「對文則別、散文則通、最爲讀書之妙解。如蠻、南蠻。貊、北狄。此對文則別者也。秦舞陽、燕國人。荊軻謂北蕃蠻夷之鄙人。是北亦可曰蠻。此散文則通者也。」（四書釋地蠻貊條） 此乃謂蠻貊之上別無兼名以統之也。散文則通、謂有時即以體名攝兼也。惟禽獸亦然。禽獸對文則別、兼言之則祇曰禽。論衡物勢篇、論羊犬雞虵等十二屬禽獸具備、而綜言之曰十二辰之禽。惟俗稱姊妹亦然。如問汝有幾姊妹乎、則知問者並句涵兄弟在內、最妙。首尾謂之兩頭、是尾亦曰頭、詞義相伐而不暇顧。又論衡商蟲篇云、「倮蟲三百、人爲之長。由此言之、人亦蟲也。」此仲任以蟲統人、蟲爲二且其顯、試爲綜之。

蠻
蠻　貊

禽
禽　獸

姊妹
姊妹　兄弟

頭
首　尾

蟲
蟲　人

如此，則兼名目不具分類何遽不盡以知本條之說偏於類同特指共別相涵者而言，而不涉及分兼之體。須知一名之本體，類因無定的。如萬獸，明明類名也，而如上臚列，則體三角一名以邊角歷歷可指之故，類也而亦人體為宜。邏輯於此等處精嚴不若墨辯，故其近似得半之戒律隨處有之，本條乃一例也。

五、分類必依級遞進。此防踰級作分，致形脫略。易而言之，共別相銜，別當數最近共，共當統最近別也。古邏輯有曰：分毋躐。Divisio non facit saltum (Division must not make a leap) 部指此。蓋其躐也，必至有分子無類可歸之相。何也？一物所持特性，正求容於某級，而某級闕然，下一級之特性彼又無有，故將以徘徊歧路終也。

六、諸分子等。易而言之，諸分子之質必使殊，兩相稱，如文典之九品詞，以詞之用法為本者也。則夫介詞若接續詞也，取與名狀動副諸詞較，所司之職，何止上下床之別。蓋介詞者、亦與他詞並為一狀耳。如麟趾亦言麟之趾，曰麟、曰麟之，於義均同，是「之」之云者，分之分也。Particles 不得抗與諸分同列。接續詞亦為分之分，以其附於短句而用如狀副等詞也。

此律也。閔多主之。

七、所取。分。本。貝能。立。要。差。爲。得。要差者何。弗勒曰、「凡一差立。餘德可由是而推者。此差不愧爲要。」閔多曰、「在動物學。鼠、松鼠、及海狸。均歸之嚙齒類。是以齒爲本。而明其與他種乳哺動物之差。此差顯而諸差隨集矣。故爲要也。又若猬、若地鼠、若鼴鼠、狀與習至不類也。而同爲食蟲一類。此食蟲之差立。而諸差輻輳。故亦爲要。」雖然。要之云者。亦視所以爲分之的彀安在。此實相對之辭。不涵絕對之義。蓋類亦何嘗之有德之見輕于甲類者。容見重於乙類。如房屋以建築式、租金、或窗數爲本。雖瑣屑若不足道。然爲徵房稅若出賃計。此本乃至當而不可移。

由右所論。邏輯分類。因有自然與人爲之稱。自然分類。謂即物而窮其繫。上隸何共。下抱何差。俱位次井井。凡科學所當有事之類別法也。人爲分類。則由前言的彀胡在。斯標準胡在。帆隨湘轉、當衡一面之謂。篤而論之。的彀者的彀也。一切動作。非此不可。即自然分類。安得言無。若曰、自然者爲分類而分類。分類即的彀。非如人爲以發見他種切近之效用爲期。則二者之別，亦在的殼之質，有異已耳。非一有而一無也。夫如字典、書目、及索驪等，取字之次第為分本，考其用意，無非欲明字也、書也、事也，料簡尋求，何消最便，此自字之部首偶備相合外，於所分物之本質，殆無何等孽求。推見至隱，謂非以某次某，或別某於某，未見其可以云人為分類。斯誠極致。雖然，持較科學家分別部居，終屬用法之程度有未同，究不得為種類之差違也。李尼亞之於植物，以雄蕊之數與性，立為二十四類，此取便草木諸名之易有所歸，學者稱之。事與依毋為部，命意相若，弗勒識彼略於質地，扼要遠出。取子殼 Seed Vessel 為本，下說蓋不謬，須知扼要之云，因情而異，李氏如此之分，誠左質地而右便利，而亦安云治科學，即不必許便利也。邊丹之植物志 Flora 前附索驪，分法同李氏例，花類擘作單瓣非單瓣，單瓣擘作單子非單子，非單瓣更擘作單被 Perianth 非單被。人見草木，不識其名，按圖索之，無不顯現。論者以此法特標所覦為便者一端，以為分本，故曰人為或特設分類 Diagnostic Classification 非如自然分類之於自然性，有所洞知，獨不解所云洞知，有無限度，自非吾人之知識，甚達於生物界之全域，恰兩兩相蒙而相掩，因得指目之，若者真異，若者真同，所

有分類無論從本質如何用力皆不得謂非人爲也韋偷敎云自然人爲之名可以不立吾以爲然

邏輯分類專取形式有所謂兩分法 Dichotomy 分本既立以次遞分每級俱用正負對待之符此之爲分其基築於不容中律之上結構最稱完整一切分類之律令彼均無違雖然離形式而入於事實障害之來彌縫亦至不易蓋每級之中負名所包之物泛而無畛不問所分進至何級最後一項於形終無定域此弊之最著者一也以其爲形式也不免假定徵之實際所分究有物焉與相符否無從證明二也程敘繁瀦一切實例各類本可平列界域甚明而必剖而二之强平爲下遷明入暗於理無當三也試以圖明之

(一)

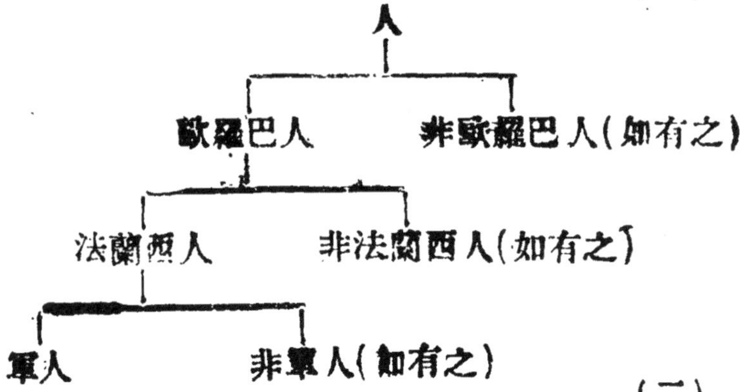
人
歐羅巴人
非歐羅巴人(如有之)
法蘭西人
非法蘭西人(如有之)
軍人
非軍人(如有之)

(二)

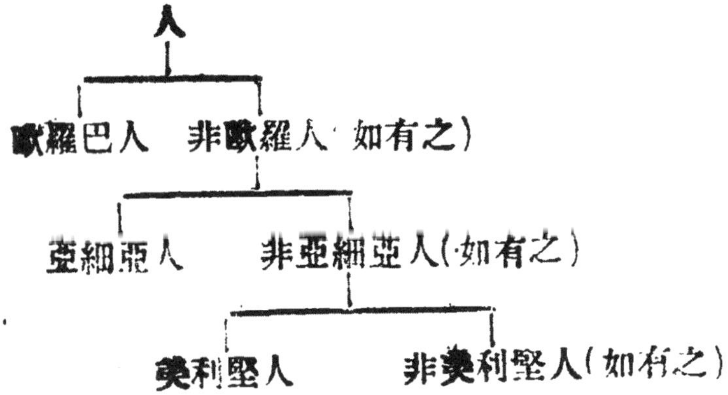
人
歐羅巴人
非歐羅巴人(如有之)
亞細亞人
非亞細亞人(如有之)
美利堅人
非美利堅人(如有之)

(三)

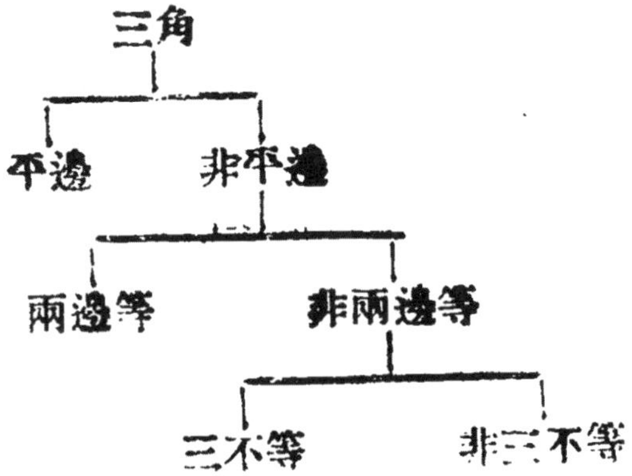
三角
平邊
非平邊
兩邊等
非兩邊等
三不等
非三不等

如第一第二兩圖負名之廣漠難定不難一覽而得惟其廣漠難定人若物之實在與否因不可知此於非歐羅巴人及非法蘭西人之類而遽以不實在三字蔽之聞者或瞠然莫明其故請進觀第三圖所云非三不等者究爲何物謂將有實尸焉雖有以語我來蓋三角以邊爲分本平邊兩邊等及三不等三者已盡平邊兩邊等以外別無所謂非三不等今依法中分居然另有此虛無縹渺之一目故兩分之不衷於實昭哉可覩至本可平列之類顯之例之之不合理於第三圖尤爲章顯或曰斯法亦爲吾人槃方分物之助云爾固非本此以助長術智也必以實事求是之效課之未免過望法式死物也非有並行之經驗輔之事本若石田之無可耕亦不僅今例爲然也設亦近情耶方斯日分類以列舉爲能事畢蓋必智開於學一覽無餘之時若一學之周咸徧量猶未能信則留爲餘地取容新知非採用兩分法不可人類分而爲亞利安、閃米底、特林南 Turanian 三類設異日發見新種與此三類迥異將如之何於是遽釐爲二置非特林南之一部於末以爲將來伸縮整齊之地乃思致之所不得不然總之自然科學從事品彙必欲避此繁冗別計便宜大非易易又如脊椎動物約以哺乳、鳥、爬蟲、魚四者爲定類。一旦四者之外，別爲怪物者出，則全類紊矣。

第十七章　所令三段　Hypothetical Syllogism

令、假定之謂也。凡三段式、其前提成於假定文者。號曰所令三段。二前提皆假。曰純令。Pure Hypothetical 惟一前提假。曰混令、Mixed Hypothetical 依質而論。純令之重要。遠不如混。混令者何。繁言之則大前提令身備具儼然一假定文。小前提爲尋常正面命題。或取大前提之令然之。抑或取其身否之者也。如例。

例一

如甲爲乙、甲即爲丁。　甲爲乙。　∴甲爲丁。

如甲爲乙、丙即爲丁。　甲爲乙。　∴丙爲丁。

例二

如甲爲乙、甲即爲丁。　甲非丁。　∴甲非乙。

如甲爲乙、丙即爲丁。　丙非丁。　∴甲非乙。

依例一。令然之。依例二。身否之。前者謂之全式 Modus Ponens 後者謂之毀式 Modus Tollens 令

毀之云出諸古邏輯之兩名言曰、

全其令者全其身也 Posito antecedente ponitur Consequens 毀其身者毀其令也 Sublato Consequente tollitur antecedens

前例論之言全無異然言毀無異否而歐洲學者必於然否之外別標全毀二詞是乃有故。蓋全本所涵容屬負文從而全之小前提自亦相與爲負文今若易全爲然是以負文之形爲然也明矣全負無詩於理而然負則於歐洲詞令爲僻故特避之若在吾國文字正反之習固不如是其捍格也試考下例

如此醫不精於針灸之術。病者當得奇痛。　出醫不精於針灸之術。

∴病者當得奇痛。

此醫不精於術。在小前提、以全大前提之令。而其文適負。如不曰全而曰然。是然其負也。歐文。爲不易通特語。文則否。蓋歐文然否就事而立。吾文就文而立。歐文之否。否其事。吾文之否。否其文。如孟子載齊宣王問卿。王曰、卿不同乎。曰、不同。有貴戚之卿。有異姓之卿。如答語

「不同」之上加然或否一字此律以中西文體恰得其反蓋歐人於此將不假思索而答曰「否不同」何以故答其事故（卽謂不同之事實）易以此土人亦將不假思索而答曰「然不同」何以故答其文故（卽謂不同字之全文）今邏輯所令三段之小前提對大前提之令作答當答其文不答其事故不期與日用語法兩相鑿枘且以見歐洲語法時乃不合於邏輯思辨之用也

反之如毀大前提之身焉於此所當留意則結果應得所連前令（卽大前提之令之略）之正反（contradictory）而非其全反（contrary）易而言之結論前令相與之誼爲AO而不爲AE如云

如人類惡君子也刑可不用　刑非可不用　∴人類有不爲君子者

此以O辭作結若易E辭謂人類皆非君子則謬矣

讀者當憶之所貴夫全毀一式以全在令而毀在身若易而應全者毀之（卽毀令）應毀者全之（卽全身）語諍之生至不可量何以明之凡一語令身兩完否其令矣在法結當得負而所事容以他種因由莘有同等正結負之適成狂舉請觀下例

如北甯路斷某必失如期入關之約　北甯路未斷

∴某必不失如期入關之約矣。

此結大悖。以北甯路關未斷。某君忽得急疾。入關之事。依然。爽約。仍未可料也。

民國二十八年三月二日、香港南華日報有云、

某君在六中全會報告說國共合作的長期性。是基於抗戰的長期性。換句話說。長期抗戰終止。共產黨就要造反。

此說之不合理。排比即明。

如長期抗戰（命）國共必長期合作。（身）

今不長期抗戰（否其命）

∴國共必不長期合作。（負結）

此結已悖。觀前例（即北甯例）可知。何況更進一步。遽武斷共產黨將造反乎。「換句話說」同於算術之用等號。非左右兩項。其量適等。不得濫施。以敵性言之。不合作負性也。造反爲正性。相距殆不可以道里計。妄以等號齊之。論焉可持。然本例要點。固不在是。本例以邏輯繩之。

在國共必不長期合作一結爲不中效，初不必推較爾遜閒之柏格森人必有其自行決定之能力。不爲他物所決定。發展之程途如何。非可前知。天文家可得預告若干年內之日食，而此若干年內之日食狀態，不難於俄頃之際，一一了然於胸。獨人之行爲，是大抵吾人明日之所爲何許。非結束今日之生涯，以達於明日，無由知之。如作一文。或描一畫。非至終幅，旁觀不能妄爲品題，即作者本身，亦無能預擬其境之所至。王勃之滕王閣序、秋水一聯，恰到好處，而爲之殆非早一瞬間之所能成何也。凡心靈活動之程敘，不論人已，世間應無一物，足以擬擬之也。此法國哲家之言，因不爲邏輯原理，然令邏輯家否認心靈之有是境，亦不可能。國共合作，從事抗戰。此一事實，儘足闡釋兩造心靈之向，使之無不可爲。其卒至於不合作。甚且有造反者，固不能證其必然。而兩黨戮力併命之既久，終乃流溢一氣，趨於凝結。亦殊在情理之內。南華日報之所云云，偏於政家。黨伐之說，無與於邏輯範疇也。文試全身之所言，其理之具於令者，是否相因而全，亦無人知之。請徵諸例。

奇文共欣賞」如文誠奇，天下人當共賞之。

人共賞之。（全其身）

∴此天下之奇文也。（正結）

凡黃鐘毀棄、瓦釜雷鳴之謂何。結之不衷於實。又天下之所共見已。

此之語謬。在日常論議中。最爲習見。歐諺有曰、「袍內無神甫」。即示此旨。蓋發一議曰、如爲神甫、必御長袍。此誠無人非之。惟若從而立斷。謂如御長袍、必爲神甫。則亦無人敢和之矣。推之、如大臣身後得謚曰文。其人必由翰林出身。及如大臣由翰林出身。其身後必得謚曰文。二者絕無相緣兩眞之勢。於理正同。

毀令之謬。或謂與大前詞不正齊觀。全身之謬。與媒詞失周等量。是誠然。如取巴巴拉三段式 Babara Syllogism 中之大前詞。以假定之語氣成之。其大前詞不正與媒詞失周之病。攜將出是章類。雖然有辨。如云、

凡人二足。　此鳥二足。　故此鳥人也。

此不得謂與全身之謬相同。何也。兩式似是而實非也。小前提。號曰全身而乃贅一與大前

提無涉之鳥字。（凡卄入三字）其在眞所令式。小前提無標安增新詞也

名家如愷悌、哈蒲敎、培因、皆謂混令三段爲逕推之事。不爲紆推。何以明之。今所令中。黎然可辨之詞句數不過二。而大前提悉包舉是。如實論之。式應作

如甲爲乙、丙卽爲丁。　故甲爲乙矣、丙卽爲丁。

雖然。又有辨夫「甲爲乙」云者。標達之一。非結論內何部也。試從下假定文、「如午後天霽、吾將出遊。」一推衍斷案。勢不得以「午後天霽」一案貫凡三段之標達。於數爲二。僅幾眞一。復不得謂爲已足也。

混令之可言者如右。至於純令。凡辭皆假。第一式爲

如丙爲丁、戊卽爲己。　如甲爲乙、丙卽爲丁。　∴如甲爲乙、戊卽爲己。

此式之「丙爲丁」一可視作媒詞。與曾通一段之巴巴拉相等。以[illegible]入之。

如嘗衛生、體卽健。　如多運動、卽嘗衛生。　如多運動、體卽健。

篤而論焉。此仍是以兩混令成之。試爲剖析。得下兩式。

一、小前提與結論之令相並。

如甲爲乙、丙即爲丁。　今甲爲乙。　故丙爲丁。

二、大前提與結論之令相並。

如丙爲丁、戊即爲己。　今丙爲丁。　故戊爲己。

此式或作

如丙非丁、戊即爲己。　如甲爲乙、丙即非丁戊　∴如甲爲乙。戊即爲己。

除丙丁之間施以負號外。餘一切同前。驟觀之。似疑格式爲EEA。於邏輯大辭。不知。小前提之「丙非丁」形雖負而實在肯定大令。(即大前提之令)故小前提仍屬肯辭。全體AAA。亦猶前言此之所答。乃答事而不答文。文負而事正。所令三段特異之點。且天下之辭。負外而正中者。又未易一二數也。試觀下例

如兒童不爲白癡、教育即有可施。　如腦髓完整、即兒童不爲白癡。

∴如兒童腦髓完整、教育即有可施。

不爲白痴、貧也而正爲、可作「有相當之理解力」觀。又如腦髓完整正也、倘負爲易言「腦髓未損」一意亦不變。

第二式爲

如丙非丁、戊即爲己。　如丙爲丁、甲即爲乙。　如甲非乙、戊即爲己。

此所含亦兩混令。蓋結令（即結論之令）以毀小身（小前提之身）者爲之。小令即相緣而毀。

在式

如丙爲丁、甲即爲乙。　今甲非乙。　故丙非丁。

惟小全毀矣、令卒因而立。（設丙非丁則爲大令）大令既立、其身隨之而結用成在式

如丙非丁、戊即爲己。　今丙非丁。　故戊爲己。

試著爲例。

如A不愛B女士、則其心爲可誅。　如A愛B女士、則當立與B女士結婚。　如A不立與B女士結婚、則其心爲可誅。

猶有他式。隅反有餘。可見此類推論之方。要不出全命毀身兩端爾。

此外有改爲（改字譯 Reductio）義。不可不論。改爲者。作所命三段中由全式改爲毀式。或由毀式改爲全式。無所於滯之謂也。此其所需止於取母之負以代命。抑取命之負以代身。韓詩外傳云。水濁則魚喁。令苛則民亂。試分全毀二式臚之。

全式

如甲爲乙。丙即爲丁。　今甲爲乙。　故丙爲丁。　水濁則魚喁。　今水濁。　故魚喁。

毀式

如丙不爲丁。甲即非乙。　今甲爲乙。　故丙爲丁。　令不苛。民不亂。　今民亂。　故令苛。

兩式可得互易。理無二致。且須知此之毀式。最貴用以結論之丙爲丁。適得大命之正反也。

假定式亦得改爲正言式。（正言式譯 Categorical form）或曰。兩式之相爲出入。一無制限。此殊不然。如是改之。彼此根本不同之點。最當注意。蓋且言久辭中二念。次比形同。賓主而假定。

之辭兩端相嬗誼出因果緣與賓主殊科如必用乙式而理甲意則李代桃僵大悖於思想自然之序請以下例證之。

如吸鴉片爲無害、醫科全部可廢。　醫科全部非可廢者。　故吸鴉片不爲無害。

此混合中之毀式也。求以正言表之、戛戛乎難、無已化作下式、庶乎其可。

凡謂吸鴉片爲無害者、即謂醫科全部可廢者也。　凡謂醫科全部可廢、其議荒謬絕倫。故凡謂吸雅片爲無害者、其議荒謬絕倫

雖然。大前提易作今式、如不迴溯原來假定之意、默爲涵泳、可云木然無誼。以上句非所以謂之名、下句亦非所謂之實也。無論代用之辭、句巧思綺合、如何要非以因果律爲中心義解則不詞、以是之故、此曰改爲、大是名不副實、所換者詞面而已、本意仍委棄、勿動也。且此種改法、以嶄嶄不同之思、致强謂如一、挾以同歸、其易生歧誤、可知

第十八章　所體三段 Disjunctive Syllogism

體之觀念。起於邏輯分類義此之分類大抵樹衆名於上以爲主詞而分列體名於下爲賓。如曰、「物有機、抑無機」一「獵爲蒐、爲苗、爲獮、抑爲狩」一俱可證如是爲之。非賓主相互之詭歷歷在目無從瞖詞。此所體之第一稱也號曰明體一曰類體 Disjunctive of Logical Division

第二稱曰晻體。一曰疑體 Disjunctive of Ignorance 晻且疑者何賓位之詞。至少爲二就中必有一爲與主詞分詭相淆眞理不能外是求之吾人所稔知也。惟理究體屬疑莫能明故云如「此人或好爲理與抑或甚愚。」一「孔子問政爲求之、或爲與之」一皆屬此門此門之特異處則主詞非是「邏輯之全」Logical Whole 而止於下級之部凡正言各辭「全」俱由賓詞說明惟此門亦然。今既非一主詞何所適從。非吾所知故曰疑。

體出羅繹以連詞爲殺 [illegible] 如一次於一三次於二苗次於蒴綱次於背賓詞彼此違異。故名。此與英文 Disjunctive 意若相近蓋柏棣亞斯 Boetius 分假定文文爲二類、一曰所令一曰所體。所令作拉體語爲Conjuncta（Conjuncta）、所體爲Disjuncta。前者連屬後者不連屬。今以不連屬之體隸以連屬之名。如體爲平可。不知柏氏立爲一目。乃就接續詞之意義言之。未嘗從賓詞彼此之連謂著想。如所令文以S雙綰身令藉示兩節義實相生。故曰Conjuncta、所體文以S不視甲乙明著二者事不兩立。故曰Disjuncta。今就賓詞而著連屬一語之當與否。宜別有說。則試問賓詞所立、名各相與之說。究爲連屬與否乎。墨家曰然、邏輯家曰否。案非不爲蹄筌、非原人初境。「當是時也。山無蹊隧。澤無舟梁。萬物群生。連屬其鄉。」此以山無蹊隧澤無舟梁爲言。猶若子者死不相往來之意。宜乎其不連屬也。而乃如是云云。宜云、一名詞其應爲連屬」是吾人連屬之義。固與歐人Disjunctive同。符正負同樣。乃附卒爲何、故吾嘗思之。凡物有位有德。位德所之。不必即同一。然墨家表位。位如楷片。以此相從。故曰。連屬邏輯家表德。德如經界。劃之綦明。故曰Disjunctive。凡義有正有負。二者貌雖相反而實乃相成。連屬正之事。墨家主之。不連屬負之事。邏輯家主之。不寧惟是。邏輯家主不連屬、特亦從衆之詞耳。其中異議。爾復不少。如式作S is P or Q從而譯爲令曰、某S者不得兼P

與Q而有之。能乎否乎。莊生所云「非愚則誣」天下。既愚。且誣。之人。誰則。保其。必無。乎疑體之。易犯是病。人人知之。卽明。體亦未見事事物物。界域都明。一無侵擾。蓋凡廣譔名品期人揀擇不誤。恆以顯色爲相爲標。如黑之或黃或白。物之或生或死。聲入心通。瞭然無礙。然亦本小。如是。足爲清明之助。倘至就文式求之。其閒互拒之性。安在。則罔。無法作。障使得一目了然也。依上種種。吾人爲邏輯立名。曰先靡轉歧解。墨曰連屬。不免入負邏輯曰不連屬。又不免入正。皆有遺憾。惟體字。足兩攝之。遊刃有餘。故吾曰所體

所體三段。大抵大前提所體式。小前提正言式。所爲正言則取上段中之一節。然之或否之者也。惟若三段與聯類。能無闕。凡所有事。祇限於疑體一種。分之計得二目。一全而毀式。Modus Ponends Tollens 一毀而全式 Modus tollens Ponens 前者在小前提中兩項擇一然之後者則擇一否之。如例。

全而毀

甲爲乙、或爲丙。 甲爲乙。 故甲非爲丙。

毀而全

甲爲乙、或爲丙。　甲非爲乙。　故甲爲丙。

實之。

一、此人智乎愚乎、　此人實智。　故此人非愚

二、鯨魚乎獸乎、　鯨非魚。　故鯨獸也

凡全而毀式。其類成於兩體之互斥。如非互斥。欲求一體呈露。餘一即相緣而隱。斷不可能

如曰、

號爲有用之書者以記載實乎抑文章美乎

於此而執記載實之全。武斷文章之不美。（即文章美之毀）可謂怪謬。蓋如史遷所爲書。則閎。兼此二長。了無媿色也。體不互斥。評乃如是。毀而全式不在此例。

第十九章　兩決法 Dilemma

兩決者、取曹操負我負人兩言而決之意。日譯號兩刀論法。立義相同。是法也所令所體兩文雜用、依式考之、大前提實爲所令複文。小前提則所體文而止。惟在慣習、所體輒又居前、其所以然。辯者倚爲折人之具。語勢非此莫可。盡所體云者。辯遂論敵之項目、大抵已盡、所令文隨之、以示不拘何者。舉於對方不利。修辭學之形勢則然也。此法初由辯家尸之。良非無故。（裕伯案詳此）的芮瑪、的芮瑪的者二也。指二體言之。易而三體曰特利芮瑪 Trilemma 四體曰推脫納芮瑪 Tetralemma 擇件多寡不一、義法悉同。若他所令文然。於式有全有毀、全爲所體實證前令之真。毀爲所體墒定前身之僞而未已也。式有全毀。全毀又各有繁簡。其在簡全 Simple Constructive 兩所令句之身同一。繁全 Complex Constructive 異。是至舍身言令全式中決無同者。如其相同、小前提將何所執以爲分別之資乎、毀式一切反之。簡毀 Simple Destructive 僅有一令、繁毀 Complex Destructive 二式各如下

一、簡全　如甲爲乙戊即爲己。或如丙爲丁、戊即爲己。

今甲爲乙或丙爲丁

戊爲己。

二、繁全　如甲爲乙、戊即爲己、且如丙爲丁庚即爲辛

今甲爲乙、或丙爲丁

戊爲己或庚爲辛、

三、簡毀　如甲爲乙戊即爲己且庚即爲辛。

今戊不爲己、或庚不爲辛

甲不爲乙、

四、繁毀　如甲爲乙戊即爲己且如丙爲丁、庚即爲辛。

今戊不爲己、或庚不爲辛。

甲不爲乙、或丙不爲丁。

實例如何

一、亨利第八行聚斂臣曰晏璞生、Empson 慣持兩端之說、關上下之口、廣致厚賂於王。名家恆取爲簡全式之良例、其說曰、

如來者爲小康之家乎彼之多方積蓄厚累足以致富。不然。大道朱樓。服用豪侈。其爲廣有金帛。不問可知。

彼或爲小康之家。抑或朱門大戶。

∴彼乃甚富——力足以厚貢王廷。

此之論法、號曰晏璞生鋼叉。Empson's Fork 回教主將阿馬 Omar 之縱燒亞歷山大圖書館也。准存留可蘭經一部、餘悉雜燒至盡、議亦猶是。

如一切書而與可蘭經義相同也、是可燒也、如一切書而不與可蘭經義相同也。亦可燒也。

一切書非與可蘭經義相同。卽不相同。

∴均可觀。

二、韓非說林、載荆伐吳。吳使人犒於荆師。荆將軍欲殺以釁鼓。其人致辭。正合繁瑩之式。

死者無知。則以臣釁鼓無益也。死者有知。臣將當戰之時。使鼓不鳴。

死者無知或死者有知。

∴以臣釁鼓無益或臣將使戰鼓不鳴。

說林又載衛將軍文子譏論曾子之慢己。亦屬此種。

以我爲君子也。君子安可毋敬也。以我爲暴人也。暴人安可侮也。

我非君子即暴人。

∴曾子或應負不敬君子之咎。抑或自招侮暴人之罰。

又儲說、惠施論攻齊荆。謂「攻齊荆之事也誠利。一國盡以爲利。是何智者之衆也。攻齊荆之事誠不利。一國盡以爲利。何愚者之衆也。一可得納於此式。又韓非子下例亦可觀。

「若知而爲之是不忠也若不知而爲之是不智也。」

彼或知而爲之抑不知而爲之。

故非彼不忠卽彼不智。

孟子云「周公知而使之與是不仁也不知而使之與是不智也」又漢書太尉周勃迎代王請間宋昌曰「所言公公言之所言私王者無私」機軸相同。

全式之節若繁不妨相互出入如上述阿馬炎書例邏輯家或亦引作繁全證此種論題大身固可一可二也繁全如次。

如一切書而與可蘭經義相同也是無用之書也如不相同是異端之書也。

一切書之於可蘭經非同卽異。

∴一切書或爲無用或屬異端——是均可燒。（省略仍同）

說苑載子貢問死人有知無知孔子曰「吾欲言死者有知耶恐孝子順孫妨生以送死也欲言死者無知恐不孝子孫棄親不葬也賜欲知死人有知無知也死徐自知之猶未晚也」此

以式列之。

如言死有知。恐妨孝。如言無知。恐生不孝。

吾或言死有知。抑無知。

∴吾言非妨孝。卽生不孝。——吾不言。——死後自知之。

班婕妤見誣祝詛、對亦同此格。其語云、妾聞修正尙未蒙福。爲邪欲以何望。使鬼神有知。不受不臣之愬、如其無知、愬之何益。凡以明己見誣之甚也、

三、節毀之式可以鈎距爲例。鈎距者、參稽衆物以類相準價不失實之謂。在式、

如彼善爲鈎距之術、當先據牛價以定豕價、或先據狗價以定馬價

今彼不移牛以較豕、或不執狗以量馬。

故彼不善爲鈎距之術。

左例倣此。

如彼爲大丈夫乎。則當流芳百世、或遺臭萬年。

今彼不能流芳百世。並不足遺臭萬年，

故彼非大丈夫，

又如下例彼如欲獲免於今之世乎。則當有祝鮀之佞、或宋朝之美。今彼不有祝鮀之佞。與有宋朝之美。故難乎免於今之世矣。此亦犄毀。

四、犄毀者犄毀之倍也，所倍在今，餘均同前。如仍上鈎距例趙廣漢善為此術。曾國藩譏彭永思萬表。謂永思好離參之法。欲知豆價則先問麥稻等。離其事異其人。而旁參之。與鈎距適相類請牒之。

如彼善為鈎距之術。當據牛犬價以論馬。或彼善為離參之法。當考稻麥價以知豆。

今彼不得馬價於牛犬。或不得豆價於稻麥。

故彼不解趙廣漢之術。或不習彭永思之法。

邏輯家或引下實，

如彼有自知之明。當能發見己作之無價值。如彼有自矢之忠。當能樂承己過。

今彼不審已作之無價値、或番之矣。亦不願安承教。故非彼不智。即無自知之明即彼不說。出自願矢之

兩決法例如右。進而三決、四決、以及多決Polylemma法皆不異。王肯堂鬱岡齋筆塵載甲乙問答、可爲三決之證。

甲問乙曰、吾予子千金、子敬事我乎。乙曰、吾有千金矣、何爲敬事子。甲曰、吾不予子千金、子敬事我乎。乙曰、子不予我金、我何爲敬事子。甲曰、吾與子中分千金、子敬事我乎。乙曰、中分、則我與子等耳。何爲敬事子。

又世說新語載「劉公榮與人飲酒雜穢。人或譏之。答曰、勝公榮者不可不與飲。不如公榮者不可不與飲。是公榮輩者又不可不與飲。」亦是三決法適例。

此意本莊子齊物論同乎若、不同乎若、外乎我與若三惡乎正例。決件不論何數。都可隔反。有不可不知者。偏毀之大前提。實質與簡全頗異。蓋凡毀式兩決。其身可爲連續性Copulative亦可爲居一性Disjunctive　如「如甲爲乙。戊即爲己。且庚即爲辛。」且者以示連續之意。謂甲爲乙之果有二。戊爲己。而且庚爲辛也。效率雙至。得一不足以見因也。式若易爲「如

甲爲乙。或戊爲己。或庚爲辛。一兩或字。提示居一之意。甚明。謂甲爲乙之果。或出於戊。爲己。抑或出於庚爲辛。二者何出。吾不知之。所知者得一已足。無取雙至也。大前提之身價既不一律。小前提自相緣而昭其反。如假爲連續性者。小前提任毀其一。今乃隨之而毀。是居一性。轉在小前提。前鉤距術例視此。（不能不以毀家與不能獨今以養…二者得一已足）如假爲居一性。小前提非非毀其二。今未見隨之而毀。是連續性轉在小前提。前大丈夫例視此。（旨得不能流芳百世彼或以遺臭萬年亦得爲大丈夫未可知倘得不能遺臭亦年亦然二者之）（推下一件之不可）兩毀之性。如此兩歧。應以何者爲正。似是邏輯家未決之論。如哈密敦、湯謨士、裕伯衛、約瑟夫 Joseph 輩。俱以居一性。屬今約瑟夫云。「所貴夫的芮瑪者。原欲出示數事以服論者。謂不問所居何一。彼均敗衂者也」。但邏輯家又不謂然。卓乙斯 Jevons 曰「以居一性屬之令者。非眞的芮瑪也。棣列藝爲所體三段。所體三段者。以所體附諸小前提爲宗。今居一性。即所體性。忽將此性移而歸於大身。坐令小前提不能依據原義毀身之一。今即俱毀。以動所體三段一門。體之爲餌。劃一維線。講邏輯而自限於不邏輯。殊爲失策」以吾觀之。此種爭執。亦非甚要。學者以己意爲之可已。

前已言之。兩決詞者、辯士之所用也、以蓄力甚猛。論者每譬辯士爲牛。而以兩決爲角。答之者祇須於角有以解之術。此取角。Taking it by the horns 逃角。Escaping between the horns 之名。所由立也。

取角者何。凡假設之件。敵人據以劫持者。吾請受之。惟示此之前件。殊不必有如所云云之後件。相乘以至是法也。大抵於兩件中任擇其一。辯曰。「取的。芮。瑪。一。角。」如上舉箴毀例。敵謂如有自知之明者如何。吾得答之曰、誠然。吾誠不乏自知之明。然何由發見已作之無價值。殊苦未知。請有以語我。俾以吾所知已作且視有價值之甚也。（此的芮瑪之一角此其是例）

逃角者何。所能之中號必居一。而在實於舉扑往往不完。的芮瑪相須而來。吾既得。抑定。未及。縷列之點。在所。謂。夾。縫。中容頭。過。身。以。去。設對選舉人曰。子之所選。非保守黨候補者。即屬諸自由黨。無論誰選。皆於子有害。以落選之黨必尤怨子身。致妨子業也。是得而答之曰、吾有第三途在。投票之日。吾旅遊他國以避之。彼此奈我何。此即。逃角。之。法。也。如上阿馬焚書例。以同異於可蘭經者爲設件。不。知。天。下。之。書。猶有。與。可。蘭。及。一。切。教。義。無。關。者。阿。馬。之。的。

芮瑪爲[illegible]以限之阿馬之說亦祇適用於人民無所逃角時爾莊生云「將處夫材與不材之間」一卽是逃角家心理

齊桓公將立管仲令羣臣曰「寡人將立管仲爲仲父善者入門而左不善者入門而右」東郭牙中門而立見韓非子外儲說此中門而立卽逃角法也

又有所謂「反的芮瑪」Rebutting the Dilemma 者卽芮瑪以攻勢來吾因執他的芮瑪抗之所取爲同一事件而所得適與原對之結相悖造成以子矛攻子盾之局夫是之謂反古稱鄧析好刑名操兩可之說設無窮之辭兩可無窮反的芮瑪信爲利器試就晏瑛生鋼又而反之

如來者爲小康之家乎彼之生活狀況卽爲無力之饑餓不然大道朱樓服用豪侈以耗之過度家境日就貧乏可知

彼或爲小康之家抑或朱門大戶

∴彼乃甚貧——力不足以厚貢王廷

反反之術奈何、曰兩身。互易而變其質而已。法甚簡也。

原式、

如甲爲乙、戊即爲己、且如丙爲丁、庚即爲辛。

今甲爲乙、或丙爲丁。

∴戊爲己、或庚爲辛。

反式、

如甲爲乙、庚即非辛。且如丙爲丁、戊即非己。

今甲非乙、或丙非丁。

∴庚非辛、或戊非己。

反的茵瑪之名例最著。而希臘半費之訟最著。事起於倭伊特拉Euathlus 蓋倭從辯士普邏太拉習辯術。訂明畢所業酬費之半。餘一半須俟倭第一次出庭勝訴時了之。如敗訴則不給。其後倭遲遲不興訟事。普不及待。控之於理。所狀如下鄙的茵瑪。

如予勝訴。法庭必令爾償予、如予敗訴。爾亦必依約償予。

訴非予勝。卽予敗。

∴任居其一。爾非償予不可

倭反答之。

如爾勝訴。予依約毫無義務。如爾敗訴。予依庭斷亦毫無義務。

訴非爾勝。卽爾敗。

∴任居其一。吾無償爾之理。

此題經二千年迄無正答。邏輯家擬案夥頤。大都不中肯綮。據云當時法官受理此訴。終予不斷而退也。莊生云。「桓團公孫龍辯者之徒……易人之意。能勝人之口。不能服人之心。」嚮於易人之意。以勝人。未甚了解。今以反的芮瑪詮之。其殆庶幾。

第二十章　帶證三段 Epichirema

帶證三段、指前提之一、或全部、順及理性而言、如前引王離例、史記原文云、

夫爲將者三世必敗（大前提）必敗者何也、以其所殺伐多矣、其後受其不祥（順及理性）

今王離已三世將矣（小前提）

∴王離必敗（斷案）

二提一斷、三段井然之叙也、史公恰將爲將者三世必敗一提、遣詞若有餘勢、遂就必敗之理、陳說一番、然後還即本體、按秩前進、有如長江東下、水力不勝、迴盪遠隨、所激瀦爲一湖、仍復歸彼江路、奔流到海、如此夾叙夾議、爲文易得短長高下之宜、故此等式者、或謂修辭之意浮於邏輯、信然、

因明三支之喩依、亦帶證式、惟所證爲旁物、而非通理耳、如云、

凡所作者皆是無常（喩）譬如瓶等（喩依即順及理性）

聲是所作因

故聲無常宗

喻而曰依帶詮、、、之義彌顯。

第二十一章　連環三段 Sorites

連環三段、謂三段中之第一式含有多數媒詞者也。此其立論、乃以盈否大訓（見前解）作之基。謂凡即一物而是之、彼物所包舉之各部分、因無有不是也。此之謂盈（盈義出盈說）例如前提中共四媒詞、斯四詞者、並非各各離立、而實爲小大相襲、秩然有序、就中取最低級詞屬之最高級詞、形爲賓主、乃號斷案。

蘇格拉第人也。

人、哺乳類也。

哺乳類、動物也。

動物、生物也。

生物、物也。

故蘇格拉第、物也。

人、哺乳類、動物、生物、爲四媒詞、蘇格拉第級最低。物級最高。此之論法。顧媒詞若干。即可相摩拆作第一式之三段若干。

一、蘇格拉第人也、	第一小前提
人哺乳類也、	第一大前提
二、故蘇格拉第、哺乳類也。	第一斷案、第二小前提
哺乳類、動物也	第二大前提
三、故蘇格拉第、動物也。	第二斷案、第三小前提
動物、生物也	第三大前提
四、故蘇格拉第、生物也。	第三斷案、第四小前提
生物、物也。	第四大前提
故蘇格拉第、物也。	第四斷案

略

以三段四是謂繁形三段 Polysyllogism 主蘇格拉第之辭凡五。其中三辭。兩誼同時而具。以

對於上爲斷案。對於下則爲大前提也。凡三段以斷案。供人作前提者。謚曰父諠三段、Pro-

syllogism前提假人斷案爲之者子諠三段。Episyllogism今斷案四而略其三。邏輯家因爲之

言曰連環云者。亦繁形三段遞省父諠諸斷之簡式爾。無他故異物也。

注意此證之第一命題。爲父諠三段之小前提。向後則所遞省之斷案。爲各子諠三段之小

前提。繁形之如是者。謂之雅理式。雖然雅氏書中惟曰最後主詞與最大共之間。不容有無

限之媒詞而已。墳利愓斯之稱。固未有也。據哈密敦云。下帝國Lower Empire時。希臘諸邏輯

家名此曰σωρείτης συλλογισμός。（即繁形三段）意正如吾翻譯名義。墳利愓斯。纂集σωρός之謂。十五世

紀瓦拉Laurentius Valla始用此號、

雅氏繁形三段有律令二。

一、惟最後一前提可負。

二、惟最先一前提可偏。

以云其理。不難立見。一、如最後一前提外。別有負者。則與最令凡第一式之三段小前提不

得有負者相背蓋繁形中之第一前提自身爲小前提相沿爲負（除最後前提不計外）發生負斷將至諸子誼三段之小前提無一不負而大前詞不正之辟無可逃矣

二後令者卽前令之系論也何以言之小前提各在三段爲正矣而三段又各爲第一式則吾人如求避免媒詞不周之誤大前提非全莫可而繁形中諸辭除最先者外一律須負大前提之職分灼灼甚明

讀者憶之第一式之令曰小前提必正大前提必全今之二令適與合體

繁形三段猶有一體別於前者僅在諸辭編次之不同此號曰戈克林式戈克林 Lodolphus Goclenl 德國馬堡 Marburg 大學教授十六世紀末年著書明是其法不取邏輯之偏 Logical Parts 之最低級爲立辭之始而以貼近於最大共者尸之如下

生物物也

動物生物也

哺乳類動物也

人、哺乳類也。

蘇格拉第、人也。

蘇格拉第、物也。

從而析之此其所略爲諸子誼之大前提不如在雅理氏所略爲小前提依式一覽可明。

一、生物、物也。

動物、生物也。

二、故動物、物也。

哺乳類、動物也。

三、故哺乳類、物也。

人、哺乳類也。

四、故人物也。

蘇格拉第、人也。

第一大前提

第一小前提

第一斷案

第二大前提

第二小前提

第二斷案

第三大前提

第三小前提

第三斷案

第四大前提

第四小前提

（第二大前提、第三大前提、第四大前提）略故蘇格拉第、物也。

第四斷案

遵新式中律令隨變、

一、惟最先一前提可負。

二、惟最後一前提可偏

此之律變勢所必至。蓋一、自最先一前提外。餘均屬小前提。如其負也。大前詞不正。必矣。二、除卻最後一前提而有偏者。諸支證中將得偏斷。上之斷即下之大前提也。媒詞不周。無可逃

雅理式一曰遞進繁形。Progressive Sorites 戈克林式一名遞退繁形。Regressive Sorites 遞進。以外周為的。遞退以內涵為的。依媒詞之位置。遞進似屬第四式。即 P is M, M is S ∴ S is P 惟其第一前提小也。兩前互換為第一式自若。

前已言之。繁形二段、乃盈否大訓之尾閭。所用各詞。以有小大相變之誼者為歸。若離此誼。而取一類近似之詞。漏為主謂。濫相比儗。其失何止千里。如劉勰新論審名、「專以類推以

此象彼謂犬似玃，玃似狙，狙似人，則犬似人矣，謂白似緗，緗似黃，黃似朱，朱似紫，紫似紺，紺似黑，則白成黑矣」此誤用類推法 Analogy 之謬雖屬繁形然與本義如右所稱邏輯家有設爲不規則三段論式 Irregular syllogism 收之者此言時空或大小最顯，如云、

鎮江在南京之東，

南京在蕪湖之東，

故鎮江更在蕪湖之東。

此論方位如是一覽可得若必以普通三段式强爲合之似屬多事，又如云、

祖大於父

父大於孫，

故祖更大於孫。

此大小之誼顯然若易爲

祖爲子之父。
子爲孫之父。
故祖爲孫之父。

則誶。何以故以其誼有遞嬗。Transitive relation 或不遞嬗 Intransitive relation 故右例爲不遞嬗故誶。讎劉勰新論一例。亦不遞嬗。亦誶。蠡見閻百詩一說云、

明之七夫積習師弟重於父子。得罪於父母者有之。得罪於座主者未之有也。門戶重於師弟。以師之門戶爲門戶者固多。不以師之門戶爲門戶者亦不少也。富貴又重於門戶。始附正人。既而與之爲敵者有之。始主邪說。既窺其黨將敗。遂反攻之者亦有之。皆惑於富貴也。

此以式列之。不問其誼可嬗。如

富貴重於門戶。
門戶重於師弟。

師弟重於父子

故寡貴重於父子

如此相嬻。不見有誤。其所以不見有誤。則論者自爲準繩。邏輯無從設律也。參看附錄名學抽辨

莊子大宗師南伯子葵與女偊言道一段。可以連環式明之。南伯子葵問乎女偊曰。子之年長矣。而色若孺子。何也。曰。吾聞道矣。……南伯子葵曰。子獨惡夫聞之。曰。

（女偊）聞諸副墨之子。

副墨之子聞諸洛誦之孫。

洛誦之孫聞之瞻明。

瞻明聞之聶許。

聶許聞之需役。

需役聞之於謳。

於謳聞之玄冥。

玄冥聞之參寥

參寥聞之疑始

此聞讀凡九經中各各名若有若無大抵皆其所宗師者也嬗之無妨於是從而斷之曰女偶聞道於疑始也疑無悖於本篇之所謂大者矣

傳道之事有天然嬗誼如禪退之稱堯以是傳之舜舜以是傳之禹禹以是傳之湯湯以是傳之文武周公文武周公傳之孔子孔子傳之孟軻軻之死不得其傳焉傳者嬗也不得其傳者即不得其嬗也原道一篇雖與南伯子葵言攝有無虛實性有攸殊然一則溯其所聞以遞其極一則授其所知流於無窮嬗上嬗下其揆一也

若夫俗稱金克木木克土土克水水克火火克金始無論俗說流聞理無足採（王船山有駁說見思問錄外篇）而即克字之義思之中介犂為物克以何為嬗此類之不具嬗誼可知

嬗誼之說一正一負近邏輯家泛應於三段論式以謂三段明同有類同體同之殊類同主包涵體同主連屬（義均見前）包涵為大小出入之形故得其正連屬有分別黏著之象故得其負

正能遞嬗負不能遞嬗例云、

巴黎人爲法國人

法國人爲歐洲人。

∴巴黎人爲歐洲人。

此法國人包涵巴黎人。民國初元有一段笑史湖北饒漢祥爲副總統秘書長擅撰文案長於駢儷偶發長電中有漢祥法人也之句讀者詘之曰饒某是巴黎人實則欲下此斷只以法人爲巴黎人作大前提而巴黎人不居包涵法人於巴黎之謬見饒洞亦須隨之起解歐洲人包涵法國人。一大一小。一出一入。嬗誼澗顯若易云、

使徒爲十二。

彼得及傑克爲使徒。

∴彼得及傑克爲十二。

則彼得與傑克、各爲十二之一體。十二、兼名也。兼體相連。膠執不移。其中乃無嬗誼。無嬗誼。而强嬗爲故誖。

如實論之。右式爲誖。右二式本 Hoyland 見何兆清譯本經院派嘗不了然。以使徒在大前提爲兼誼。在小前提

為體詮。兼合而體分。分合不一。乃致小前詞不正是之謂分詩也。（參見諸節）惟新舊派之區別。有一要點。則舊派立別在概念。而新派立別在連詮是。概念龐雜。雜於淆亂。偶一不慎。便生蒙晦。連詮得適當之語言或符號紀之。犂然有當。蒙晦可免。此新邏輯之躊躇滿志處。人亦然之。

包涵之符。恆用 < 或 ⊃ 表之。連屬之符。恆用 ∪ 表之。二者之符既分。斯續詮與不續詮先定。不得謂非推論中之勝著。如舉一式。設 S ∪ M。知 S 表巴黎人。M 表法國人。又設 S ∪ —M。知 S 表彼得及傑克。M 表使徒。是誠不待其式之畢詳與不詳。早已朗若列眉已。

第二十二章　歇後三段　Enthymeme

歇後三段。謂三段中斷案或前提之一。歇而不舉。歸於默喻。而辨理周與全司洛輯沁無異者也。尋常詞令。此類爲多。蓋已言之。凡持論由無垠推及小物。胸中輒取三段爲範。惟所具三辭。必使如量表顯。依次不紊。則殊未然。吾亦求詞與意應。使聞者不生誤解。已足。以歇後代執全式之役。言說論辯。無妨也。韓非說難云、「徑省其辭。則不知而屖之。（以說者爲無知而見屖辱）」此殆不習所以爲省者爾。於省辭之道何尤。試考四部中辦理諸作。視其所主三段之式何如。則見短而偏者彌望皆是。長而全者。十不得一。此在歐文已爾。而吾文乃又過之。由是以知三段歇後與全式者辭位不同。思理盡無二致。

歇後凡有三式。歇大前提者爲式一。歇小前提者爲式二。歇斷案者爲式三。哈密敦嘗作例如下。

全司洛輯沁

凡誑者膽必怯。

喀而士誑者也。

∴喀而士膽怯。

歇後式一

喀而士誑者也。

∴喀而士膽怯。

歇後式二

凡誑者皆膽怯。

∴喀而士膽怯。

歇後式三

凡誑者皆膽怯。

喀而士誑者也。

式三棄其前提。而令聞者自執其斷。味殊醰醰。此於詞術最為刻嚴。統舉全形。反成贅附。再家所謂機鋒。多屬此種。

如詩云、我心匪石。不可轉也。又我心匪席。不可卷也。此式一。凡石可轉、及凡席可卷之大前提略去。如韓非子和氏云「枝解吳起、而車裂商君者何也。大臣苦法。而細民惡治也。」此式二小前提之意若曰、大臣苦吳起之法。細民惡商君之治。此不言可喻。故略之。史記云、「夫爲將三世者必敗。……今王離已三世將矣。」此將應得何果。豈猶待論。於是下直書曰、「居無何項羽救趙擊秦軍。果虜王離。」事理具足。應有儘有。無取先爲之斷謂王離必敗云也。

歇後三段。起源甚古。雅理士多德之邏輯中。頗詳言之。惟 Enthymeme 義取「類似」Likelihoods 又爲「徵候」Signs 凡立論由此二義而得通例大法。範成三段者。歸於此種。沿用久之。歇後之訓以生。其中演化何狀。疑莫能明。今之邏輯家。已無有復尸古義者矣。雅氏曰「文家一題入手。依何式說明之。始臻簡當。彼自知之。」又曰「凡前提爲聞者所飫知。無勞申述。辯家必逕省之無疑。」演化之由不外乎是。

第二十三章　內籀

吾書至此。所論大抵外籀之事。凡持論由全及偏。法叙若何。讀者知之已稔。是惟不講外籀則已。講之。非心有公例大法以爲之用。術將莫施。然則此公例大法者。以何道得之。乃當前必發之問也。欲答此問。有先不可不明者二誼。一曰統撮。Synthetic 一曰析治。Analytic 蓋子曰。不法之言。無驗之說。君子之所外。春秋繁露 統撮所以行法。析治期於得驗。行法者合之事。得驗者分之事。外籀明合。內籀明分。外籀明合以聚分。內籀明分以求合。其大略然也。何以言之。凡主謂相次而成辭。物之眞於其主者。亦必眞於其謂。如一平面而號爲正六邊形。即知無論何角。舉爲百二十度。此中所經之叙。分以勘之而已。若夫內籀則不然。若而辭者。欲明主謂之誼。胡乃爾爾也。觀念之分析。無所於用。惟從事于經驗。差足定之。故內籀無他。亦自各箇事例。推見通則。必由之路而已。雖曰吾人親於各箇事例之機會瀰罕。而有時採厥立法。範圍遠涉於己之心着力兩不能及之境。要自無病。例如「凡金鋼石皆可燒。」或「鉀 Potassium 輕於水。」一辭之所包。與吾人目驗手治之實量大小。豈復成比。匪惟此也。時或信理至篤。所及驗者止於孤證，猶且敢於公衆同類共守之大法也。曰若內籀之事於合敘之深至也如此。

讀者過經嚴盡與止動之別，自來不得其解。嘗試求之，而知盡爲外籀之事，止動爲內籀之事。經云、「盡，莫不然也」。說云、「盡，但止動」。但如法律用語所稱但書，示除外意。此謂止動誼獨異於盡，故特外之。盡者當英語 Distribution，外籀之要旨也。如不得盡，外籀即無所措手足。至於止若動，則無從以盡括之。何以言之。經言莫不然，殆指共相。凡物有共相者，可得通概爲一念，是曰概念。獨時空不爲概念，德儒康德曾鄭重明之，從而戰論有以知其現象迴不與共相相涵之凡物同趣，卽墨經所謂久與宇是也。經云、「止，以久也」。又云、「動，域徙也」。或又云、「宇，域徙」。此止屬久而動屬宇，燦然明白。於是久宇既非概念，內含止動二性，當然非盡義所能賅。已再申言之。盡與共別，連止動與久宇連共相之中有標準，如今之人同於古之人，秦之馬同於楚之馬，是而久宇之中無標準，如今之時不同於古之時，秦之地不同於楚之地。是有標準者可合治，無標準者不得不分治。合治者，綜達也；分治者，陰達也。如斯

疏剔以知盡爲外籀之事止動爲內籀之事

莊子天下篇、有今日適越而昔來一義自來亦不解所爲破之由右論之以知惠施蓋用外籀之道施於內籀之樣適[illegible]以成此詩何以明其然也頃述外籀言標準溢生於秦爲驢船載以入黔仍爲驢而時地則不然時地皆有定序不容紊亂如長安一尺之地不得移至南京建立銅像北京之宮滿無法令與廣州拱北樓之銅壺互易是今惠施假定以爲可能意將越之地或游如黔驢例先幾時移來得令今日發足而昨日已至遂成詭辯其所以使之詭者則外籀之術誤之耳非有他也不解內籀不明久宇之蔽害如是荀子儒效篇云異同堅白之分隔是聰耳之所不能聽也以耳不能聽還拆然異同堅白之理是强以內籀之驗歸施於外籀之義法也其敝適得惠施之反故二者同一不中效始不具論論內籀法

內籀以自然爲歸者也凡詮自然法無不取因果誼以爲的設究之經若干例並見某果始得從而規其通焉將此果屬於一定因乎須知一事之起諸相紛呈就中似因非因之前件

不一而足。是有理。Reaso. 爲爲吾前導。吾人依據此理。援類築述。獨信某與果息息相連。始以因證之。其他偕果並生。形隨而誼不屬者則否。如斯爲別而已。由是而公表於世。謂有是因必有是果。「必」之涵義也。塙且全無間久字而一貫之。如輕養合而爲水。試之有素。灼然見夫輕養之本性有以致然。並非有何特別相牽之故。則直無憚放言二物將永生水矣。

邏輯之序。所爲遞迤以達於普及之斷。其事爲玄而不爲察。如吾最後得a爲A之所自出。欲因而定A之性。則吾將其他所屬於本件之畸崎事例。拋置不顧。而獨揚A以語於人曰，A如是爲之。乃生a也。此與舉具體之物。各性中並含A性者。謂是a因所在。迥乎不同。何也。A者、吾從一切性抽象以獲之。而斷a之孕育乎是者也。自有此抽。A已成爲通念（即普通概念）之準的物。不得更與一般散實齊觀。吾說匪如眩轍輒炫於衆曰。適有所謂A者。a因於是。而乃卽物窮理。已至其極。賦性如A。在相類事狀之下。必得a以爲之果也。

由是內籀之難。不在邏輯。而在實例。蓋從耳目之原（例樣）以臻於通。則其間所爲心程。不若三段之足容種種方式。據科學史之所詔。凡昭顯一法。期於普應。絕非易易。何以故。以物性之繁賾至爲可驚故以與諸自然因 N.ture Causes 爲緣之事相如此宏闊欲從而指證明白如此艱困以至人生辯智之總積遲遲無所增殖而鬪學中之一得非長年勤勞無由致之故如杜詩云、鈎簾宿鷺起丸藥流鶯轉此非鈎簾、宿鷺不起、非丸藥、流鶯不轉、但鷺之能起鶯之能轉別有其眞因在而鈎云丸云特當時相與爲緣之一相耳從而因之於邏輯無有是處又如老子云、未知牝牡之合而朘作、朘、赤子陰也夫赤子之陰間作爲生人以來所得熟察之情實而赤子不知有牝牡事又人人認是斷然而無疑義實如此相貿哲家求其通而不獲老子遂不得不大書特書如右云云聞嘗論之知牝牡之合而陰不作者有之矣罷輭是也至陰作而不知牝牡之合未之前聞此一題遂大義幾爲道家一語擣毀殆盡洎至最近心解家茀羅乙德、崛興於奧揭櫫「嬰兒性慾」之理謂嬰孩墮地卽以生母或保姆爲之對象發抒情欲靡所不至於是二千年來中外所未臻曉洽之一狂惑始得卽於豁然開朗之途辯智之難成也如此

篤而論之茀氏之說早爲吾荀子所見到性惡篇云、「生而有耳目之欲有好聲色焉順是

故淫亂生」一生而好色非學性慾而何特舉者爲孟子性善論所蔽每及荀學輒先將性惡一端顛倒或除去指爲醇中之疵不與商兌其說遂沈霾二千年無以自申爾可勝嘅哉（吾在東北大學講荀子哲學時、曾於荀子與霍氏所同之點、詳細疏列、）

更以淺近者喻之或云某草本醫已某疾將此草周具有剋治彼疾之力能乎抑偶合於病者之獨特情形而生效乎俱難斷定藉曰藥到病除無所謂獨特藥病相與之誼不因各地氣候而變易焉否乎又草本之效乃爾其中成分如何何者與病有連著茲奇驗能言之乎此一極簡之題也吾人探求物理欲於某一動相鑿別孰爲要質孰爲非要艱已若是遑論其他

夫內籀基於何也斯人人可得而答曰基於性契 Uniformity of Nature（譯言之曰物性同契）請得略爲界之

性契者何曰因果之誼常而一因果之誼常而一何曰因同事項同則果必同反而言之果同因亦必同邏輯家語人而謂內籀本乎是也乃指吾人假途推論以達於通斷大委不能

外於物性。別有據依。蓋凡屬內籀。意是以性契為大前提。斷案之來。所經三段。頗如下方。

因果之誼、常也。

査A與誠、在事例中相連之誼。為因若果。

∴A與a相連為因若果之誼、常也。

或曰、此不得為三段也。小前詞偏於原而全於委。在律為不正。說參法蘭儒家阿比 Rabier 曰是不然。如於事例中定A為a因時。其a固因於A乎。抑猶有他緣在。且未能言之燬燬。將所利以為通斷大委之基址全壞。何推論之足云哉。是故得知a因於A。醇乎醇因。別無雜緣。如是云云。早已遠置單證偏例於後。僅由玄境得發明周咸綴法。Universal Law 而有餘矣。內籀基於性契云者。猶可以另一意釋之。是何也。號曰性契。不啻謂凡全稱之斷俱得取證於實也。斷曰a因於A。自非徵之物際。同因定生同果。此言亦祥辭爾。未見有何裨輔。夫從事抽象。而知共性A密密與a有連。此邏輯之事。不論何狀。祇needs A在。吾人即能塙說a必相與為在。此玄學之事。兩域印合。足可互明。

此外嘗知性契說之爲內籀律令與言盈否大訓之爲外籀律令未同。蓋吾人所問。匪曰得斷A性與a果一貫。其心程如何也。而曰同此因是否常常同此一果。後者事存物統。Order of Things不存思統。Order of Thoughts

因與緣　必抉刖因與緣至精始有內籀可言。上來所說也。此非一事。在手將其所有運性見之至禁。且盡公例大法。談何容易。請熟思之物德如是其紛錯也。欲遊目而識爲何者爲因。何者非因。試將奚由。如吾伏案而執筆。字若龍蛇。飛往紙上。此爲之因者誰乎。有我在。故書乎。紙商供紙。筆商供筆。吾始書乎。抑由有人預備材料乎。又需非屬籍地心吸力。吾人凌空而運筆得乎。一言蔽之。吾人目擊一果。嘗試指點殊尤相屬之因何在。其必不得之數乎。將若者因。若者緣。從之別黑白而定一尊。非不可能乎。

因者何。此界之者百家。說至紛綸無定。湯謨生曰「一物賴以存事故非一。綜此事故。乃謂之因」(Laws of Thought)斯義也。於吾人思致爲近。經院派襲所立詁。亦去此非遠。雖然。締而視之。措詞猶嫌曖昧。則有一界。謂因、使物之所以爲物者也。That which makes a thing to be what it is 卓乙斯謂意境特明。頗可採用。因墨經曰故。其釋故云、「必待所爲之成也。」理正相符。此界在拉體諾文可作二式。一曰、Id quod influit esse in rem 一曰 Id quo res est id quod est 前者 Makes a thing to be 意徵偏未來。即墨經之待所爲。後者 Makes it what it is 意徵偏現在。即卓乙斯引義之所以爲。凡故不屬性因 Cause of the nature 決不能兼作存因 Cause of the existence 二蘊相通。無所軒輊

雅理士多德嘗爲四因論。一力因 Efficient 一極因 Final 一文因 Formal 一質因。Material 請以石像明之。彫刻師、力因也。彼之爲此像者。以名乎。以利乎。極因也。像有殊形。形有特性。或阿波羅、或凱撒、或查爾士。第一抑或泛表一人若一獸。體貌精神。期於融合。是曰文因。體貌精神。於何寄託。今日之事。石材爲政。是曰質因。力與極。綜言外因 Extrinsic 文與質。綜言內因。Intrinsic 以就石像本體而論。力極外至。文質內具故也。

請以上舉因界律之。極因、使像之所以爲像者也。推之像將入於璧龕乎。抑登諸高九十尺之柱首乎。意匠悉隨雕者之目的而有變異。至雕者本身。自爲力因。有其人而像舉。無其人

則像息。義之彰灼，似無俟論，於是以言定形，彼之腦質，以言運斤。彼之手質，其他一舉一動，涉乎刻削。皆作如是觀，是像之所以爲像，尤存夫匠石其人，惟內因二亦然。如石材不同。像亦將與今之所爲異趣。舍質語形。詎更親切，或謂像乃定命於形，良非過言。

猶有他事。與石像之創成有關，如船載石至自意大利。一也，英倫石工爲之磨光。二也。然治此物之史，必歸本於船若石工以爲質。此其不足與前列四因相提並論。則束髮小生不難知之，蓋運石不以船而以他器。將一無影響乎像之質性、又或採石於英倫、若此土之大理。然諸石材同類，像亦不異。須知如船之爲物，於像之成像，無直截付以何等形質之決定力。而如斯爲付，始謚曰因，凡像性之一毫一髮。莫非從諸因孕育而來。若夫船等。不過足令某一礦物、自麤材而之華袞之方便法門而已。雖曰因也，亦謹乎因而爲緣。Condition 不得謂之眞因。緣者何，曰、果之生也。多方以助之，而已無與於果之所以爲果者曰緣，諸緣中有一焉，人恆以因名之。是不可不論。如劃火柴。柴見擦而燄發。此一擦者緣也。誠無與於因，蓋以熱以撓或以化——物化學作用相代爲用。效率均同。然則擦固不屬於火柴本性。如是爲之。倘將此物內蘊之力。使得自致於由因覓果之途也甚明。雖然。斯之所爲機。一撥而全力舉。與他綜過來遽集。不關全般動作者有關擦。既賦有此誼。雖無懸果所由起 Origen of the effect 之稱。雖曰緣也。從而名之曰決因 Causa Determinans 亦無不宜。

諸因雜隙。有如上述。究之內籀術之所志者爲何項乎。曰、諸因以時爲帝。未可概論。浸假吾所重者甲因。浸假吾所重者乙因。又所知止於一因。舍此無以爲重。往往而有。耆夫略斯

教授之言曰

人日處自然之中。究竟了解何許。殊難言之。蕭人之所知。今日之實多於前日之因。精曰知因。有見大機械各體之相與動盪也。是爲力因。愛力之未明。而化學分子之分合時接於目。是爲質因。其在人倫道德。於神經筋肉。以及自由意志諸知覺力。爲一切運動之源泉者。忽而不講。惟期行己接物。應如何如何者。是爲極因。

且也、吾人時或汲汲用力。探求底蘊。正惟決因之故。並非異物。如植物之交合。花粉由甲草移黏乙草而胎成。吾徒知之熟矣。然移黏之法。奈何迄無能明。自學者朋與懃懃講貫。始發

且有蟲焉。爲不斷往來遷運。是蟲者卽決因也。有造於植物乃僻於是。凡爲實用而學究一物決因之要。遠過於他。名實兩端之。因以其所欲知者已不存於現象之內性。而惟在何由成之及何由止之之道也。如繁市防制惡病。農田圖增地力。科學家之心若力一惟決因是務。自餘俱非所急。

因之爲字。俗語流傳。日趨浮濫。夫一事之前緣種種。就中或有一二。舍此事將莫起。人遂張皇其詞。謂曰因也因也。亦自難怪。如地價之長。人曰、此近旁築鐵路故。惟僅築路一宗、地價無自漲理。必也近旁之地。依倚此路。得與要市相接。騰貴始有可言。俗因之無當於聞學也若是。內籀殊無取焉。非惟無取、凡此俗因。偶與諸正因混。見必一一爲之辨晰。有邏輯家著於書曰、在科學緣與因無別。其失卽坐爲俗因所誤也

因誼 Causal Relation 之識別

內籀之的。觀上文可明。至因果相連之誼。何由識而別之乎。試求其故。可得而言。

有若干事。此之識別。其爲易易。惟須略驗數例。於何因當得何果之故。燦然明白。遂乃不憚

由偏及全。著爲大法矣。吾言「數例」者何。人見孤證。每多疑惑。言而無徵。理終莫明。但若學者自信力深。以謂放爲必準。即屬一例之徵。亦於通達之義無妨。法儒雅璉著極因論。Ianet Final Causeis 有曰、

大科學家善於察物事例初起。即能窺見甚深驗效。無有違失。主教赫衛 The Abbe Hany: 取石英一片。令墜於地。乍覩折毀。即公言已得自然法則。如此等事。未遑枚數。須知多例相乘。雖多亦奚以爲。所要者合 Coincidence 而已矣。例多止於增長合之價值。不能別有裨輔也。

如余行沙岸。自驗足跡宛然。因斷肢體壓於輭塵之上。將亦留有相彷之印記。反之、目觸上項印記。推定人跡所經。致然即內籀之此一種也。吾之爲是斷也。並無需借徑三段。蓋吾足履綏土而徹入。及起足而遺痕。吾自見之。足者因也。而跡爲果。就中相關之理。心不待强而自爲辨認。因誼之識到茲。一步已足。範作盡物之斷案。而有餘。魯濱孫久居荒島。忽覺趾迹與眼相接。驚曰、此島猶別有人在。不問何人。易地皆然。是即飄流記中之內籀也。

此種簡明之例也。即例賾於是。就而考覈因誼。以見有某因必有某果。可得類推無迕。如瘧疾何由乎者。以病原細微難察。自來和緩一任二豎欺之。攻達兩無所可。是二豎者。近世醫學謚之曰微生蟲。久而久之。耑家卒發其祕。蟲如何剝蝕人體之處。並皆探索無隱。自時厥後。病與因相連成誼。大白於世。於是此之微菌。在血球中略施狡獪。醫者即能指陳原委。迅加診治。終乃察者玄之。誼由偏例入於通法。因在果在。婦孺咸知矣。

雖然。有多數例。吾人不解所獲之果。胡乃獨爲是種。由是此類因誼。不如他例之易於覺察。凡物理中之分子所視爲化合體之因者。其最著也。如輕養氣居一方。水又居一方。胡相似類。苦於難明。何以故。以果質持較因質。絕無同點可稽故。惟自然界物性亦然。硫化鉛胡然而立方形。石英胡然而六邊稜。鎔劑能銷丱石。而於金獨否。硫磺見熱而流、而凝、而復流。如此等類。經驗所詔。無過連誼諸實。Facts 至於若而因奚產若而果也。理終無人言之。所謂知其當然而不知其所以然。凡得一因能致一果。使橅胡蘆無違本實。即云已足。如取水而解之。而見其有輕有養。復取輕養而合之。而見其有水是。

依試驗而定因誼誠如右述甚且試驗所得遠過於因誼性之識別然距樹爲通法以前必數試而後可此之重疊爲入門所必經猶無與於邏輯之本序以試驗之是否足恃不可無自證之道也如吾人試合輕養忐在永立成水之因則初試之後尙須雜置他物更番爲試以便了知吾之統合輕養外別無異質試畢而法顯亦無何項利於試事之特情如吾曰驗之實都譬吾意內籀之道自隙於前籀者何卽已往事若某次若某次水俱自此等質而成公例大法於焉已具乃宣稱輕養與水連誼在因並鄭重明之所謂輕養指輕養之本體性玄之又玄其適逍作試之輕養微體未爲要也是

古云術智可見智者方能得術時有佳證常人觀之漫無意味一入專門名家之眼中藏通法卽冉冉脫穎而前呂氏春秋載齊人有欲得金者清旦被衣冠往鬻金者之所見人操金攫而奪之吏搏而束縛之問曰人皆在焉子攫人之金何故對吏曰殊不見人徒見金耳學者明法正如齊人欲金殊不見人徒見金爲盜金之祕殊不見例徒見法亦卽爲明法之祕事例之起何止百回人習焉而不察智者偶見而會其通可見出物得指之事存於證據

之性理者半存於對證據之心理者半呂覽又言周鼎著象為其理之通也（慎勢）著象為理通奈何覽復釋之周鼎著饕餮有首無身食人未咽害及其身以害報更也（畢沅引爾雅釋言云更償也）此先識之士觀饕餮而得報更之通理匹夫匹婦唯遇有首無身之怪象而歎之爾

由右而談吾人擬以外籀之盈否大訓起例為內籀訂立若干基本律令殆絕不可能極其智力亦得於涵有因證之各證為之約略指陳必由之涂徑而已吾無以名之名之曰內籀學究法篤而論之此類學究國之所謂科學方法為宜並非邏輯正宗之所有事何以故內籀之邏輯基地不依證據所顯之各異點有何變易故

綜而言之內籀者純乎抽象之事與三段論序無關試問內籀胡自起乎曰、於各個單證中得見所現之果歸乎類型 Type 而不為偶然相值之事情所生時內籀始有可能又問曷克臻此曰、此或由深入因與果之連性而通之抑或於因證之實證辨認至瑩前者內明後者外明。

陰達三段 Inductive Syllogism

內籀無與於三段既言之矣然治邏輯者仍權立陰達

三段之名。是何也。曰於內籀本域以外。有由偏達全之殊常論法。相與甄錄題達名義。因亦號爲司洛輯沁律曰凡一德盈之否之於邏輯之偏亦得盈之否之於邏輯之全如此持論。正狂之的一在。偏之盡否自不待問。更有一義則如邏家言有窮可盡。無窮不可盡。所謂偏者類 Species 乎私 Individuals 乎類有窮故類可盡私無窮故私不可盡偏既以盡爲期。所指。屬類而不屬私又因然之理已（類下之私皆數無窮，邏理家多循辭）

試以甲代主詞乙代謂詞丙代媒詞。三段可作如下式

甲一甲二甲三乙也

惟甲一甲二甲三爲丙。

故凡丙爲乙。

在題達三段斷案不外凡甲爲乙。（即凡主爲謂）今易之曰凡丙爲乙。（即凡媒爲謂）其所以然則此之三段。志存立喻。（即正稱全題）不如題達立宗。（因明之宗即題達邏輯之斷案）且所立喻。題達三段以位於大前題。故雅理曰論如是法乃假途於小前詞以證大前詞之真於媒詞者也是法也歐几里得恆用之。凡欲立

題。先解題旨。下論所作大紙解論一一相應。如第三稿第二十題。全論得以陰達三段明之。

負圜角與分圜角所負所分之圜。分同則分圜角。必倍大於負圜角。

解曰甲乙丙圜。其心丁有乙丁丙分圜角。乙甲丙負圜角同以乙丙圜分爲底。題言乙丁丙角倍大於乙甲丙角。如第一圖。

第一圖

第二圖

第三圖

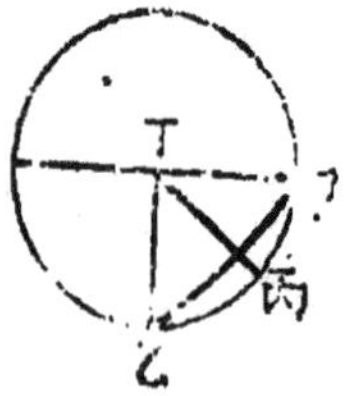

此其可論。約有三種。(一)分圜角在乙甲甲丙之內者。卽第一圖。(二)分圜角不在乙甲甲丙之內。而甲乙線過丁心者。如第二圖。(三)分圜角在負圜角線之外。而甲乙截丁丙者。如第三圖。無論何種。同歸於乙丁丙角。倍大於乙甲丙角。（案譯俱一條有條嚴校原本）雖然此三種者亦應有僅有之三種。能在同一圜分上分作負圜分圜兩角而已。（惟甲一丁二甲三爲丙）故無論何時分圜角之倍大於負圜角又必至之勢也。（以肖丙爲乙）

如謂陰達三段。於指陳邏輯之偏。各有乙在外。則無所明。則依是

二九八

而立之全稱命題，義猶未完。何以故。以未知有法連丙於乙，則乙屬於丙之各部，將各有異情故，此雖足以包涵無限數之個體，而要未脫於列舉之斷。Enumerative Judgment。雅理曰，人於平邊兩等邊及不等邊諸三角，次第揣度而證其內角等於兩直角。此並不得謂彼已明白凡三角之本性固如是也，以故列舉之外，表示丙之各部無在不與乙俱之理，乃為至要。斷乃日傳一壹歸化一題案有可稱作法但於解義不相涉雖偶有增刪大旨仍是

雅理氏舉一例，謂此三段措詞過簡。頗生迷惑。式如左

人也、馬也、驢也、……皆壽長。

人也、馬也、驢也、……無膽汁之動物也。

故凡無膽汁之動物皆壽長。

此例初接於目。立見二病。小前提如所云云。顯非真相。一也。凡無膽汁之動物。以第數之命辭。事近滑稽。二也。惟無膽汁云者。在雅理之意。不過求易激怒之別詞。非謂驗之生理。適闕膽汁其物。復次、辭連動物。亦指較有靈性者而言。非飛禽若獸而苞舉之。雅理書小明析內足歟 誠若是、

欲一一知其數也。或非決不可能之事。穆理取證內籀論法。又嘗別爲一例曰、「吾知最練達之舟師、最善良之舟師也。最練達之馭人、最善良之馭人也。……由此類推、凡於某械最練達者。大抵卽其最善良者也」此爲辯說之便。求十分塙定之義。不可得時。不得已而以或然 Probability 爲期。羣經。必且一一誼。（如云月已嫁[illegible]之[illegible]無凡有月[illegible]卽謂必[illegible]）視爲同價職是之。故若以爲理想論法中之標準例。則殊未然。

陰達三段有似三段之第三式 Darapti。

P	S
M	M
S	P

惟偏斷今易作全斷。爾此若續舉中未嘗掛漏。卽無所謂不正。但小前提或作「甲一甲二甲三爲凡丙。」則不無可議。蓋系詞「爲」於此取義在「成」。曰甲一甲二甲三爲凡丙。不當謂凡丙以甲一甲二甲三成之。信如斯也。將丙在小前提合用 Collectively 而在斷案分用。Distributively 此邏輯之辭也。而陰達無可避。是兩部邏輯之相異如此。

匪惟此也。卽偏斷易作全斷。亦應有說。荀子立人之性惡一義。其途徑遵乎陰達。一篇之中「然則人之性惡矣。其善者僞也」一語凡八見。以知彼所爲辨合而符驗者。至少有此數種。如人生而好利。生而疾惡。生而好聲色。先立之三大綱也。由而及於目好色。耳好聲。口好味。心好利。骨體膚理好愉佚。其細目也。反之爲列師法、禮義、法度、文學四項。謂人由是而出於辭讓。合於文理。偏險以正。悖亂以治。爲聖人化性起僞之證。綜而觀之。

三綱五目四反證者。人之性也。

三綱五目四反證者、惡也。

故人之性惡。

如此推論。亦如蠡言與外籀之三段第三式AAI體裁相近。所謂Darapti是也。此因小前詞爲未盡。故斷案止於偏稱。而本式人性惡。人者凡人也。是爲全稱。如實論之。前提中三綱。五目。四反證。疏列雖廣。究於人性得爲偏觀而盡識否也。似猶待籀。況衡之外籀律令。此類顯然小前詞不正之悖。爲邏輯所必不許者乎。若夫內籀則並不以此爲嫌。且其精要雅不外是。墨經云、無窮不害兼。既曰無窮矣。無兼矣。而曰不害者。則恃有性。絜之道。在凡性之。

契合達此階段論者以謂應為通概之辭則邏為之以不如是科學之門將無自而開也而況乎此言人性相與印證尤不勝其則不遠之感也

於斯有可連類論及者荀卿之為是斷猶懸其衡鑑當也別為二法以裨輔焉一舉不然法則論者以人性惡為不然矣請就性善論之如性善而不可通性惡說將不待辯而自正矣此一、法也一類推法則枸木必待檃括烝矯然後直鈍金必待礱厲然後利良弓不得排檠不能自正良劍不加砥厲不能利不得人力不能斷良馬必有銜轡有鞭策加以造父之馭然後致千里性從其負而觀之枸木鈍金之類也從其正而觀之良弓良劍良馬之類也挨類察迹羌無二致此又一、法也二法並具蓋以繫之三綱五目四反證凡人之性惡之一全稱正辭確乎其不可拔也矣

嘗讀焦里堂（循）所為性善解五篇（見雕菰集）首言「性無他食色而已飲食男女人與物同之」又稱「其先民知有母而不知有父男女無別」又言「人之性可引而善」又引孟子口之於味一節謂「於口味指『性』字可知性即在飲食」又言「民有好色之性故有大昏

之禮。民有飲食之性。故有大饗之誼。……先王之制法。因民之所好而爲之節文者也」一本引淮南子喜而合。怒而鬬。見利而就。避害而去等語證之。如右云云。無不與荀子合轍。凡性惡篇所定綱領。反證里堂篇中無不備具。其曰人之性可引而善。足見先固不善。所謂先王制法。爲之節文。非荀子之化性起僞說而何。里堂又曰「何以知人性之皆善以已之性推之也」此尤與邏輯性契之道合。可立爲全稱推概之辭。而無迕。顧里堂文中不敢提荀子。一例以孟子性善之名稱之。以致文義卽善卽惡。邏輯顯於管蓋。依上種種。可得一斷。凡一羣中聖教。量過於跋扈。大抵邏輯無能竟其說。明理見極。如里堂其人。亦惟託於微文以見志已矣。豈不可歎。

陰達之全不全 Perfect and Imperfect Indrction

全陰達云者。凡盈一德。於衆中之所有體。進而盤然爲之於彙其程。敘得受斯名也。如耶蘇門徒。吾既依次指而呼之曰、某猶太人也。某猶太人也。因爲之立一全稱「凡門徒皆猶太人」卽其例。又謂年中諸月、無不少於三十二日亦然。蓋曆習同人爲之若干月爲一年。及若干日爲一月。均爛熟於胷。一官藏之。

不能誤也。又朱子謂孔子鄭聲淫一語。可斷盡鄭風二十一篇。鄭風止有此數。一語誠可斷盡。以形式論。此序以陰達三段編制之。自無不可。惟二者相異甚大。未可並爲一談。其在陰達三段。列舉邏輯之偏。蓋一用智之爲。如總括平邊、等邊、及不等邊。而以謂三角雖於是者。決非訴之目驗。若夫今陰達則否。此中所事。純憑官覺。如數齒數畜然。依實指點以外。不知其外。且斷案之功用如何。彼此亦殊參差。今辭得自全陰達。一總和而已。雖曰於焉作基。可得據爲推論。然斯一全辭。假定攝一切斷案而前知焉。反之、陰達三段之斷。所盈之體。至無窮斷。凡新實之開發。並起於是。

凡枚舉一類之體未盡。而遽範爲全辭。謚之曰斷者。皆屬不全陰達。自非信有因誼存乎其中。如斯爲斷。未免失之輕率。無所於用。惟若壔知德連主詞。其誼爲因。此其所恃。專倚性契。或更旁求他法。以資裨輔。已在醇乎枚舉之外。如嚮所列荀子性惡例。又嘗別論。嘗試言之。曩者羣以爲物體遇熱而漲。遇冷而縮。既定之實。理無可駮。驗之屢屢。並皆理與實合。無有睽迕。至理實胡乃相遠若是。未遑攷也。由今觀之。乃明其大謬不然。蓋水降至三十九度四

「分匪惟不縮而反作漲。他如橡皮、陶土以及其他遇熱反縮。微無聞焉。依不奈陰達實然而下之遽斷。荒闊不衷於實。往往類是。晉王逸少云、「石脾入水即乾、出水便濕。獨活有風不動、無風自搖。天下物理、豈可意求。惟上聖乃能窮理。」此之意求、亦不全邏輯所貽之咎。

姚仲實（永樸）撰文學研究法一書有云、孔子高（穿）理勝於辭、公孫龍辭勝於理、此通斷也。穿龍同為名家、所論共趨一途。欲辨其辭理、誰勝、談何容易。姚君果何所據而為是斷、情亦不明。姑不具論。惟穿書不傳、緒論見於他人之書者至寥寥、可斷辭既不出自撰、何得以為人詬。筆之於下、據責於穿。且孔子高理勝於辭、斷應概括姚君已見未見之穿書全部而言。為通論者、不應只用書闕有間、敢為掛一漏萬之筆。設令有人闡發第一燉煌石室穿書暨現數、百簡事亦宜在吾斷智算之。陰達之律則然也。而姚君所見穿辭、幾等於零、充類言之、不過孤證於此。遽下涵概之詞、囊括一切、可謂不全邏輯之極例。巳龍之斷、義例同。

第二十四章　察與試　Observation and Experiment

壬仲任曰、事莫明於有效、論莫定於有證。（論衡薄葬篇）茲二語者足以疏括內籀全部而有餘本此意旨申釋如下。

一切知識靡不基於經驗。經驗者邊名也。心中百感率假其名以行。外於經驗而別造知識心君殆無此權能。極智力之所之亦就耳聞目見之實曲折周旋貫其全豹而已。昔者聖哲之士篤信誠明之誼（正如中庸所云誠則明矣）以謂積思既久凡環於吾人之事事物物應尸何位及今爲何狀俱得一憑心力以洞明之。且造物所爲綱維施設之意每託於人心而彰顯焉則吾人之能豫測自然雖無足怪。特嘉爾、Descartes 名哲也其言曰、凡吾人想像中極瑩之境大抵都非虛妄然金山泉海想像匪難以云其實渺乎何有。以知想像極瑩爲一事合乎思想律又爲一事二者并具始有心物相應之可能（即心有是境物即有是境以應之）然相應云者終偏於人智言之至物之大小方圓奐恐能鄙一一隨造化之所喜方域之所宜以衣滋生於世形形色色詭譎萬狀謂將以極有限度之人智先事發其祕密不相違悟悉是欺人之談。然則如之何曰、亦即。今存之物實地觀察自覺知之以為知之而已吾國墨家謂天下之所以察知有與無之道者必以衆之耳目之實知有與無為儀者也誠或見之聞之則必以為有莫聞莫見則必以為無（墨子）正同此理。

羅哲倍根Roger Bacon英倫哲家之雄也十三世紀末期彼以經驗為知物之源懃懃告語徒衆其後十七世紀方蘇倍根Francis Bacon者出仍持是說巧相印合世稱曰倍根哲學Baconian Philosophy此指方蘇不指羅哲（下）以人物論前輩風徽固弗可及也夫人情忽遠而貴近學說以時而相嬗方蘇標經驗之為重及檢試之不容已意猶前人未云獨見而已為世所宗著書曰新具經Novum Organum（具經者本雅理山之作謂由此而論雖有具（[illegible]）[illegible]學者稱經以寵之方蘇新之意謂雅理之後直到已作獨自矜貴然今人在自然界中號稱學者應處之地位何似頗疑方蘇明之士論其人而尊其學久之亦浸忘平生行跡已。[illegible]

「人者天僕亦天口也凡自然系統之精意昭著於外物或內心為觀察之所及者可得為之知之越此而上則無能知亦無能為」此新具經開宗明義之言也又謂心而無輔行之不遠且動輒有誤輔者何絲絲入扣之邏輯方法是新具經即為敷陳此類方法而作。

復次、「科學與人力蒙而相掩因之不明果即無由而喻蓋征自然研究之惟屈從其可凡吾深思而覺其為因從事所當奉之為法……離物體而令彼與此遠或引之令近人之所事於自然唯是而已其餘則自然醞釀於內自成之也」此皆方略深刻獨到之言熟察宇宙之變化而著錄之是為科學致知於用期於進化是為藝術製造明斯二誼備言其故以新具經為最故博學而詳說之自希臘以來未有能如方言者也由倍根之學人益於世萬物壞焉即羣星之質 Matter 所不能造並莫能毀非惟質也今知造力毀力 Force 且無其事備而言之凡吾與接為搆之萬事萬物無一得移其內性極其所為外勤以伺之視甲物以機能繇乙乙物還而繇之孟子所云物交物者如何因於當可之時移使運動以就吾的彀而已此即中庸所謂無為而成韓非所謂用萬物之能而獲利其上者也[illegible]試為譬之如不以熱性施之於水令蓄蒸氣發為彈力將世人至今不知蒸氣機為何物了無足異以知此機之發明由於窺察汽力之有益而輒因其道以役之推之他物罔不若是丁尼孫言「吾人服從自然之力以為治」旨哉此語孔子學天立命晚年贊易深而明之幽而顯之語其得力雅不外伏羲仰觀俯察二事道既通於陰陽變化之理一切遜言曰贊無敢自承損益又中庸言天地位焉萬物育焉夫位者自位育者自育固非人力足以為之方書倍根蓋不期而同此要妙矣

立推論之法由之而天地之性說之裕如物序相從之自然法則盡涵無牾是為陰達邏輯此其所需首曰經驗既如上述經驗者何凡以驗覈自然采綴各種應備之隸達者也何自得之曰察曰試察者何曰、天之好生有物有則絪緼變化自為條理吾惟從旁竅之聽其自然至於綜覈營變為之改作雖惟不能抑且不欲是之謂察古人言天頗得諸天之法衆星廻薄未聞差忒千歲日至可坐而致何以故以善觀日月星辰故氣象學者之善察風雲變態晴雨氣候亦然外於察而干焉則呼風召雨旁門左道之為非所論於學也推之地質動物植物諸學。其與自然諸境相接。舍察無以爲功。罔不類是。孔子曰、「視其所以。觀其所由。察其所安。人焉廋哉。人焉廋哉。」夫無廋者。陰達邏輯之極誼也。視、觀、察、皆 Observe 之事。是不啻曰。此誼唯 Observe 足以致之。吾聞學之對象萬物。莫難於人。聖人治人之法。且壹是以。Observe 爲。而人無廋。以治物。物之無廋。又豈待論。

試者何。曰、凡事若物。依吾之意。相與配置。以觀其效。是之謂試。如化學家以電流分盪水氣。得輕與養。而水之成分遂明。試也。礦物學家冶二三質於一爐。以定其新質何似。亦試爲之。動物植物諸家、一味察物。無所於用。是宜揀擇相當種子。相互移易於土壤氣候不同之地。庶蕃萬物之變。而得天地之宜。英語有曰培曰養 Domestication 指此。此俱非試。莫爲功。堯典言試可乃已。可謂一語破的。「納於大麓。烈風雷雨不迷。」舜以人也。幾於物化。爵當時物。貿。文明已臻鼎盛。以此試事之精。納入之程效。豈可量哉。凡禽獸必藏匿形影。同於物類。是以虵色逐地。茅兔必赤。鷹色隨樹。見西陽雜俎。以言觀察。此殆與達爾文功力相同。而物競。天擇之理。不章明於唐之段成式者。無他。亦不知所以爲試故爾。

試之所至。新實迭生。故格物致知。惟試最爲直截有力之法。凡宇。宙。間。罕。遘。之。相。千年。一。遇。不嘗。日。暮。而試。驗。室。中。得隨。時。任。意。成。之。倘吾徒自始不知所試。將見現在流行之多數化學原素。及無窮切實有用之諸品物。亦惟俟之冥冥自爲斡運。而數十年。而數百年。徐徐顯露。以資人類耳目之娛而已。千門萬彙。燦。然。華。陳。如。今。時。學。術。大。觀。非其致也。嘗。論。空。間。有。力。力各。有。變。時時。流。行。固未。嘗。息。然其。流。行。之。度。甚。微。或。爲。官。所。不。及。覺。此非。假。試。驗。以。證。之。力與。變。俱。無。自。明。如電、物質不論鉅細。皆涵有之。卽在古初。未始無感。磁石也。電火也。琥珀之磨擦也。蓋俱常識所解。嘖嘖稱異。然雷火過強。震其天怒。無敢逼觀。而他又失之微弱。雖令嶄嶄昭晰。由是電、磁諸學。非具備。今所習用之電機。或電池及製作有力之電磁鐵。如是取給電料。無從羣討。惟由電發生之效。亦然。此之所效。八九運行於自然中。苦於微汜難由明察。

吾人日常所接物形。往往昭若劃一。俟之百年。終乃無變。惟若處境變易。殊相立呈。此非有。試。若。驗。巾爲。之。介。則彼。此。前。後。固。爲。一。物。卽離。婁。之。明。亦無。從。察。而。知。之。如炭酸、炭燃而煙上。以成氣體。吾徒所見之形。唯此而已。但用極度之冷壓之。氣由散之凝。然化流質。由是再化。使範作雪白之固體。猶自可能。遵是氣而液流而固。炭酸以外。一切氣。將靡不爾。推而廣之。此之三形。或物物之所同具。惟須溫與壓隨境變換。體即相應而改觀。吾人有知於物理之妙。壹是皆試驗之賜也。倘博物之事。僅至上下察而止。將飛者永飛。躍者永躍。如氣流固三體。一原任其所形之誼。即多識之士。且無從夢見矣。史記載、騶衍著書。深觀陰陽消息。必先驗小物。推而大之。至於無垠。（孟子列傳）曰觀、曰驗。觀者察也。驗者試也。其意得之已。顧先民徒得其意。奈之何哉。

抑察與試、非有絕明之界可劃也。謂察之終即試之始。二者次比。無間而不相攜。如墨經云云、是問未然曰察。曰試。所異在程度。不在種類。凡同一動作。其中多以人為之法。遷變其境。即已出於察而入於試。如氣象學、吾曩言之。醇乎察之事也。惟若故升高山。或乘飛船。以體驗較薄較寒之空氣為職志。如羅薩 Gay Lussac 及格芮舍 Glaisher（二子皆法蘭西化學家）己事。則所為察者。幾足與試等量而齊觀。及若天文家有事於地面。既置器於所可得至之北。同時復置之於所可得至之南。意在窺測金星經過太陽面時不同之處所。因而以地球之廣袤。比較兩星（太陽與金星）相距之遠近。此雖察也。亦一切與試不殊。侯失勒約翰 Sir John Herschel 之自然哲學論 Discourse on the Study of Natural Philosophy 鴻著也。所爲察與試之別。頗稱精到。請述之。

二者程度微異。不關類別。此異也。以所察與能察 Passive and active observation 兩語。分牒之。誼或較明。惟治學而谷借助於是。收效亦彼此互異。則或察或試。心境固有未同。從而分辨明白。殊爲要著。何謂察。此如吾徒安坐聽人說事。所說破碎。未甚朗朗。語意或注或不注。時時而異。後來追思。始憶語含殊義。機緣既過。頗悔用念未周。中有數點當時視若平平。由今考覽。一字應所不忽察之情形。如是何謂試。此證者在坐。吾一一交午推問證語之坐。吾執彼衡。此不少縱逸。事同對簿庭鞫。無所可避。人證具齊。判詞得部。時而爲試之爲效。明且速也。乃爾以故物理學中。有數部人力不及控制。試事因而弛緩。則知量遲遲無甚增殖。稍有已。亦搖搖略不中程。反之、他部足容試揣。試法復經通用於世。所進一日千里。方興未艾。

俟氏言試法通用於世。此誠科學試事必具之德。不然。則一二人神秘之爲。亦得以試之有驗號於世矣。張華博物志所載如下。

積艾草三年後燒。津液下流。成鉛錫。已試有驗。

煎麻油。水氣盡。無煙。不復沸則還冷。可內手攪之。得水則焰起。散卒不滅。此亦試之有驗。

庭州灞水。以金銀鐵器盛之。皆漏。唯瓠葉不漏

蜥蜴或名蝘蜓。盛之以器。養之以朱砂。體盡赤。所食滿七斤。治擣萬杵。點女人支體。終年不滅。唯房室事則滅。故號守宮。傳云。東方朔漢武帝試之有驗。

王仲統云。甘始、左元放、東郭延年、行容成御婦人法。並爲丞相（卽曹操）所錄。間行其術。亦得其驗。

豆蔻花、食之破氣消痰。進酒增倍。泰康二年、交州貢一篚。上試之有驗。以賜近臣。（此條見嵇含南

方草木狀焰散不滅一語。頗有科學意趣。餘多方士欺人之術。得其人則驗。居某地則驗。在何時則驗、與特殊條事合則驗。且亦或驗或不驗。（明行其術亦得其驗可見不驗之時多）無與於因果相從之公律。去實事求是之道遠矣。（治藥用擣者云萬杵甚多一杵少一杵效且不爽此豈可謂科學家哉）

後漢張平子（衡）以善術學機巧鳴。其所造候風地動儀。顯名當時。本傳載其事曰、

以精銅鑄成。圓徑八尺。合蓋隆起。形似酒尊。飾以篆文山龜鳥獸之形。中有都柱。旁行八道施關發機。外有八龍。首銜銅丸。下有蟾蜍。張口承之。其牙機巧制。皆隱在尊中。覆蓋周密無際。如有地動。尊則振龍。機發吐丸。而蟾蜍銜之。振聲激揚。伺者因有覺知。雖一龍發機。而七首不動。尋其方面。乃知震之所在。驗之以事。合契若神。自書典所記。未之有也。

此突過張茂先之所試驗萬萬矣。書典所記。固未之有。然經有之後。書典記錄。仍止於此。平子未將事驗叙明。猶成公例大法。昭垂後嗣。俾候風地動之學由張平子剏之。事同歌白尼

言天，奈端言動，並稱不朽，沾溉無窮。是果知之而不爲歟，不知所以爲歟，抑爲之而失其傳歟。有一於此，若而經天緯地之業，乃一試卽了，如醉如夢，漠然以術同方伎醫等淫巧閒事，無與於發天機以前民用，則所謂術數窮天地，制作侔造化（岣嶁碑文），亦何益哉，嘗論試驗者，人工也，而有時天代爲之，規模大而功用溥，萬非人力之所能爭。如草木吾欲擇土宜而植之，此直無庸。亦惟視其物生長何地最爲繁茂可矣。蓋斯之繁茂，不啻宣示，若干年自然試驗之成效也。恆星之距離，吾人何足以知之。乃地球自寫其躔道，直徑一萬八千二百萬里，使吾儕得據爲仰觀天文之用，於是諸星偶移其宿，無不洞見，而以地球躔道相與較之，恆星相距遠近何似，可得而斷矣。餘類推。

人求善觀萬物，明銳而搞擊，此邏輯無能爲之，何以故，以無定法示人必遵故。夫察者，術也，凡人察物能精，大抵自博學篤行而來，誠以肄習自然科學，利用非一，而由此博得精明穩練之觀察力，肆應而無間，乃效之尤至者也。然穆勒曾爲警語，足以循誦，是何也。曰、「眞察得者與僅由察得之實而推得者，界至易渾，不可以不細辨。」蓋祇就耳目之所接引，恰如其分而爲藏焉斷乎無誤誤之所起概存於推何以論其然也如吾以遠鏡探究日體而見其全局光明惟有無數小而圓之洞口內面全黑此太陽內寒、且黑於外爲當時勢所必至之斷於是筆之於册吾於明亮之大氣中從太陽面自爾之裂口窺見深黑之內部云云斯之紀錄直與推論無異斯之推論又與繆誤爲緣蓋吾之所見祗黑點之外無餘物吾惟應記黑點之方圓大小及形似變遷而已焉得越此而妄語其他此黑點者將籠罩光面之雲氣乎或如前記之黑洞乎抑兩俱不爾若今時崙家論難者乎非以幾多毫無偏見之察例愼爲衡校未易持斷遽以相蒙之說尸之焉乎可

讀者其審之察實與推實之辨不可不嚴此反復而申警焉不厭其煩蓋邏家言「原察百姓耳目之實」究之所云原察泰半出於推想未是本體夫見而見耳而有曰「得見」

Acquired perception 無論何官皆具此能即無論何官有感輒超越所察本實範圍之外是殆以極長之經驗故有多少事物並未嘗直截見之亦自不知不覺漫爲斷制若而斷制之力蓄之至久習之至勤遂無往而不章於用也如日之望遠自有其度何能一舉千里而人恒

曰吾於何處見某物。或吾見某物在何處。甚至如論衡所云。孔子顏淵、從魯之泰山。望見吳閶門外有繫白馬。實則非見也。斷也。斷之不期。然而然者也。依穆勒之說。人言「吾見吾兄」凡是溢量之辭。蓋謂眞實自喻。不過極吾視力。墻覩有人。甚似吾兄而已。吾曰。彼爲吾兄。特吾[illegible]斷爾。此斷之爲誠爲妄。猶未必也。吾國文字語見不專以目（如聞見之類）而言。及於覺。大抵[illegible]與之借來。孔子曰「得見君子者斯可矣」此之得見。意量逾於目。量正如所謂 Acquired perception 同符。比較各國語言察斷不分。應以中土爲最。故穆勒之所申警。吾人請先受之矣。

凡察與試首戒。師心。次懲夙習。應將所見棣達。逐項紀述。不得少有出入。旋一一如其本儘。襮於試石。然後某項之重若干。某項之重若干。可得而言。不如是。爲之則棣達。至繁謬見多有。人執謬見。以求棣達之合。可能者。常八九也。至今鄙俗之人。猶深信月於氣候隱隱相關。蓋月之盈闕。月凡數變。凡經一變氣候至少於變之前後一日有違。於是一月之中。多至十二月之氣候。可視爲由月招致。以年計之。未遑縷縷。妄信之來。不慮無證。惟若輩者。祇卽於。

己有利之證迹勤勤僂指而陰晴全與月之生明生魄無違者年時豈得云云之則以外於己利一若熟視無覩者然庶衆之紛於不學往往如此此類問題非以極慎密而略無偏見之視察將切己若不切己之全般事實偏紀而盡衡之無從斷定今讀天文專家之各種報告足以右袒世俗觀月之見者絕無學與不學之分斷可識已

或謂本件之古訓通解胸中一無所有然後爲善察善試是亦大謬精於試者非惟懷有公例原論夥頤也而且繹繹出之細加衡度合者留不合者去相爲循環而未有已蓋天地間可察可試之事爲數無窮貿貿然志之而不有質的以爲之綱維將見紀錄萬端都成廢料於是試或任意以爲之或設轂以適之學史見詔後者之所得遠逾前者惟挾諸見以入試案實與見違即棄之所若遺夫是之謂哲匠（梁任公先生下月上旬與今日之我挑戰以此論之最可貴惟願立範挑戰與於科學試驗之謹嚴別一問題）善夫計家刀戈（Turgot）之言曰「淑一統計爲第一事惡此統計爲第二事」一斯其用意有取於吾之校勘家焉蓋校者讎也字字而細之一毫不肯放過時時以發覺其誤爲快一切若仇讎之所爲焉惟學者後見讐前見亦然自來持論無擇矢口輒發無過於刻白爾與華納

迭。Faraday卒之發明之精且要有造學林亦無過此二人華氏且曰

思想義理之曾往復於學士大夫之胸者究有幾何世無能知之一意初起落於自定之嚴繩峻墨廢然而返者蓋滔滔皆是其淘汰又淘汰卒乃自爲於世爲衆指目律於原有之希望願欲意見叢草亦百分之一二而已

王仲任有駁墨家主薄葬一段議甚精到與華納迭之說有相互爲用處請得徵之

死人闇昧與人殊途其實荒忽難得深知有知無知之情不可定爲鬼之實不可是通人智士雖博覽古今窺涉百家條入葉貫不能審知唯聖心賢意方比物類爲能實之夫論不留精澄意苟以外效立事是非信聞見於外不詮訂於內是用耳目論不以心意議也夫以耳目論則以虛象爲言虛象效則以實事爲非是故是非者不徒耳目必開心意墨議不以心而原物苟信聞見則雖效驗章明猶爲失實失實之議難以教雖得愚民之欲不合智者之心喪物索用無益於世此蓋墨術所以不傳也）

此誠慨乎其言之爲崇實之士當頭一棒夫舍效驗不足以爲學其卒也效驗章明猶爲失

實。然則其何道之從。曰、失實之效驗者非效驗也。虛象也。非歌白尼之八星繞日。而劉老老之黃楊根杯也。虛象所爲失實以徒耳目而無心意也。無心意者。卽彝氏所云自定之嚴綱峻繩不立也。此而不通。將內籀之功廢。內籀之功廢。將邏輯無由講。故本篇以仲任之二簡始。以其騃默識之心意辭終。洪識辯慧之子。其耆詳之。

第二十五章　內籀方術　Methods of Induction

從察與試得來之棣達、進而求自然法則、非可咄嗟而辦者也。必將有所藉手。以通二者之郵。夫是之謂方術。當論內籀之法。號曰由偏及全、詳而語之。則於偏實之中、發明全理、其在物理之學。此全理者、輒與因果之誼有連、而因法 Laws of Causation 或自然法 Natural Laws 之名以立。因者何。事之前見而果於焉而生者也。惟曰果必有因可。曰一果止於一因未可。凡果之起也。類有彼此殊致之事物若情狀以爲之前驅。此事物若情狀者。因乎。因之一部乎。或不足語於是乎。俱未可知。而要非一一精衡而審辨焉。於誼不叶。如鎗之作聲。謂扳機有以致之。是豈不然。然扳機之掣。亦特最後顯著之迹爾。他如彈藥之性、鎗管之式、擿針與貯藥之配置。空氣與環境之合宜。皆爆發物經效必需之件。闕一於此。鎗固不聲。

由是水沸之因。不僅熱達至若干度而上。水凍之因。亦不僅熱降至若干度而下。內籀之用。在於此類事項之中。發見足生定果之必然條款。條款得矣。吾乃斬然語於人曰。通法或性契在是。天下至賾至隱之所莫能外也。

吾書至此，因果而外，有二詞者，即假所體三段中之令若身爲之。應須留意。令在英語爲 Antecedent 故一曰前件；身爲 Consequent 故一曰後件。呂覽任數篇有曰「無先有隨」，以先隨字牒前後件，並精妙。凡一現象種種情形之先乎是者，令也。與前之諸情形異，而彼等所隨而生，如影之隨者，則身。是固匪曰、凡令皆因也。何以故，以容外於令而別有果故。如云、麒麟鬭而日蝕，鯨魚死則慧星出，嬰兒號婦乳出。（張衡傳注）麒麟鬭，鯨魚死，嬰兒號，雖各爲之令，以致其身。然麒麟不鬭而日蝕者有之，鯨魚不死而慧星出者有之，嬰兒不號而婦乳出者亦有之。若而令者，其不足以當因，而使之如響斯應也，明甚。若夫必需而不可闕之前件則不然。此之前件一不具，而身遒不顯，即令即因，自無閒言。

此外現象二字，頗稱要義，亦不可忽。現象者，現象也，英語曰 Phenomenon。嚴譯斐諾彌那「所見於外者」意，希臘語原亦爾。

內籀方術，世宗穆勒。彼所揭櫫以開宗明義者曰統同術 Method of Agreement。其律令曰、如所對現象在二例以上，僅有一事相同。（嚴譯此句云設數事（此云例）者現象 而於物有一同現象而外四字費而難解）則此各例俱同之事非現象因即現象果。簡而言之，則現象中惟一不變之前件，大抵即其因也。

試用斯術，吾必多方搜集若而現象之實測，綜其前件而互衡之，所謂因者，將不出此前件之外。惟若有前件者，或存或不存，而俱於其效不生影響，則敢斷言是不能為必待所成之故也。反之，一故或一羣之故常在，而效相與在，因又舍此將無所歸。例如晶瑩之稜鏡色，於水泡中見之，於柏油片浮於水面見之，於薄雲母石板見之，於碎玻璃見之，於兩玻璃片夾緊見之。周察各例，惟覺有一薄層之物，章顯於外，餘無同者。至其層之為固體乎、液體乎、抑氣體乎，則辨之不必明也。於是敢為之斷曰：若而色者，實板片之薄有以致之。後以光學中干涉原理證焉，益明。蒲樂斯德 Sir David Brewster 嘗以相類之法，取證螺鈿之光，不發於物之本性，而實自其表形而來。則彼用蠟與樹膠合範蚌母曲折，惟肖從而竊之，本質頓異，而色仍如前。後復發見一事，如金屬板刻劃極細之凹線於上，則類似真珠之寶色立見。於是得知表面形相，實為發揚光色唯一不變之前件，是必因也。

統同術有一障焉，即穆勒所云多因 Plurality of causes 果同而因不必同者也。如吾欲推論之眞因安在也。則凡摩擦、燃燒、電若壓等。俱得以致熱。於是而有同一物焉。各例之中皆具之。是固無從爲之斷曰。彼卽因也。因猶有第二術者。足可破除此障。穆勒號之曰別異 Method of Difference 請述其律。

所謂現象存於甲例。不存於乙例。兩例中各事皆同。唯甲例涵有一事獨否。此兩例所爲不同之一事。非現象果。卽現象因。或因之一部。

換而言之。有一前件現象存與之俱存。現象亡與之俱亡。餘事悉不動。則此前件在各事中。必爲現象之因。

摩擦爲熱因之一。可得繁證之。譬二木相摩則然。淮南子木與木相摩則然 不摩則不熱。甚且置兩冰塊於空瓶中。令相激盪。亦能生熱。以溶解之足以昭示此效也。又音之傳入於耳。實以空氣爲因。千七百五年。郝斯壁 Hawksbee 作此試驗。以鐘裝入空氣唧筒之容器內。而鳴之不已。空氣漲滿。鐘聲激越。氣稍減。聲漸弱。氣盡。聲乃不聞。復次、鈉能發生黃線燦爛之景。凡鈉或並其分子俱無存。景卽無此黃線。唯或以少量之鈉。投之於焰或其他光源。線則豁然而至。更

三二六

有一例。養氣者呼吸之因。亦即生命之因。試以動物閉置一器。諸氣悉充。唯養抽去。物且窒息而斃矣。

此之爲試。功用甚大。唯有一端需注意。則每次作試。限於變易一事。餘事仍前。不動。是也。

湯姆森 Thomson 與泰德 Tait 合著自然哲學一書。所立試法如此。頗堪稱述。

不論何例。如因探索某一特因。爲志所爲。試事之準備。務導之使明。諸效起於一原。如其不能。亦須令效之屬於該因者。以次增進。較之並著而無可避之他效。顯然超越於是此諸效者。一望知其殽亂眞因之效。並不足以變化之。

今作空氣試驗。如以燒炭之故。將養氣化成炭酸。因從而爲之辭曰。動物入此空氣而死。以知養氣呼吸之因也。此於試事爲未完足。且無以饜人意。蓋抽出養氣之外。別有一新實者至。炭酸是也。此實自具毒質。足以戕賊動物而有餘。斯卽養氣尙復存留幾許。動物之將陷於窒息也。自若。是故炭酸之來。適爲殽亂毀壞試事之障礙物也。

重力之存在。及其力量幾何。俱可得證而驗之。法以一小圓球懸於空中。忽取一重適一噸之大鉛球。令與相近。則小球將被吸引。入於動態。蓋大鉛球之擾動空氣。受擾處室（盧室是[illegible]譯）room字受擾處廓中欲生熱流或冷流。甚且電氣之引力若斥力。於焉觸發。此之震撼小球。效將遠逾於天然之重力也。可知惟試而不以極矜慎之手法出之。則無甚價值。

露之因何在。如侯失勒約翰言。亦曾以此法得之。清明之夜。以紙一張或布一方平舖之。令距地高一二尺。以便遮蔽下土。弗接天空。於是四圍之草皆有露。獨遮蔽者無有。此如空氣之濕若濕度。及其他並同。前則天空者為夜露不可缺之前件也。無疑且同一試驗。亦[illegible]且代人為之。蓋如察露至連兩夜。此兩夜中一無雲一有之。將見纖雲四卷之天空。乃露所必需者已。

或者以別異術每次變易一事為至難。如同一物也。吾欲試其性於固體。復試之於流體。而餘事恐無變。蓋不可能。以固之流之之前。其物之體質。有不可不改作者在也。此體質者。容當歸之於流若固。皆之因。良未可知。於斯時也。當別訴之穆勒所謂同異合術 Joint method of agreement and difference 合之云者。實即綜同術而並演之法。先試於某果存焉之多例。繼

試於某果不存。而又甚異之多例。負例之不同於正者若干事。此不可不審知之。如試一事

殊異。則純粹之別異術容足了之矣。如冰島可配 Iceland Spar 石晶之一種也頗具異質。

能使物相之通過者莫不重疊。此之現象。在光學曰雙折。double refraction 他石晶亦有之。

備皆能出一透明體物而晶化。復不晶化之餘一切不令有變。則欲取證雙折由於晶體

與否易易。雖然吾由觀察所發之例證亦殊無意。則凡不結晶之透明體物雙折一致無存。

反之凡結晶者自微有歧點可得說明者外。又一致涵此光力也。（譯[illegible]所[illegible]者一切結晶於下此如光[illegible]有一種石晶[illegible]晶物

常見[illegible]淡[illegible]影[illegible]總[illegible]則[illegible]之[illegible]有[illegible]拆[illegible]其[illegible]人力致此固[illegible]取[illegible]見然使[illegible]說

折出之一種附此晶因何因緣所具何德今以視物乃果此緣則所謂別異之術無由用也例[illegible]故[illegible]吾[illegible]結晶無所[illegible]者一切體

介而繩以一通體故因欲窮此理勢不得不乞靈於統同之術[illegible]所有[illegible]光雙折之物而統觀之[illegible]所[illegible]即在結晶一事[illegible]由因[illegible]凡

結晶者固不必皆雙折[illegible]結晶雙折[illegible]理自不可分[illegible]因[illegible]與[illegible]或結晶之[illegible]前因[illegible]此[illegible]象之所待[illegible]固可決也）

合術之律令。由穆勒明白著之。著具於下方。

如現象所存之諸例。[illegible]其中唯一事相同。反之現象所不存之諸例。自彼事不見外餘

無同者。則兩統之例。常於此獨異之一事。非現象果。即現象因。或因之要部。

常於此獨異之常字（Always or invariably）耶方斯述此律時特爲增入。彼以謂設不增。此流

弊將至恰如穆勒所意之反。蓋穆勒所意以別異不足於用。始求解於合術也。若此處不入管義。別異實無不足於用之處。故耶方斯曰反也。其詳後自明之。

穆勒推演各術之字符。耶方斯亦採之。此以ABCDE等為前件。abcde等為後件。請試列之。

前件	後件
A B C	a b c
A D E	a d e
A F G	a f g
A H K	a h k
: : :	: : :

此以統同術施之。A為唯一不變之前件。因即在是。斷可識者。更為列之。

前件	後件
A B Q	a b c

B C　b c

此適於別異術而設者也。B與C全然未變。惟A之隱顯。恰影響於a之隱顯。以知在B與C所存之諸例中。A實為a之因矣。讀者記之。a因於A。蓋非曰無所往而不然也。

請進觀同異合術之符。（按同異合術之符隱勘無此本之耶方術）

前件	後件
A B C	a b c
A D E	a d e
A F G	a f g
A H K	a h k
：	：
P Q	p q
R S	r s
T V	t v

X : x

Y : y

此由前觀之，A先而a後，與純一之統同術同。由後觀之，A無存a亦不存，中含各事，與前統絕異。是A為a之因也，大有可能。惟一覽而易知者，兩統中所見為異，蓋非獨一無二之。如誠為獨一無二，則於兩統任各取其一而配置焉，直接以別異術馭之，綽綽然矣。然A之際也，為一統異乎他統，永久一致而無變（Always uniformly and invariably）之事以是之。故較為質直之別異術不能恰如物際以致於用，同異合術代之而興也。

以實例明之。如上海某中學，風規頗峻，每晨八時始課，以為常。而外傳三年級馬生，屢逾限到校。羣甚怪駭，則考其遲誤之因，計有五事：一、此子孤而性孝，家去山灣，每繞道經徐家匯父墓而香。如A。二、體弱貪睡，七時經促始起。如B。三、盥洗及早膳，耗時十五分鐘。如C。四、灑掃膳事。如D。五、為飼雛。如E。於是將第一事不變，稍稍更易他事以試之。先令六時三刻起身。如F。而遲到如故。而令盥膳時刻縮至十分鐘。如G。而遲到如故。更令灑掃之役暫停一日。如H。仍珊珊其來。最後以弟代服飼雞之勞。如I。依然無效。由是種種。繞、道、爲、遲、誤、唯、一、因、素。不難、想、見。遂右式列之於下。

前件	後件
ABCDE	abcde
AFCDE	afcde
AFGDE	afgde
AFGHE	afghe
AFGHI	afghi

觀此、惟A。爲。不。變。因。a爲。不。變。果。猶。慮。其。偶。中。而。未。足。徵。信。也。則。又。抽。去。第。一。事。不。問。反。其。道。以。兩。兄。下。列。各。事。起床之時。延到七時十五分。如J。到校並不遲。盥勝令以二十分鐘爲之。如K。到校仍不遲。洒掃應事之外。更需潔治臥室。如L。亦不害事。最後爲母飼雞不足。其犯責以飼犬。如M。而校課終不誤。式術如左。

前件	後件
B C D E	b c d e
J C D E	j c d e
J K D E	j k d e
J K L D	j k l d
J K L M	j k l m

此。A。不。見。a。亦。不。見。而。A。非。a。因。即。a。爲。A。果。從可知矣。

合。二。者。觀。之。前。者。次。第。減。易。以。謀。統。同。後。者。次。第。增。易。以。謀。別。異。是。之。謂。同。異。合。術。

耶方斯於此引虹霓一例足資解證吾請以國人所了解於此物者先之黃休復茅亭客話云、

友人李顯元云、虹蜺者陰陽之精也。虹、雄也。蜺、雌也。有青赤之色。嘗依陰雲而晝見。大陰亦不見日落西。虹乃東見。見必有雙。鮮者雄也淡者雌也。入人家飲水。或溷或汚。

耶方斯則曰、

凡虹見時。天空四野。必有下雨之處。故虹名曰雨弓。Rainbow 蓋必有雨點。此物始見。斷無萬里晴空忽見彩虹之事。然有雲雨矣。又不可密布同時。使不見日。必無晴有晴。一邊日出。一邊雨落。而後虹見。汝定能憶凡虹出現。多在夏天。驟雨初過。近無滋有。而斜陽尙未下山。猶輝天際之時。

此與茅亭客所記依陰雲而晝見。太陰亦不見。日落西虹乃東見等語觀察大致相同。耶方斯又云、

如此則可謂之異事矣乎。殆不然也。則先數夜間所見之月虹。空中有雨。而明月斜照。虹霓亦生。可知以虹爲果。不必因日。但使有光線。穿雨點者。立成此象。已乃所見徵多。將知卽雨亦非必要之前事。試往匡廬觀瀑。垂山瀉澗。若挂天紳。半山以下。散爲煙霧。每日斜照。都成彩虹。有時名園激水。隨風飄灑。方向如合。亦見斷霓。又晨起日出。灑沐露綴草木及蛛網上。遠而視之。往往見成虹彩。倒弓上翹。如下絃月。又海水翠飛。濺灑。

波際。雲開日射。如行霓裳。凡此皆見虹之事。不可不類而觀者也。類觀之後。汝自思維。凡有虹時。必得一道之光。與衆水點。而汝之目與成三物。三位相得。立見彩虹。三者因也。而得虹果。察理所爲。盡於此矣。此先。統同而後別異。別異之後。又復統同。同異相乘。得其虹理。吾唯不解此術。遂墮入陰陽謬見。其謂人屋取水。爲福爲凶。觀點一差。其失何遠耶。方斯又言、虹影明時。有第　虹。當復發現。蓋光射雨點。一一復出。復出之後。更入他點。如是累觀。成第二虹。影淡而闇。如在鏡中見第二月。求之實事。恰與相符。由是虹理得其滿證。（術歷）

（近希卜勝術以上靈而書依聲數見名學淺說）

虹必有雙。色分鮮淡。此吾亦灼灼然見之。徒以不知爲推。遂以雄雌福凶之說終。術顧可以不講哉。

上來所述。大抵於一事之起不起而攷其因。如觀兩物相磨則熱生。不磨則熱不生。而定磨擦爲熱之因是。雖然。此特試事之初程爾。稍進一階。凡果、之、數、量、若、何。及其、與、因、之、數、量、相、遇之狀若何。如非絕不可能。在法不容不許。不問所罕何物。如斯步步爲營。蓋爲自然必履之序。雖然。宇宙之事事物物。繁賾極矣。從而度之。在勢不能將某項條件加入或除去。滯而觀其究竟者。往往而有。於斯時也。非就彼本身之變化。爲種種假事。或迎或拒。以辨其用。別無法門。此消息術所由立也。The method of concomitant variations

茲術也。穆勒以恆住因之公例說明之。最爲貼切。蓋恆住因者。義如其名。來也非人力所挽。去也自亦不爲人力所推。於是吾設現象於此。因果井井。俱已考覺明白。此恆住者其果每雜出於中。去之無方。否而之他又不可。然則將以何道從事實驗乎。曰因之住也。自有其度。吾雖無力。雖然。舉之使往而用。法餘損其度。積損以達。無使吾獨因之果。得以如量顯。山

夫誰曰不能。例如搖孋與地之吸力爲緣。高山在近。其動則烈。是高山者。即常住因之一也。吾力雖不克移山。而猶足以徙孋。設徙孋特遠。山無自撼孋令搖。於焉以別異術測之。山前此吸孋之力幾許。一覽而得。若餘事悉同。獨山力之標達存否爲異也。

抑有進者。搖孋因山。搖孋猶因地。孋固可使遠山。而乃無法使之避地。究竟搖孋所因地力。

疑何抑因是否在地而不在日月風氣絲無從以前術度之何也因之眞恆住者每欲逃其果而無由也

恆住因之不可絕固如上述惟即本體之盈虛消息以觀察於自然人力猶得爲之今設前件A其盈虛消長時常見有後件a相與爲盈虛消長而與a並著之b c常不變又或a盈虛消長時常見有前件A相與爲盈虛消長而與A並著之B C常不變由是可知A之與a乃相與爲變之二素A居先而a居後也易而言之A爲a因或因之一部二素不脫因果之誼也例如世間無無熱之物熱與物體粘著而不可分故熱可使散而不可使絕是熱者雖然恆住因也然從而增減之格物之力即見凡熱增時物體即漲減時即歛凡熱增時物漲熱減時物歛凡物歛者質點凝物漲者質點解離而散散極而流流極而飛爲氣氣散曰汽體凝曰固體一切均熱爲之如斯盈虛消長而熱爲A物漲爲a所藏因果之誼毫髮可見已（此例不避動詞仍之惟此乃近已見爲不精前論不參除離時實逸及）是術也穆勒爲之律曰

於此有一現象爲不論如何變化當變化時有他現象者常與同時生變化他現象乃爲其因或爲其果或與其因果有連

此律由倭失勒手訂者詞句稍有異同

在可任意增減之事例中凡一現象逾量之增減有他現象逾量之增減正應之或反應之時此兩現象當具因果之誼

此反應之一項可玩倭失勒所立二式如左

第一式

$s+c \cdots\cdots s+e$

$s+c \pm dc \cdots\cdots s+e \pm de$

第二式

$s+c \cdots\cdots s+e$

$s+c \pm dc \cdots\cdots s+e \mp de$

$\therefore c \cdots\cdots e$

第一式所示。爲因果增減成正比例時之例。卽當C量增至c+dc時。e量亦相與增至e+de。C量減爲c-dc時。e量亦相與減爲e-de也。第二式所示。爲因果增減成反比例時之例。卽當C量增至c+dc時。e量反減爲e-de。C量減爲c-dc時。e量反增爲e+de也。

此正反比例二式。爲律中正反應兩種情形而設。吾嘗從心解家得一例證。請得引之。甲貝漊者、一小小有殼動物也。試畜一羣於池。圉圉洋洋。其自然。設以炭酸、啤酒、或酒精灑之池中少量、卽棄其方位。羣奔集於有光之一隅。相聚不肯。再以炭酸等小量續續相間灑之。漊愈益木然。轉動不得。餌置池之他端。亦忍饑不往就食。以去光源遠也。茲例也。乃以人工造成。水中有光處所。魚類因相聚不散。增進愈強。相聚愈堅。此光線爲魚聚之因。律之侯失勒正比例式可明。

同一事件。心解家續試如下。池水去濁易清。或移置甲貝漊於他淸水池。魚羣立散。各復其自由。戲東戲西如常。則以馬、霜鹼、或咖啡鹼、酒諸池。漊復爾聚集。若有驅之者然。惟此次擇去光最遠之一隅集焉。剎那爲光。此剎則爲暗。是例也。乃心解家人工造設甲貝遵惡光心理。於是光線愈強。魚避之惟恐不遠。一反學間律之倭失勒反比例式。而光線爲魚聚或散之因。欲明。何見層遞發心解術行是書介譯就伊朱陽版 A. Tridon: Psychoanalysis and Behaviour

穆勒所立五術。四術已如右述。餘一號曰歸餘。Method of residues 此其爲義。望文可得。今有一現象者。從而析之。某部分爲某因之果。皆屬已知之數。則所餘者。其自有因果相連之誼。又寧待問。惟此或前此所拋棄所漏略。抑僅知其品。未計其量。俱未可知爾。

此術之簡捷易知。恆得於日常生活中遇之。偶閱前年錄載伊宰爾別第李敏求爲訪所親。得饋錢二百萬。伊宰以二十萬貺敏求。既而當用份頭。以四萬爲貨。敏求與萬年尉戶曹者請之。未用所齎。伊亦貺焉云云。則欲知伊宰得價幾何。先除去敏求酬金二十萬。又除去勞資費四萬。共二十四萬。餘百七十六萬爲淨饗價。即歸餘之術也。往者讀漢書。頗怪趙廣漢欲知馬價。則先問狗。已問羊。又問牛。然後及馬。參伍其價。以類相準。號曰鉤距之法。惟廣漢至精能行之。他人效者莫能及也。究爲何法。殊未易解。由今思之。亦一除得淨饗第價之。

兩民故智耳。律之邏輯術曰賸餘。是必廣漢習知當時畜類總價目。詢知狗羊牛分別售價若干。爲價即相形而明也。曾滌生撰彭永思墓志。稱永思善爲離參之法。步驟全與廣漢鉤距相類。曾公文筆亦倣漢書。二事一範。不更覼縷。

其在科學。此術亦甚重要。蓋探賾索隱之事。關繫至繁。欲一蹴而幾於全。殊非易事。於是者知一部。著錄一部。更就其餘。詳加察覈。期於別抉無遺者。乃哲匠之正法眼藏也。以云其式當爲

S+C ………… s+c

S ………… s

∴ C ………… c

S+C爲所究現象之前件。s+c後件。情形並皆複沓。既以他術得知s爲S之果。則後件所餘之c。當然爲前件所餘C之果矣。穆勒著爲律曰。

常然現象。作數部觀。部各爲果。果各知因。所不知者。是謂餘果。以是餘果。歸之餘因。

要譯

克萊教（Creighton）曰、歸餘法有二用。一、對複符現象。確定各部分之正因。二、已知皆經衡量。得指出所餘未經說明之部分。稜勒律令。僅及其一。而未及其二。庸詎知留意餘象。為科學進步之一大階段。近代多少重要發明。皆經是途得之。凡恆人所視為不值一錢之畸零事象。往往一入科學家之眼。腐朽化為神奇。經世大猷。即由此出云。

三五八

第二十六章　懸擬　Hypothesis

懸擬原語曰 Hypothesis。嚴氏譯云設覆或逕作希卜梯西。假說或假定云云則東譯之詞也。或採之懸擬者何。凡事物在久宇間之為何狀及其相與之誼如何。吾人懸想其應有之理法而擬之之謂也。易繫辭傳云聖人有以見天下之賾而擬諸形容象其物宜。墨經云舉擬實也。兩義互參足見擬而立徵於實謂之界說（如墨經之舉）否則猶在擬之象之範圍以內無過希卜梯西。

科學之事值存實驗。雅理上多德曾言大物落地較小物速。此懸擬也。喀里列倭 Galileo（從嚴譯）獨疑焉。試至毗沙 Pisa 就高臺試之法以大小二石同時拋放視彼此及地之時分何許。據云當時所測石程蓋無後先以知證知雅里所擬於實無據。其後奈端復以他法試之所得與喀氏同。至是重律有曰物體不論大小輕重如無礙因（如空氣之阻力等）必同速親地乃卓立矣。斯律也初亦止於懸擬耳。以為雅理舊說作試不如所期理乃浸淫流衍集於新說矣。懸揣若流水然前遞去後遞來而機緘一操於印證 Verification（從嚴譯）印證者試於事後之名也。實則懸擬之先。事例之接於耳目。小試而輒驗者。猶不知其數。試驗與懸擬連誼之切如此。

自來論知識之本性與其所由得之方式。蓋有二宗。見解各不同。一曰理宗。所標曰唯理論。Rationalism 以笛卡兒爲之大師。由法而荷而德。支流餘裔。盛於大陸。一曰驗宗。Empiricism 倍根倍克萊俱稱宗匠。質力諸學。相應勃興。以是英倫哲士大都主驗。

理宗以算術爲知識之准的。以謂一切知識。率由公例大法而來。而此種公例大法。有時竟由天賦。初不必藉經驗而昭得知。蓋人之初生。有理性相偕並至。名曰原型觀念。設無是者。即經驗亦末由成。若輩所見激宕如此。此可得而謚之曰。理宗之門。一懸擬之府矣。且斯之懸擬。爲醇乎醇者。以其初不藉經驗而獲。後亦無復假途經驗。相與是偕始終。巍然而立。夫是之謂懸。

驗宗則反是。以謂智者所司。在發明事若物之體用。而體用也者。深藏於事若物之中。初無求與吾人相接之意。吾人不自求所以接之。將自然終於自然。人終於人。二者愸愸然各不相知以迄於今而已。何文明之足云。夫接之者何。舍試驗無他途也。必也如切。如磋。如琢。如譬一切事若物，而𥱼視之，朝夕不去諸手，而後或燃或用，得以知其顯露。若者想像，若者假定，亦閉門造車者流之惡見之妄說耳。文之曰，理亦何所於用。奈端爲之言曰，吾不作懸擬 Hypothesis non fingo。此宗欲掃所有懸擬而空之，觀於奈端從信。

篤而論之，天下之學，何嘗不言理，亦何渠不言驗。二宗偏宕之處，楚固失矣，齊亦未爲得也。惟執其兩而用中，於學斯邏輯之所有事。

尋理宗之所執者理而已矣。知覺 Perception 非所貴也，以謂經驗雖由知覺而獲，而經驗不得謂之知識。必以散實連於初則，而明其必然之統系，始有眞知識可言。然欲爲此，惟理能之。知覺不能。知覺者亦與吾人以淨實 Pure facts 而已。其發見事事物物彼此相互之誼，而納之達道達德之下，非理莫任。

是說也，善爲詮之，殆無可非。所謂經驗不得謂之知識，請以劉老老之於黃楊根一例明之。石頭記載鴛鴦以黃楊根整挖之套杯飲劉老老。老老笑問杯爲何木所成。老老曰，我們成日家和樹林子做街坊，困了枕著他睡，乏了靠著他坐，荒年餓了還吃他，眼睛裏天天見他，耳朵裏天天聽他嘴兒裏天天說他。所以好歹眞假。我是認得的。認之許久。復曰我據着這麼體沉斷乎不是楊木。一定是黃松。此一小小滑稽事。儘資足爲科學家當頭一棒。我們成日家如何如何。眼耳嘴如何如何。皆竊足經驗無以復加之象率之一。一定是黃松。輕輕一搬。殆令古來大雅宏達之輩。一齊失色。經驗之不足恃如此。

然則如之何。曰經驗非有理以控之。皆劉老老黃楊根之類。無當於學。控之奈何。曰善用懸擬。善用奈何。曰吾曩言邏輯之全。懸擬者卽擬爲邏輯之全也。吾既懸邏輯之全。以隨於上凡耳目所接。舉視爲邏輯之偏。偏全會合。懸擬斯正。

聞之驗宗。右者不明自然之象率。以懸擬用事。荒誕無稽。出人意表。如論衡雷虛篇云、

圖畫之工。圖雷之狀。纍纍如連鼓之形。又圖一人若力士之容。謂之雷公。使之左手引連鼓。右手推椎。若擊之狀。其意以爲雷聲隆隆者。連鼓相扣擊之意也。其魄然若鑿裂者。椎所擊之聲也。其殺人也。引連鼓推椎幷擊之矣。

此不獨爲中土之迷信。卽歐陸莫不皆然。彼中邏輯教科。亦頗徵引是類事例。於是學者切

切指證謂是懸擬之害如愚民腦中不先擬定引連鼓推椎種種通象將決不以爲雷聲之能殺人也

如實原之此其受病適得論者之反蓋引連鼓推椎云者其聲象是而爲恆人之耳所親聞也而雷能殺人某村羅於是某里羅於是又恆人之目所親見也此赫然遷轉之所謂偏也殺此時能搆爲通相以攝之或如王充天人不同氣體之說（見自然篇）或如佛蘭克林電氣可容傳導之方將所見所聞之偏一切納於所理想之全倘何迷信之不足破乎何荒誕無稽之有乎夫佛蘭克林在十八稘爲哲匠於時爲近而王充則發迹於千數百年前所持天無口耳諸理亦淺露至易通解於焉概之雷公將不有引鼓推椎之手且亦決不有雷公其人豈不大有造於恆民愚氓彼迷塗知返之期得爲之截短者干稘乎由斯以談迷信之生正坐不知懸擬之咎而懲羹吹齏之談信不爲忠於所學也

驗宗又言凡事以親歷爲得此微論親歷者未盡可恃如糯所舉黃楊根例卽可恃矣而亦斷非事事可爲吾讀關尹子云瓶存二竅以水實之倒瀉閉一則水不下此在吾質學不明

之國。若此類小小試驗，且不憚勤勤爲之，衡於鳴術競智之歐土，此區區者復何足道。雖然，天地之大，萬象惶惑，芴漠無形，變化光常，人智力所不及者，不可計數，以言乎驗，究驗幾何。況有實而無乎處，有長而無乎本剽。（剽，末也。二語見莊子庚桑楚篇）者宇宙間不乏其境，以云作驗，驗又何從。於是吾人雖於天地，不以微末自安，試求於久宇無盡之蘊，竊探少許，亦將舍懸擬，其道無由也已。

天下篇云，一尺之棰，日取其半，萬世而不竭。此妙理也。以云試驗，則無法爲之，首以萬世爲期，已遠逾河漢之不可俟，繼云不竭，留半自終，無竭時，此懸擬之極詭，殊未可以無驗而遽斷，由此致，思可過半已。

右說極詭二字，嚴需留意。夫極詭者，非中道也。以言中，消懸擬不與試驗爲緣，將失其所以爲。懸擬不徐於用，是故懸擬也者，先由種種試驗，於焉以記之，繼加以種種印證，使躋於不悖，如是循環，無而與學，遂獲以公例大法，終歸。拿丁達Tyndall曰，懸擬者物理學之梓匠也。信然。

昔者喀里列倭見筒水上升，至高不過三十三尺，心竊疑之。其徒陀理先利 Toricelli 賡續考求。擬立甲乙丙三說。空氣有重壓力，甲也。壓力施於流質，諸向平等，乙也。力之出於一向者，如無抵力則生動，動止於抵力均平而止，丙也。以此之故，水上升時，空氣壓於水面，而筒內無空氣，故愈升愈高。惟高達三十三尺，其下壓之重，適與空氣之壓力相等，無能更升云。陀氏既立三說，旋按十四與一為比，取汞代水試之，果無不驗。即烜赫有名之陀氏天氣表所由立也。就而析之。當喀氏試水之頃，所謂虛筒上汞之原理，早經刼立，惟不甚精到爾。此第一懸擬也。陀氏繼立三說，又不啻三懸擬。使之次第受驗。儻管中汞不上行，或所升汞重不等於同徑直立之空氣。將見三說必有一虛。或者天氣於汞面本無壓力，則甲說不確。或者汞重壓力有所專注，則乙說為誣。又或氣汞抵力未均即止，丙說將掃地以盡。今既一一驗之，無一爽。懸擬云者，立見化為泛應曲當之真公例矣。師弟二人，一原三說，前仆後繼，卒乃確定。凡由懸擬以達於公例之徑程，大率如是。此段遺跡多入歐氏見穆勒名學

凡一懸擬之能成為公例。率以之號召形氣、經緯百端。俾收利用厚生之效。並貽後世無疆

之庥者。殆運會人力相互成之。絕非偶然。近世歐洲形數質力諸學。號稱極盛。而卽其原理懸一考之。曾為吾國先民之所道及。甚且理實兩具。形成公論者。殆不一而足。惟是當時。學術爭鳴。流於詭辯。又源遠跡滅。後世鮮人繼起。昌之光大。至可痛惜。爾卽如「力學之動物三例。平行形例。水學之流質衡平。光學之反影散光諸例」[illegible]俱為科學深造之甚。與吾天球術圖等。竟頗吾國自古獨無人理解是乎。以光學言之。請誦墨經。

經云、「景例。在午有端。與景長。說在端」說云、「下者之入也高。高者之人也下。足敝下光。故成景於上。首敝上光。故成景於下。遠近有端與於光。故景在庫內也」此正明反影散光之理。劉嶽雲孫詒讓諸君。都見及之。吾曾繪圖為諸生講其義。[illegible]曰、

取露蓋之箱橫置之。於左壁作小孔為午。於右壁以紙作障。上點甲。下點乙。使受光物體上點呷。下點叽。在左壁側。於是光路直達。叽點直觸經午以達於甲點。非如此。則不直。故曰下者之入也高。入者。卽人午也。呷點直觸經午以達於乙點。非如此。則不直。故曰。高者之入也下。入者。亦入午也。夫叽為足。呷為首。叽之唯一直路為叽午甲。則叽

甲三角之光皆受蔽。是足蔽下光也。下光悉蔽。影集於甲。故曰成景於上。呷之唯一直路爲呷。午乙則呷甲乙三角之光皆受蔽。是首蔽下光也。首蔽上光也。首蔽上光。影集於乙。故曰成景於下。惟遠近諸端亦然。遠近諸端。乃散在呷吃間之諸端也。可作散線表之。其光各有所蔽。影各有所集。悉與呷吃同。是各「與於光」一也。如斯光點薈萃。形成障上。甲乙全景。故曰景在障內。又點即端也。此之光點薈萃。即所由成影之道。又經曰說作端而交。又處有小孔。小孔亦端也。此之一端。諸光經焉。並集於影端。特全景之紛行者齊。故經曰在午有端。與景長。

如此疏釋。迹若繳繞。然讀者試取歐西淺近光學之書閱之。必見有圖說與此合符。蓋是理也。爲舉之五尺之童子。可明。極言之。經世之絕學。在是以云。懸擬中外之哲士。實共之一用一。不用。致成。今日東西文明之分野。能無慨然。

人見化石。輒生懸擬。吾國文人偶然擬議。亦有度越歐賢者耶。方斯曾有著錄。請述其略。

數百千年前。古人常見石中有物。或見於壁之中。作種種形。如草木螺蛤蟲魚鳥獸之類。如是者謂之殭石。以其形之往往逼眞。然非意以爲肖。則種種臆說生焉。其所立之希卜梯西。言人人異。最初之說本於二約。新舊約以爲帝降鴻流。淹滅人類。其時蕩滌鱗介。淵殺生靈。及其水過地乾。所有殘形。散布大地。即在高山。亦有之者。此亦證水勢之高而已。或曰、不然。歐南長白之山。所以有蠔殼者。乃古跋涉瞻禮耶穌聖蹟人所遺留者。古此項人常由此山往還。將千餘年。故多如此。學者須知此說非他人所立。即著名文家福祿特爾是矣。以前說不盡與事實比附。則臆者又謂造物全能。無所不可。此特其遊戲耳。石中有類動植者。猶之晨起觀窗間玻璃。因昨夜天氣大寒。所結冰形。處處作花葉也。此其說自古人言。似最近理。終之人類乃又造一希卜梯西曰、此種殭石。在古皆眞生物。必經泥沙所埋。大重積壓。因以成殭。動經千刼。乃始發現。此說既立。經用外籀推較。復以事實印證。隨在輒合。乃爲信例。顧當未印證之先。則四者同爲臆說而已。此依歐譯名學淺說

宋彭乘所著續墨客揮犀。最後記寄物一條如下。

近歲延州永甯關大河岸崩入地數十尺土下得竹筍一林凡數百莖根幹相連悉化爲石適有中人過亦取數莖去云欲進呈延郡素無竹此入在數十尺土下不知幾何代物無乃曠古以前地卑氣溼而宜竹耶婺州金華山有松石又如桃核蘆根蛇蟹之類皆有成石者然皆其地本有之物不足深怪此深地中所無又非本土所有之物特可異耳

延州之古竹林一入彭君之目即斷其爲眞生絕無何種神怪不經之說繳繞於胸且嶄嶄認定此是化石爲幾何年代前物且能注意到本土所無與婺州松桃蛇蟹等種物相提並論殼若取此數語列入今日之專家報告中亦殊略無媿色同一事也在歐洲須有各種離奇臆說攫擾無數稘後經外證推較以事實印證始相與號爲信例者吾數百千年前墨客一揮麈間動中肯綮絕無浮辭此皆非邏輯卓絕可貴之史材邪徒以後起無人印證不廣令所紀僅僅以乾枯之史材終夫復何言

懸擬有賴印證如右所述有時印證之後猶恐其未盡善盡美也仍求所以印證之如陀羅

先利天氣表建立以來。人雖服膺於空氣之有重量。而區區水汞二者下降之比例。竊嫌未足。法蘭西巴斯喀氏。以謂陀氏之說而信。則山頂空氣稀薄處所。筒汞高度。應較平地爲低。於是親攜汞筒。登穹山 Puy de Dôme 而測之。汞果下降三寸有奇。不辜所望。而陀氏之氣壓原理。百尺竿頭。更進一步。無復敢以一矢加遺者矣。若而實驗學者。號曰懸門。懸門者。猶呂不韋著呂氏春秋成。懸之咸陽市門。募有能易一字者。賞以千金。凡以昭示矜貴無可移易也。原語爲 Experimentum Crucis 嚴氏譯作揭櫫。揭者揭疑隱使宣著。櫫者華表。蓋立十字街頭。令行者勿迷於道。此亦可通。且此原第二字較近。然稍、苦、生、澀、無、國、文、風、範、因別譯而並存之。（嚴譯見名學淺說）李善蘭曰、「古今談天者。莫善於孟子。苟求其故一語。西人蓋善求其故者也。一（談天序）善求其故。舍摹爲懸擬。殆無別解。而懸擬者。如右云云。非能擬即叶於誼。予云千歲之日至。可坐而致也乎。一語不知自幾何甘苦得來。如奈端通吸力說。由今觀之。理亦尋常。然其先「行星繞日非平行。古人加一本輪推之不合。則又加一均輪推之。推月且加至三輪四輪。猶不能吻合。刻白爾知五星與月之道。皆爲橢圓。其行法面積與時恆有比例。

然僅知當然，未知所以然……至奈端出，始定論如山而不可移。」（同上）而定論如山，即所謂懸門者也。而此中所經懸擬之級，歷歷可數，善求豈易言者哉。夫奈端通吸力說者何，請仍用善譬之語結之，

凡物直行空中，有他力旁加之，則物即繞力之心而行。而物直行之遲速，與旁力之大小適合乎圓率，則繞行三道爲平圓，稍不合則恆爲橢圓，惟歷時等所過面積亦等，與平圓同也。今地與五星本直行空中，日之攝力（吸力）加之，其行與力不能適合平圓，故皆行橢圓。

此外耶方斯一例，猶請徵述。

有時言一事理，而有兩三家之臆說，孰而勘之，又皆與事實有合。如此，則一時難定孰從。即如當奈端以通吸力言天運時，笛卡兒亦造一說，以明太陽天運行之理。彼謂宗動天體，有似漩渦，諸緯外浮，繞一中點，觀於入星之繞太陽，皆是左旋，無右旋者，即此可信。又喀墨列倭造遠鏡，以測太陽陪星，見其旋勢，似亦可證笛說。故當時格致諸家

皆以笛說爲近信。奈端所言。雖與事實脗合。然非淺學人所及。而笛說婦孺都解。於時頗有靡所適從之苦。

凡學者遇兩希卜梯西而未知孰爲優劣者。只須求一事實證其與甲說理合。而與乙說齟齬。自然知甲說當從。乙說當棄。卽如奈笛二氏皆言天運。於行陪諸星。亦皆有可徵之事。顧笛氏獨無以自解於太陽天之彗孛。蓋彗孛軌道爲極扁橢圓。以太陽爲其一端之樞極。又其平面交黃道不與諸緯同遊。笛氏之說。似以元氣爲水。諸緯浮繞太陽左旋終古。而太歲之七八陪臞。則自具小小旋渦。別成一局。但用其說。則又何物能浮彗星。且後來言天益精。彗體甚衆。交午繞日。不主故常。豈一彗各具一橢圓旋渦耶。又難信矣。由是笛說必不可存。宜從沙汰。獨奈端通吸力之例。愈證愈實。不僅諸緯可言。陪月有解。而彗孛橢軌亦復可徵。乃至刻白爾三例。皆可曉晰分明。稽其理數。不此之信而孰信耶。

右例嚴氏所譯見名學淺說。綜前例觀之。可見懸門徵信。足資兩用。一取物爲驗。逆計未然。

觀其如何。以定所臆。如巴斯噶登穹山是。一異說爭鳴。此可別似明疑。以定一說之當從。他說之宜廢。如奈端通吸力說足賅哲孛是。

通　新　指　數

卷一五四

第二十七章 類推 Analogy

邏輯立名。時乃甚難。即如類推兩字。散見於他篇字句間。且居顯目宏旨之右者。不一而定。偶涉其一。已不勝析疑辨似之煩。今如併合成辭。渙汗大號。令司一倘恍難定之論域。毋乃不智。嘗論邏輯之道。凡一思想。總由一名詞尸之。莊生有云「物謂之而然」則智者槪立名目。何可限量。雖然。一物一名。邏輯有其意境。物表決無相副之事實。墨子所譏。莊生之辭。乃「過而以巳爲然」。荀子亦謂後王之成名。則從諸夏之成俗曲期。以是種種類推之名。旣未可廢。復難變置。何以故。以人聞之而喻。猶愈於他名故。

荀子勸學篇。倫類不通。不足謂善學。楊注。禮法未該。以其等倫比類而通之。此之倫類。固儼然安奈羅支也。而以其名不若類推之易喻。終不以彼易此。

類推見於中國載籍者甚夥。如荀子正名篇云。推類而不悖。臣道篇云。推類接譽。以待無方。推類字兩用。而兩異其解。前者楊注云。謂推同類之物使共其名。不使乖悖也。此指共別之。誼不關本論。後者楊注云。推其比類。比類倂稱。始入本論範圍。又淮南子云。貍頭愈鼠。雞頭已瘻。蝱散積血。斲木愈齲。此類之推者也。膏之殺鱉。鵲矢中蝟。爛灰生蠅。漆見蟹而不乾。此類之不推者也。推與不推。若非而是。若是而非。孰能通其微。（說山訓）高注云。推、行也。按鼠畏貍。因以貍頭治鼠疾。雞善啄。因以雞頭治瘻痔。蝱耗血之蟲。故服蝱積血可散。斲木健啄。故齲此鳥而齲齒可愈。此擬似而推之。徼得類推、蓋要同篇復云。物固有似然而似不然者。故決指而身死。或斷臂而顧活。類不可必推。以似然似不然對勘。類推之術近之。說林訓又云。蠶食而不飲。二十二日而化。蟬飲而不食。三十日而脫。蜉蝣不食不飲。三日而死。人食礜石而死。蠶食之而不飢。魚食巴菽而死。鼠食之而肥。類不可必推。高注、推猶知也。高誘釋推忽曰行。忽曰知。望文生義。殊無足採。惟說林提出似不然各例。類推之束。象推不外是。墨家言類稍旨殊泛。所謂門類行云云。涉於達類之序。大抵比荀子之論共別而明同讀獨。大取篇。其類十三。詳者軋果。若者蛇文。若者阬下之鼠。與淮南說山說林之例又大致相近且略。石之或爲以今一條本事。彼此均同類字之跡。夫邏輯兩大論旨。如是而推也者。取予之際。明指毋彼羼闕。三段並不必與本論有連。今以類推併爲一辭說明邏輯別。關白此須慎。

思明辨之力幾許讀者所不得不先爲備豫者已。

一類推原語爲安奈羅支。（從嚴譯）中國學子動引此類思想入文。遂成辯習。文選有連珠一體。亦如七體一流之詞章風格爾。前者以陸士衡之演連珠爲範。後者以枚乘七發爲範。實則兩體之作者無幾數十百家。而中心思致所爲綱維施設者。諸家一律。不中不遠。連珠之中心思致者何。曰、卽安奈羅支也。而候官嚴氏則取此兩字。逐譯三段論式。與荀子正名臣道。兩篇所爲釋推類字。兩異其解者。用思之渾殺適等。此士文人之性習。自古迄今。咸趣一轍。邏輯之學不盛於東方。職是之由。（參看附錄論翻譯名義）

昔傅玄擬爲連珠。定其義曰、「在假喻以達其旨」。以假喻牒安奈羅支。碻爲貼切不移之詮。惟假喻有借材於他物者。有取象於本身者。此中分別。可得而言。

余釐論之。「安奈羅支者。略如詩中之比。以他物比此物而得其似也。以他物與第三物之連誼。持比此物與第四物之關繫。頗相類似也。其兩兩類似處。卽安奈羅支。」（同上）凡連珠中之前排文字。均屬此種。嚴氏所謂一排言物理。一排據此爲推。用故字轉者也。如寶言之苦

此之推。固不獨連珠爲然。如韓詩外傳云、

水濁則魚喁。令苛則民亂。城峭則崩。岸峭則陂。故吳起削刑而車裂。商鞅峻法而支解。治國者譬若乎張琴。然大絃急則小絃絕矣。故急轡御者。非千里之御也。有聲之聲。不過百里。無聲之聲。延及四海。故祿過其功者削。名過其實者損。情行合名。禍福不虛至矣。

此連用三故字。義與連珠中所用無二。蓋水濁與令苛爲類。因得由魚喁推出民亂。城岸峭與削刑、峻法爲類。因得由崩陂推出車裂支解。張琴與御轡爲類。因得由絃絕推出非御。不如御聲聲與功實爲類。因得由聲之遠近推出祿名之削損。凡此皆表裏不一致。卽情形不合名之旨。末二句云云。卽傅玄所謂達旨也。所推之義。共爲四類。物理與政理比者三。物理與物理比者一。安柰鼎支之借材於他物者視此。

論衡亂龍篇云、

董仲舒申春秋之雩。設土龍以招雨。其意以雲龍相從。易曰、雲從龍。風從虎。以類求之。

故設土龍陰陽從類雲雨自至。

此明一提出類求及從類等字的是類推適例按本議發自董仲舒後劉子駿學雩祭與土龍事桓君山難之駁者議起子駿無以應仲任乃代爲終之「故曰亂龍亂者終也」（詳見後論）篇中共立十五驗及四義皆代子駿作答以竟仲舒設土龍之說謂設土龍可得言之事改可得舉之理有如此如此者爾非仲任自以「象類說」（詳見本論）爲然次第立證解之也然本議問以龍致雨之物因設土龍以象之冀雲雨得見象類而自至安祭縣支之取象於本身者非此種之例而何又論衡言毒篇云夫治風用風治熱用熱治邊（偏損偏枯疾）用蜜丹以類治之所謂類者象類也猶引淮南子狸頭愈鼠四語亦此象類說之效其傳膏之殺蠶云云謂是不過其徵乃緣中無象徵可尋其義彌顯何言乎類治之爲象也或曰治風用風治熱用熱此假藉風熱之力爲之何象之有曰是不然以蝱散積血言之夫蝱誠以吮食人血爲名物類相尅蝱至亦誠積血可散然一蝱能吮食幾何十蝱又吮食幾何一人全身之血量比例幾何此甯得設曰不知王仲任論五行生尅之理首言「五行相勝物氣鈞適如泰山

失火沃以一杯之水河決千里塞以一坯之土能勝之乎非失五行之道小大多少不能相當也」等語（詞詩篇）今刀圭在瘍將豫計以幾瘍奏效乎不當惟是人類生前所能爲之事死後卽無能爲惟瘍亦然今以生瘍搗治參入飲品服之倘能遏其生前吮血之技乎以是種種凡曰瘍散積血云云定是患者久服他藥就瘥期近總以瘍劑投之會逢其適霍然而愈論者遂以和緩之功歸瘍此在邏輯謂之僞因之誶以真因不以爲因非因轉以爲因也

Non causa pro causa 不仲任論治亂亦持此見謂國之亡適際亡期非必君之不賢國之治適際治期非必君之賢錢辛楣立說斥之指爲誶謬（譜斯堂文集）平情論之仲任如此推概或逾其分至類治之屬於僞因乃具體之事不同推較治迹之倫按兆察蹟原始要終仲任又有謂「虛象效則以實事爲非」者（參行說附錄）方爲此物此志究之虛象者何有婦人誤食一蟲常疑之由是成疾頻療不愈醫生請姨嬭申謹密者一預戒之曰今以藥吐瀉但以盤盂盛之當吐之時但言有一箇蝦蟆走去然切勿令娘子知是誑語也其姨嬭遵之此疾永除（孫光憲北夢瑣言）瘍散積血亦是此類蓋病者滿心期擬瘍能散血投劑後心花頓開又適他劑見效之期至兩

流匯合，沈痾遂失已爾，非有他也。此之謂類洽之爲象。類與象違之不可恃如此。一上來所述，無過論者所了解於類推之爲何物。至類推應遵何律，始在邏輯爲中效，猶需更端明之。

第一、經始爲推，應有切實可驗之前件。　請先立類推之式如下。

甲在，　故乙在。

今卯在。　吃霄在。

爲問甲在乙在之實可恃之度何許乎。以龍致雨言之，論衡即爲之辭曰、古者畜龍，乘其駕龍，故有豢龍氏御龍氏。夏后之庭，二龍常在，季年夏衰，二龍低伏。眞龍在地，猶無雷雨，況僞象乎。註一此事之可辨者有數義。一、龍爲何物，先哲難明，英語 Dragon 一字，即無實體足證。古者所豢所御之龍，是眞龍否，得非馬而藻飾爲龍註二、龍即有之，是否足以致雨。夏庭有龍，未見夏庭即無雷雨。仲任之書此點猶未明白。但雷雨恆見，何以知由龍致，此結未解，全局皆非。三、雷雨中龍爲何狀，曾於何時何地驗之，此點在不可盡信之書中亦無紀錄，何況實驗。四、眞龍誠足致雨，僞龍何如。茲仲任亦言之「頓牟掇芥，磁石引針，皆以其眞是不假他類。他類肖似。不能擬取者何也。氣性異殊、不能相感動也」斯爲況偶象乎四字自下註脚甚明。三四義者前三義。皆證前件之非實在。前件既驟爲有呷在。吃或在之可能。如右例者名爲類推、實同懸擬。彼龍致雨云云、全由架空浮想而來。論衡全部取辟闢之虛妄皆屬之。

或曰、土龍致雨之思、雖有碻鑿可據之前件以爲之導。即雉、媒、足、可、招、雉、是、也、雉媒爲甲。雉爲乙。今土龍爲呷。安見眞龍之吃。不破空飛來也乎。龍至斯雨至矣。曰、此中有辨。彼止一想、若謂龍足致雨、雨能見土龍疑是眞龍。故土龍亦足致雨。此假定。雨爲他、無所據。其辭自闢。而龍能誘致雨、雨即立沛甘霖也。至第二想、即龍即雨。故雨即亦曰龍。但土龍之設、並非直接對雨爲之、而是擬龍爲的、感龍、使其類疑土爲眞、遂爾若雉呼嘯而至、雨隨之來也。無論何者。舉爲幻想。蓋龍無是物。即有亦不足以致雨。故雖前件確實。如雉媒之類、亦無取於用。唐代宗時。黎幹爲京兆尹。時大旱。幹造土龍。自與巫覡對舞。彌月不應。自仲任之世、至唐中葉。彌數百載。其思議、猶葉、無裨於治道、可哀也夫。請述立類推第二式。

子、甲在。乙在。丙在。……戊亦在。

丑、甲在。乙在。丙在。……戊或在。

例如地球為子。太陽系行星甲也。有空氣與水分乙也。氣候有變化丙也。上有生物存焉。戊也。木星為丑。亦為太陽系行星之一。如甲。有空氣與水分。如乙。氣候有變化。如丙。因推定上有生物存焉。如戊。如此。為推前件之切實可驗者。歸疑問。戊或在之說。亦由科家在天文臺歸納測驗成之可能性最大。何以故。以地球與木星即子丑之似證足可據依。故選類推之效。如此。雖然。猶有說。

新序載

臣之家有二白璧。其色相如也。其徑相如也。其澤相如也。然其價一者千金。一者五百金。王曰。徑與色澤相如也一者千金。一者九百金。何也。朱公曰。側而視之。一者厚倍。是以千金。

如右式。試以一白璧為子。一白璧為丑。色為甲。徑與澤為乙。結果一者千金為戊。一者五百金而戊竟不在何也。以其厓幾何為丁經側視而二者相若。以倍此數推定木星為有生物。徒以丁未發見兩星之似誼等於兩體色徑潭之相如。故然專家測驗雖精。難保無他項景象。丁若體之厓差。然足令木星與地球大相逕庭者。突見於測遠鏡內果爾戊或亦類推之效荒矣。如下式。

子、甲在。乙在。丙在。丁在。　故戊在。

丑、甲在。乙在。丙在。丁不在。　故戊不在。

類推此式之未可盡恃如右。

第三式為

甲在。　故呷在。

乙在。　吃嘗在。

此治如代數方程式。一率與二率之比等於三率與四率之比。四率為未知數。以一二三率相乘一率除得之令吃亦為未知數。凡探究甲乙相與之誼及甲之何以有呷即不啻各率乘除之。方凡連珠假喻之事、大抵如是。韓詩外傳云、劍雖利、不厲不斷。材雖美、不學不高。雖有旨酒嘉殽、不嘗不知其旨。雖有善道、不學不達其功。

兩例皆以盡人可喻之實為前件、通用學字為第四率。情致油然、不覺牽強。故此程指法大體平安。一有違悟、亦猶方程得數之誤、較易檢察云。

然此特就淺顯者言之。稍涉玄奧、其弊成較他式更烈。請引論衡變虛篇一段證之、

說災變之家曰、人在天地之間、猶魚在水中矣。其能以行（去聲）動天地、猶魚鼓翅而振水也。魚動、而水蕩。水蕩而氣變。此非事實也。假使眞然、不能至天。魚長一尺、動於水中、振旁側之水、不過數尺。大者不過與人同、所振蕩者不過百步、而一里之外、淡然澄靜。離之遠也。今人操行變氣、遠近宜與魚等。氣應而變、宜與水均。以七尺之細形、形中之微氣、不過與一鼎之蒸火同。從下地上變皇天、何其高也。

本篇乃辨宋景公以三善言徙熒惑、為無其事。說災變之家所設之式、應是

魚在水中。（甲在）　能振水而變氣（故呷在）

人在天地間（乙在）　當能以行動天地。（吃當在）

理之不誣。仲任已詳之。無取覼縷。要其病終在前件之不塙。實與韓詩外傳二例之盡人可喻者。未同。術之不可不慎。如此。

第四式為

甲在，　呷不在。

乙在，　吃應不在。

此以反常之物理。為前件。其道甚險。如公孫龍「以冰不寒炭不熱為論。」（見淮南詮言公孫龍粲於辭而貿名注）冰應得寒。而此云不寒。是甲在呷不在也。以是為推。乙在吃宜不在。故得炭不熱為率。晉書、陸機策問謂有溫泉。何無寒火。周嬰巵林嘗作一文鐫之云。

蕭邱燎原而入者有衣裘之想。東武焚林而被者無焦灼之色。陰陽相搏。固有不可類推者。安在不無寒火也。自注、抱朴子曰、謂火必熱。而蕭邱有涼燄。齊地記曰、東武山有勝火之木。燒之不死。亦無損也。

文中不可類推字殊蒙混。扈林之意。以謂火宜熱而不熱。陰陽相搏。是為不可類推。本論則指公孫龍以冰例炭。或陸機以梟例火。俱應得物理之反。為可以類推。惟此之推法。迹近詭辯。惠施二十一事中之辯、負性者。大率如此。此殊未易入於博聞辯智之林也。

第二、相類之德。論常而不論偶。　如人之相類。君子乎。抑小人乎。學者乎。抑政客乎。宜於二者之重要德性勘之。若年、若地、若業。皆末也。於是孔子與陽虎同生於魯。同仕於魯。年事相若。而貌相同。似誼種種。而遽斷定陽虎亦是東魯聖人。無有是處。何也。所似俱偶。而未為常也。世說新語載蔡司徒渡江。見彭蜞。大喜曰、蟹有八足。加以二螯。令烹之。吐下委頓。聞之劉安。謂狐貍（謂狐為貍）則必不知狐。又不知貍。（見繆稱訓）今讓之於蟹也亦然。其智未若印度人之於加華亞也。Gavaya者。一種類似母牛之動物。人初知有是名。而未嘗見物。一日有樵夫告以形貌如何如何。後於森林見一獸如母牛。又確非母牛。因不䘏以加華亞之名錫之矣。在印度哲學此號比喻量。比喻量雖非即邏輯之類推。然用此喻量而未常要同於用類推法之末。當正不同科。而負乃一德。蔡司徒以未得樵夫之見語。或曾見語而未甚留意。遂貿然以蟹之常德，被於彭蜞而致大誤，是爲以貌似爲真似之咎，灼灼甚明。（加希雷例見楊國璋譯印度論理學綱要）若夫佛蘭克林發見空中電光可作電氣之用，余由電德善推而得之。爾時當之爲象，天文家固縱甚精審，電氣器械亦猶略不完。佛蘭克林因疑空中有電時與電機所發火光熱力比勘，認宗。兩。者之同似。詮，諦。究設在天大雷雨之頃，以傳電機達於雲間，將見電內火花與電機所放射者一致。於是以鋼絲繫於紙鳶而驗之，累驗無差，蓋擬常儀之效如此。常偶尚已，而已知未知猶前於是。請拜論之證所貸乎。推大抵由已知，而往未知。能推已知，數也，所推則未知數，自能之。所兩者同，遂於知，以爲。常而世之推，者往往。有能所。俱是求知。或能所終。不。出已知，遂不免於詩近涉獵蠹籍，有二事案連。足證是例。一見蕪蟲叢蟻集。

二見美人屈腰登心解原行。

一、湖有鳥如鶴，而色不潔。喙修尺餘。喙下肉囊，大可容二斗，喙張則囊鼓翼開兩旁，熒熒顧人。俗呼曰突犂，突犂者鵜之緩聲也。……余寓城中，相傳市有鳳凰，同人相約往觀。則蔽以衣幕，標以綠纈。一人鳴鐃，侈大其說。斂錢而後與視。觀者競入如堵，余

從入類之則向之鵠耳

二控制思想。必賴律令。凡律令之適用於不知覺者。將與適用於知覺者。截然異致。容戈（Yung 瑞士心解家）謂無是理。由是不知覺取求知所未知者。一儗於已知之所由知。容戈篤信而不疑。當西班牙人發見美洲大陸。印度人熟視征服者之馬。犇走狂呼。號曰大豬。以彼等習於豬象。從未見馬象接於目也。於是取未知之馬。與已知之豬相比。而此少見多怪。（此與吾諺[illegible]腫背趣同借此四字）之新稱曰大豬者以定夢中之符象。職是之故。

一焦循書豬一容戈說夢前者揚州市人未知鵝亦未知鳳梟與淮南謂狐狸同科智下印度加華亞遼甚前後趨於未知數之一環所推爲得之詩後者印度人只知豬不知豬外尚有他象猶吾民諸只知馬不知馬外尚有他象曰大豬曰馬腫背始終不敢越所知一步董子曰、聖人事（[illegible]）明義以炤耀其所闇。故民不陷。（繁露九）明暗未分無從炤耀民之陷也何疑禁詞後之吐下婆頓亦固其所第三、能所之間。須有公地足資迴旋。能指能推。即前件是。所指所推。即得數是。倘二者之間。心中無豫設之公地 Common ground 相與控制。將見似誼荒蕪。不知落何邊際。而釀成「飛鳥入池。棺槨異處」之誚已。見公孫龍子 儒舉韓詩外傳物理政理之比數例。此習在英倫政學。尤數見之。白芝浩 Bagehot 好以質學詮政。殆最顯名之一人也。白氏著有物理與政理一書 其後稍徠士效之。其發明政力向背之理。以向心離心二力為之鐵板注脚。即遵是道。參看甲寅雜誌存政力向背論 此以太陽系組織為能推。政府機構為所推。兩者之公地在力。以非力則天體於以壞。政綱於以隳也。必也論者以力置於中心。左勘諸星。右察四族。四族者貴族平民工黨及新聞記者也以新聞記者爲第四族其實始於格蘭斯頓 極乎揮目送之妙。然後似誼可得。類推可成矣。

第四、所推他物。多物他性。多性。類推者懸擬一流。固無明理見礙之功。惟取多例以證之。庶乎其可。濟已言之。類推有二。一借材他物。一取象本身。由前之說。他物。多物。由後之說。他性。多性。他物多物者何。如古因明五支論法云、

宗、聲是無常。

因、所作性故。

喻、譬如瓶等。

合、瓶所作性瓶是無常聲所作性聲亦無常。

結、是故得知聲是無常。

此在邏輯比於三段論式三段論式、推論之事與類推不同一目特因明改三段爲五支喻等兩支不期旁涉類推思經所謂喻依者是也古因明推論類推混不同邏輯之區以別焉者視此雖然就因明論因明彼參用類推之法固是諸方周徧彌形實在譬猶瓶等等之云者可見取證所作性之物物絕不止瓶所推他物多物於斯得一通例他性余性者何如孟子答陳臻問兼金一節此餽金之事同惟以他性相符之度如何爲斷試疏列之餽者同爲諸侯一也孟子在傳食中無不可受餽理二也從者多所耗鉅金應同是所需三也餽額相差不遠四也即是爲推陳臻自以謂受則同受辭則同辭何也相似之點已如此其多也殊不知孟子當時大人不能虛受人金其餽金之辭如何應爲衡量容損之第一誼陳臻熟視然觀以數所推，不礙顯受斥責。此相似之點多猶未足，灼灼甚明。鮑生葵 Bosanquet 曰、類推辭、與其計較相似點之多寡，毋寧權衡其輕重。然則饒金而亂曰贗，僅於似誼多增一點乎。抑謂與絕無者乎。此更端之言，須別加推勘。本律所需熟辨者，亦在他性多性一義。類推勢不得然已爾。東郭子問於莊子曰、所謂道惡乎在。莊子曰、無所不在。東郭子曰、期而後可。（指出叙所作）莊子曰、在螻蟻。曰、何其下邪。曰、在稊稗。曰、何其愈下邪。曰、在瓦甓。曰、何其愈甚邪。曰、在屎溺。……每下愈況。（知北遊）況者、類推也。每下一層，道愈得其比。況夫是之謂多性之類推之辭。中須與否，今以推者知識高下及鑒別精否為衡。右列四律，略及梗概。如實言之，此中罔無何項論據之徵令於以體織雜之質而勝任愉快也。古者人智作啟，迷信多端，以及十八九兩稘科學勾萌，宏闡大聲，兩者皆以類推一術為之機緣，足見此術用之善與不善，微效將至倏臨，而莫知所底。可不慎歟。可不慎歟。

第二十八章 詭辯

詭辯者、非邏輯之所宜有事。蓋邏輯之職。將使思惟叶於軌物而止。既云詭矣。則已逸出邏輯所有之範圍也。試設爲令曰、媒詞毋朦昧。此適有同音異義之字以爲之緣。因成玆貌似邏輯之論題。衡究於如何致思之術。爲邏輯所不可缺者。有何關係乎

凡講邏輯。必取詭辯爲要目之一。以史言之。是亦有緣。蓋雅理斯著其經。前所見 其末章「間辯」一 Sophistici Elenchi 拒斥之辯 今譯「有問 詭辯之篇 近人譯之 頗詳及此。後學宗之。自是邏輯之書。相沿而不肯削。以迄於今。至雅理胡以於詭辯再三致意矣乎。此知雅理其人而論其世。不難明之。當是時也。求智之方。一倚語言爲重者。述文字未甚講求。口辯 Discussion 云者。匪惟庠序之中。執爲傳道解惑之具。卽友朋聚議。竭精馳說。亦恃作談玄窮理之資。約略分之。計有三用。

一、科學特證。師以授弟。

二、文友通力。探索真理。

三、論敵交綏。各逞其智。

詭辯派之適成爲詭辯第三種。若而人者。恆誇示於稠人廣衆之中。謂一案之起。兩造皆有說足以自圓。無論何[illegible]。往往敗衂至於無地。推論之爲物也。由彼輩視之。無過要譽或牟利所不可少。以云求誠。相去千里已。昔孔子誅少正卯。五惡之中。有曰、「言僞而辨。順非而澤」辨者。示別。於衆。僞澤者。獨出。於衆。非皆邏輯。之辭也。此非尹諧潘正華士付里乙鄧析史付之徒。不能爲。（荀子云湯誅尹諧文王誅潘正太公誅華士管仲誅付里乙子產誅鄧析史付此六子者異世同心不可不誅也）亦非湯文王太公管仲子產不能誅世無湯文王太公管仲子產。抑有之。而治國之道有異。則惟務詐之邏輯。而還治之。原此以談。雅氏之言邏輯。正理而外。兼及辯術。良非無故。蓋斯術也。遺眞可因以求異說。可因以驗辯士之狂舉。可因以避。雅氏論題集、The Topics 及其闢辯一章諸所討議。殆不越是。

篤而論之。凡以矛攻盾立敵自爲。（謂立與敵兩方一身兼而當之）之辯。吾人殊無意躬自蹈習。則治辯精到。乃爾奚所爲用乎。雖然今魚目混珠之謀。猶自隱於人人之心中。若者政治。若者哲學。若者宗教。論難一生。動有機緣。使此輩狡施厥技。凡辯胡白至。及所演何相。吾人誠蒙昧有素。將見陷阱之來。容一一知所避之。雖曰尊衆之論。咄咄逼人。僅僅倚賴此術。要亦無能爲役。然其足為吾助。令斯役較易著力。似不中不遠也。

諸誖者。非凡誖之謂也。如一切不正之舉。（此本狂舉盡隱中誖）皆需網羅淨盡。將邏輯之力窮。而誖仍有餘。蓋謬誤之種。每多屬於專門科學。吾即視辯術為邏輯之一部。繩愆糾謬之責。亦本科學之所當負。邏輯無取越俎代之。以是前提中本身自具之誤。本編不論。

邏輯者諸學之學也。所涉於學者廣。誖亦隨學而至。凡此之誖。又無與前提之過或誤。而在論法乖異。與本題正量兩不相容。如昔傳阿奇里與龜競步之故事也。蓋阿奇里、Achilles 章玄之濟也。龜乘其睡起步。及阿覺之。龜已在前。辯者遂為之說曰。阿奇里將終身追龜而莫之及也。何以言之。如龜前邁　尺。俟阿追至五尺許。龜則在五尺外。阿復追至。龜仍少進。遞追遞進以至無窮。無窮者度雖極微。即健步如阿奇里。亦莫能盡。故龜終在阿奇里前。此之誤處在釋動。Motion 不。不如其量彼以謂動者。乃若干點相續而成。凡龜與阿奇里、均需通過甲點。始達乙點。於其。龜最後著處。要為阿奇里之所未經。故龜不可追。不知動之為體。融成一片。論整而不論零。所云無窮之點。阿奇里一一躡之。如穀關吏實驗而後勝放者然。全非事實。且論涉時空。外於形式邏輯。而別爲其範疇。不得併爲一談。詐如此類。本編復拒斥之。此外破毀三段式之規律。如媒詞不周、大小前詞不正等。似非本編所應考量。蓋邏輯之詐云者。必似是之非。始當此稱。三段式而失律至如上舉。實已顯然。無庸冒濫。對於稍諳術智之人。即不能作爲邏輯論式而遽欺之。其在昔時。誠不乏此種背法不具之辭。蹐於顯辯。如吾公孫龍之白馬非馬論其尤也。（義見前）而自科學漸明。論規宏起。犯此病者不甚多見。棣麼甘云、「人犯此病。殆於雅理邏輯全未夢見。何者謂之論、何者則否。若輩亦無從辯之。近之哲家、每囂囂然曰、倍根擨新邏輯。雅理之書可廢。此全以僞歷史觀自欺而欺人。凡思想與語言之連誼如何。彼且未暇深審也矣。」旨哉斯言也。

然則何爲邏輯之詐乎。曰、凡三段之形具。前提無可駁斥。得斷如法。而斷終不免於乖繆者。斯本編之所謂詐。易言之。陰毀邏輯之通例大法。而陽若按律唯謹。則詐也。曩所謂僞而辨。非而澤。尹文子稱其言。足以飾邪熒衆者也。一

一　詐者恆有異名同義之字見於各邏輯書中不可不知如詭辯 Sophism 和目 Paralogism 異端 Paradox 皆是也諸詞雖用如祕類要而微稍有別詭辯即造作僞三段式以欺人爲的者和目由術中爲背者恆不自覺康德於違此詞吟密教和之異端則

謂反絕行體而言

雅理分詩爲兩類。一原於語言者。Fallaciae in dictione 一外於語言者。Extra dictionem 前者語詩。後者經院派別字之曰質詩。In re 試舉其目如下。

語詩　一、歧詞。Equivocation 二、變關語。Amphibology 三、合詩。Composition 四、分詩。Division 五、

重音。Accent 六、妄喻。Figure of Speech

質詩　七、偶性。Accident 八、通局混。Confusion of Absolution and qualified statement 九、遁辭。

Ignoratio Elenchi 十、丐詞。Petitio Principii 十一、身詩。Consequent 十二、僞因。False Cause 十三、

多問。Many Quasions

一、歧詞　凡字。同。而。義。異。用。之。致。生。謬。斷。是曰歧詞之詩。以前提論堅無可攻。蓋就語脈分別觀之。意固昭哉可睹也。惟若連而立斷。荒眢又灼然莫掩。棣麽甘所舉例曰。

刑、事當罰。

治賊、刑事也。

故治賊當罰。

刑事歧詞。致來斯詭。蓋犯罪曰刑事。執法亦曰刑事。名一而義實歧。閻若璩曰、古人文字簡。須讀者會其意所指。如君子之不教子。子謂不肖子也。猶左傳叔向曰、肸又無子。子謂賢子也。（四書釋地）子顯然歧詞。與右例刑事等。又歧詞云者。時或指引申語而言。雅理「問辯」所陳。多屬此種。詭由引申語出。哲家因而論難。每呈雲詭波譎之奇。如云、

凡物非實在者。不爲眞因。

所謂恆住因。Final cause 非實在者也。

故所謂恆住因不爲眞因。

因者果之對。凡有果必有因。此一義也。果可驗。因宜亦可驗。此二義也。由可驗之因推及於不可驗之因、此第三義也。第三義則引申者矣。名不可驗者。或曰非實在。名宗主之。或曰最實在。實宗主之。於是大前提之因。無能槪括一切因。小前提之因。又涉名實兩宗之爭。斷案算衷於理。自無足怪。

歧義之辭。即四名之辭也。凡三段止於三名。以中詞有歧義。一名不啻二名之用。故合而爲四名。四名故辭。如孟子與彭更辨志。試作爲三段式如下。

其志將以求食者。應卽食之。

毀瓦畫墁其志將以求食也。

故毀瓦畫墁。應卽食之。

嘗論墨子言志功孟子亦言志功。凡志不喻功。兩家均視志爲不詞。於是以本三段式言之。志將大前提爲有功之志在小前提爲無功而且有過之志字雖一貌。而實則判然二名也。

二、雙關語　雙關語與歧義大體相同。惟所歧不在詞而在語。昔關納士Pyrrhus征意大利。求休咎。神降言曰。

吾語汝耶喀士 Aeacus 之子乎。羅馬汝能征服

羅馬汝能征服云者。可作汝能征服羅馬觀。並可作羅馬能征服汝觀。自柏惕亞斯以來。諸家恆引此爲雙關語之適例。齊物論云「猨猵狙以爲雌」此猨以猵狙爲雌乎。抑猵狙以

獲爲雌乎、辭之兩歧、與羅馬汝能征服正同。又如論語載孟武伯問孝、子曰、父母唯其疾之憂。此謂父母唯子之疾是憂、可謂子唯父母之疾是憂、亦可。漢書、崔駰傳寶憲迎謂駰曰、亭伯（駰之字）吾受詔交公、公何得薄哉。（崔駰傳）此末一語、謂公何得薄我、可謂我何得薄公、亦可。（事實乃是後者）諦其辭恉、要俱未免雙關之誖。曹植與楊德祖書、謂「前書嘲之、反作論盛道僕讚其文」。試思此非語涉雙關、焉能兩誖。一至於是、復次、兩詞相狀、而形出於所有格、此兩詞之連誼、準不易定、惟依語脈差足知之。所有格者大抵一能（有者）一所（被有者）、次比爲常、而有時大異。於是下例可釋。

此雅理之書也。

凡雅理之物舉屬雅理。

故此書屬於雅理。

大前提含所藏書及所著書二意、故誖。

三、合誖　凡一辭以若干字成之、字將以連讀、或析觀、見意羌無一定。如莊子云、「一與言爲「三與一爲三」一與言或二與一、連讀範作一詞。於義始叶、譏易言之、「物與我無滅也」（亦齊物論辭）此將物我析而觀之。名取無成隸焉爲一辭。要自無妨。若而辭者。時或文非離析。其明而乃強連爲一。易地誼隨之。變合詩遂不期而起、請觀左例。

　依英國憲法。貴族與主教不得充下院議員。

　吾朋遊中僕二人爲貴族與主教。

　故吾朋遊中僕二人不得充下院議員。

在法、貴族與主教。得一卽見拒於平民之選。人爲貴族同時。兼爲主教固是無妨。今合爲故詩。

又如下例。

　三角形之角、等於兩直角。

　A、三角形之角也。

　∴ A等於兩直角。

此三角形之角者。在大前提為兼。在小前提為體。以兼例體。故誖。

四分誖　分誖者。合誖之反序也。凡應合而誤分之辭。因不辭。皆屬此誖。如上引齊物論、「一與言為二」一一或言則非二「二與一為三」二一或一則非三合曰與分曰或（此與字示別於上引物與我之與此物與我與亦或稱）與者。或之誖乃立。生公孫龍論名實。問一有一乎。曰有。然一固不得謂之二也。二有左乎。曰有。然左固不得謂之二也。二有右乎。曰有。然右固不得謂之二也。惟「堅白石三」亦然。堅非石。白非石。堅與白合。始石。故曰三。反乎是。莊生所謂堅白之昧也。昧者。誖也。（莊子語在凡論）（堅白皆辯者之昧此皆別論）然此皆意指分誖而戒之也。

分合之誖。名家頗易犯之。蒲奈德烈、Bradley 邏輯之雄也。曾為長論。論「甲或乙抑丙」之不衷於實。謂實物界中。乙則乙。丙則丙。「或——抑」云者。果胡自至。意在闡發辭之眞意。讀者甚辨。篤而言之。蒲氏殆周旋膠漆於分合之誖。苦不得出。或乙抑丙、體也。Disjunctive 分觀始富。今合而求之。Conjunctive，疑正反於一念。且怪天下物之不與之相印。寧非大惑不解。

穆勒亦犯此謬。人競稱引。蓋彼著「功用論」Utilitarianism 謂為人之道。在止於至善。Summum bonum 至善者何。最大多數之最大幸福也。其辭云、

人莫不求己身之福。惟其然也。人所自求之福。莫不以為於己為善。證迹昭昭。毫無可疑。又惟其然也。公福應於人之總體為善矣。

試以三段式出之。

甲乙丙丁……之福。人之總體之福也。

甲乙丙丁……之小己。莫不求己身之福。（卽甲乙丙丁……之福。）

故人人當求總體之福。

此小前提之謂詞。非就人人分別觀之。In sensu diviso 其意不明。而同一詞之見於大前提者。則所涵頗為最合之義。In sensu composito 於是斥去羣中彼此連誼不講。如聚沙然將甲乙丙丁……之福。使疊積而成為總體之福之一巨堡。此去謬悠之談幾何。

於是凡一政策有益於國中某部分人。因推定其必有益於全國。略如穆勒之最大幸、

福例。爲合譯之章明者。反之。凡一政策。譯其大體。兆民賴之。因膠執國中不論何人。必且分受其利。當不失爲分譯之尤。二二譯之、相儷、表裏、也、如此

五、重音　重音者。於句中。擇某字。鄭重讀之。意隨聲顯。全旨畢見之謂也。雅理曰、「論事不著於册。此譯絕少概見。故此譯也。亦惟於文議往復詩品商榷間驗之矣。」即重音之名而思其義。雅氏之言良信。邊沁法家也。知律中一字之高下疾徐。關乎意義之出入甚大。主張朗誦文件。宜擇聲平氣靜之人爲之。自亦不爲無理。如上舉父母惟其疾之憂例。其始作人子解。儻言時而置音在其也。此謂惟人子之疾。是憂父母兄弟之疾。舉非所顧。重音易而在。疾。則人子荒學。失禮行己無恥。諸習俱非。父母之所攖心。但求無疾。一切恣之。此其辭旨出入。所涉非細。言出夫子之口。入於孟武伯之耳。當時一問一答。必無障閡。惟載在論語。傳之。到今。吾人不解。重音何在。而誤讀之。斯譯已。昔德相俾斯麥、與法皇爲會。皇提某事。俾曰「吾個人極以爲然」一事。定俾相後竟抗議。法皇乃以前言質之。俾曰、「當時吾謂個人然之爾。以言德相之資地。則另是一事」此言入法皇之耳。重音在然。德相之後來翻覆。

自矢其重言任個人外交家之狡謀每犯此種。

六、妄喻　凡字若句之結構足使讀者連想及於體貌相類之字若句而無當於義曰妄喻之謬。此中以假喻爲最顯。假喻者漢代連珠之所爲作也（西文曰連珠在假喻則[illegible]比者）兩誼稍彩出入所喻卽失其正因之語國連珠體中謬不勝舉。嚴幾道氏取連珠譯三段亦適坐假喻之謬。

穆勒之「功用論」猶有一節足證斯謬彼曰「凡物可見唯有一證以人實見之也凡物可聞唯有一證以人實聞之也以是推之吾知凡物可欲亦唯一證以人實欲之也」夫物可見人誠見之抑亦能見物可聞人誠聞之抑亦能聞然二者誼止此爾獨至可欲之物人於欲之抑亦能欲之外猶大有事在叢物爲義所應欲 Ought to be desirable 與否此不可不別。攷也墨子好原察百姓耳目之實轉而論政論學謬之難免亦視此。

凡物有其範疇彼此妄移謬乃滋生亦可視同此類雅理會爲詭辯者流指陳斯謬著詭辯者發爲問曰、人必先喪其所固有而後今乃無有塙否答曰、然詭辯者論之式如下方。

凡有十殼而喪其一。此喪其所固有者也（卽十殼）

人喪其所固有之十股。十股固未嘗喪。

人喪其所固有。乃未必喪之也。

此謂之詞者。「喪其所固有」云云。乃就事之本體思之。一無倚傍。迨以施之十股。斯曰「固有」。意在體同。As a collective body 凡體同之物。在該營字 Extent 中。分子相與。各有其誼。分子失其一。爲全誼瓦解。物未廢而際以廢。今日未喪。號曰物際。（結同見嚴譯字物際章非）夫物與際不同。分子失其一。是以物視際也。以物視際。是物濫移於際 Illegitimate Transitive From Substance to Relation 也。物詭移。於際與物之範疇。間相移同。而嚥詩。

余幼時曾聞鄉人問答一事。頗有風趣。

問　某君何如人也。

答　通人也。

問　其通如何。

答　昔天下之才十斗。曹子建得其八。今天下之穀十。某君通其九。

問　何謂也。

答　一致不通。

此由餘一致不通移之於並一致不通而成謊浪亦此類之誖篤而論之謂之歧詞亦可要之誖生於語言範圍綦廣雖以一端限之

七、偶性　凡賓主相交義非界說所包者曰偶性之詞蓋除界說律之主謂兩詞無溢毫髮外餘均未見凡眞於其謂者必眞於其主偶性之誖即由忽茲原則而起雅氏書中見諭多例於是與辯者相問對如下

辯者　彼蒙面之人汝識之未。

答　否、未之識也。

辯者　葛利斯加、汝識之未。

答　識之。

辯者　彼蒙面之人即葛利斯加。是汝自承識葛、而又不自承識葛也。

此其樞要。在人爲葛利斯加一事。人蒙面又一事。葛之爲人如何。常也。而蒙面則偶，識葛。而同時不識蒙面者。異識其常不識其偶。實所宜有。毫無足異。揚朱之弟揚布、出門遇雨。衣緇衣而返。其犬不知。迎而吠之。布怒。朱語之曰。子毋然。儻犬白而往。黑而來。豈能无怪哉。辯者云云。殆智出犬下。已智出犬下。行且以常概偶。或以偶概常。而謬以滋。

以常概偶 From a general rule to a special case 邏輯家習引之例一。

昨日所購之物。今日食之。

昨日購生牛肉至。

故今日食生牛肉。

食以熟食爲常。大前提所假者常也。而斷爲增偶。性曰生。故謬。韓非說林、「溫人之周。周不納客。問之曰、客耶。對曰、主人。問其巷而不知也。吏因囚之。……對曰、臣少也誦詩。曰、普天之下。莫非王土。率土之濱。莫非王臣。今君天子。則我天子之臣也。豈有爲人之臣而又爲之客哉。故曰主人也。君使出之。」此亦以常概偶例。蓋「我天子之臣」一。語在戰國時對周言。

之早失其旨。天率士之誼偶而冒常於辭殺誶。然溫人卒以是而得出。故辯者務此。至以偶概常。拉體諸文曰 A dicto secundum quid ad dictum simpliciter 譯謂「從有限 Under a condition 之說推至無限 simply」如過飲爲毒。因斷凡飲皆毒。獎乞爲惡。因斷有求皆不可。應入公門爲非。因斷被控亦不廉。訴俱此類之誶也。棣壓甘之齊原詩一章最佳。於常偶偶常以外。別加偶偶一目。謂自甲偶件推見乙偶件也 From one special case to another special case 但實例恆與常偶混。甚不易別。如云、

凡刀加人身者罰。

外科醫刀加人身。

故外科醫當罰。

此因以常概偶者也。然論者之大前提之刀加人身。亦謂有惡意 Maliciously 之加爾質乃有。限之說也。由是而之斷可視爲以偶概偶。（亦稱各例名於邪方所）

八、通局混　通局混者。謂移局作通而成誶也。凡謂詞取狹義之語自狀。拉體諸文曰「局

之」Secundum quid 此有二點可論。一、略謂詞自狀之語，不讀全辭，將無意義。二、除自狀語外，非假定原辭爲眞，亦無可爲狀。如云、司馬遷最大之史家也，此略去最大字，殊失其所以爲遷。僅遷原非史家，復何最大之有。辭性若是，通局混之誖每因而起。蓋此類自狀語者，一與謂詞相離，往往謂詞之實在忽焉消滅。例如「此錢贗幣也」，又「醉駝、（半人半獸之神怪物）理想動物也」。此去實存，幣物因非幣；去理想存，動物，動物誌中實無此稱。推之本時地分及他種制限而以爲狀者，罔不類是。如「狗矢浴於鬼疾最有效」，又「惟士足以殺人」，此去於鬼疾三字，而署狗矢浴爲萬應方，不承士師而以殺人之柄付之人人，語欲不誖也得乎。

移局作通，猶有可紀。國策、宋人有學者三年反而名其母。其母曰、子名我者何謂也。其子曰、吾所賢者無過堯舜，堯舜名；吾所大者無過天地，天地名。是以名母也。此子以母與堯舜天地齊觀，務求所賢所大之通，而不悟己身局於其母之生養教誨，非堯舜天地所得並論，故成誖。浡羅于小取篇云、獲之親、人也，獲事其親，非事人也。墨家所警，亦不外通局混淆之、親有其本身之通性爲人，且有其對獲之局性爲親，獲之事之，將以其局而爲親之故乎。抑只不通而爲人一謎平常局存逆辭譏立至故顯家非之。此詩由起於政象者淵衆或謂人之稟性與斯詩爲緣嘗見依己族實驗認爲功用最完之政以謂推之四海皆準如代議陪審二制其尤也今語英人立國不需行此二制彼必不解其爭之也亦且視與性命相同於是統治印度卽强致之且百餘年不馴至今論英印之毋者莫不謂英人傷印實多凡通局混之未明也日本維新之初競倡歐化幾於無擇昔國海通以來之過樂亂制皆陷斯詩更何諱焉。

九、遁辭　凡持論於應諮之點不證而濫取他點以相劫持者舉曰遁辭亦拉體諸文逸果倫楷 Ignoratio Elenchi「不解爲驗」Ignorance of the nature of refutation 之謂蓋爲駁之道無他亦於論敵所持之義揭其正反而已如壬謂詞同相與之一切詞並同而彼主其正我主其負針鋒相對卽爲眞驗不足繇此卽謂逸果逸果者蓋無知也如云「孔子固天縱之將聖又多能也」人輒以孔氏三出妻爲孔子病辯者且亟亟爲孔子講去此非不知兩方皆自墮於逸果倫楷而不自覺已昔吳君高說會稽山名。夏禹巡狩會計於此。故名。王充論衡駁之。謂天下郡國百餘。縣邑出萬。鄉亭聚里皆有號名。賢聖之才莫能說。君高獨說會稽。未可從。此眞所謂逸果倫楷者也。充以針對君高所言。識會計之說當否足已。不應以他郡縣鄉亭號名無說槩之天下萬事。無說獨一事。有說。人不解萬事。獨解一事之例。邏輯。容有外而求之。非所以爲論宗也。嘗見家長責備小兒女聲。謂其不應言此。或不應爲彼。小兒女嗌然曰。張家兒郎周言此。李家妹妹又爲彼。以是爲抗拒長者之資。長者亦竟往往詞塞。逸果倫楷與可欺之方過。非盡不足爲辯此。充之所以智同小兒者歟。

柏克烈之原知。Beckeley Principle of Human Knowledge 鴻著也。欲證物指（即概念）之無是物。立論如下

人有二首。及上體與馬身相連。此吾能想像得之。凡手若眼若鼻。使離夫餘肢。獨立成相。亦無不可。但不論吾所凝想爲何手眼鼻。而要有殊形殊色與俱。至云抽象而範作稱念也。吾極心力之所之。終莫之逮。

此林然逸果倫楷也。其所證與所欲證歧而爲二無能相掩也。所證者何幻相Phantasm之。周感偏性所欲證者何觀念Idea之周感偏性也。Joyce 二七七

陳君獨秀造實庵自傳有一節云、

陳炯明問我外間人謂君組織討父團有其事乎。我答曰、惟我之子有資格組織此種團體我則無以我自幼是一無父之子也。

此眞逸果倫楷之尤也昔東漢第五倫從淮陽王朝京師帝謂之曰、聞卿爲吏篣婦翁、甯有之耶。倫曰、臣三娶妻皆無父此爲吏篣婦翁五字頗涉歧解將所篣爲己之婦翁耶抑惡世之爲婦翁者倫爲吏時案涉婦翁卽痛懲之耶。如屬前者倫對未誤如屬後者倫說與獨秀等。以篣人之婦翁而必己有婦翁始可爲之邏輯不爲設是理也以是得知討父團云云獨秀有子其子未必討獨秀獨秀無父獨秀未必不致討於他人之父獨秀所答全非陳炯明所問無怪其爲逸果倫楷之諍也墨經云、獲之親人也獲事其親非事人也墨家嚴獲之親與人之辨故怡然理順獨秀不嚴己之親與父之辨故諍人在墨辯爲標準人父在討父團。

之。組。織。應。指。摘。準。父。昔阮籍聞人弒母。爲喟然曰、殺父猶可。何殺母乎。此語爲當時清流所許其罵。儻若籍。求。自解。輒。譯。辯。曰我固。無父。焉爲。此言。聞者。將以。爲。合理。否。耶。此門有、針、對、人、身、一、種。不可、不、論。蓋持論時往往避去論點不講。唯說某人品性如何行爲如何。圖取得有利於己之斷語也。如辯因對簿。檢察官論告。謂犯者素性橫惡。應得死罪。辯護者則以平日品行端正爲言。謂諭知無罪。兩造均拋卻犯罪事實不論。即此辭也。呂氏春秋去宥篇載事如下。

東方之墨者謝子。將西見秦惠王。惠王問秦之墨者唐姑果。唐姑果恐之。對曰、謝子、東方之辯士也。其爲人甚險。將奮於說以取少主也。（少主即指惠王）王乃不聽謝子。凡聽言以求善也。所言苟善。雖奮於取少主。何損。所言不善。雖不奮於取少主。何益。不以善爲之愨。（謹也）（悖字下文相對）而徒以取少主爲之悖、惠王失所以爲聽矣。

此惡遁也。原文釋辭已詳。無以復加。呂覽又云、

荊威王學書於沈尹華。昭釐惡之。使人謂王、國人皆曰、王乃沈尹華之弟子也。王不說。

因疏尹華

此乃窺見威王之心理。因爲言以中傷之。古來多少俊偉奇傑之士死於此詭之下。韓非遊說世主力言形名參同之理誠非無故而非亦以此死矣。

同篇又云、

有枯梧樹。鄰之父言其不善。人遽伐之。鄰父因請以爲薪。其人不悅。曰、鄰者若此其險也。豈可爲之鄰哉。此有所宥也。夫請以爲薪與弗請此不可以疑枯梧樹之善與不善。也。

解釋同前二例。其曰有所宥。猶邏輯言詭也。以世情言。鄰父請薪於忠告之後。不能謂無嫌疑。特邏輯所貴備者終在伐梧樹。人本篇有云「人必別宥。（別宥即不宥別爲不受之偏蔽）然後智」伐梧樹人亦徒自陷於不智矣。

逸果倫楷就論點言之。於是有、、、、、、乎變更論點 Shifting the point at issue 者。米荀之辯鬬最爲著例。此辯始末見荀子正論篇。請舉其辭如下。

子宋子曰、明見侮之不辱。使人不鬭。人皆以見侮為辱。故鬭也。知見侮之為不辱。則不鬭矣。應之曰、然則亦以人之情為不惡侮乎。曰、惡而不辱也。曰、若是則必不得所求焉。凡人之鬭也。必以其惡之為說，（謂其說在惡）非以其辱之為故也。（謂非其在辱）今倡優侏儒狎徒詈侮而不鬭者。是豈鉅（[illegible]）知見侮之為不辱哉。然而不鬭者，不惡故也。今人或入其央瀆。竊其豬彘。則援劍戟而逐之。不避死傷。是豈以喪豬為辱也哉。然而不憚鬭者。惡之故也。雖以見侮為辱也。不惡則不鬭。雖知見侮為不辱。惡之則必鬭。然則鬭與不鬭邪。亡於辱之與不辱也。（亡猶言不在）乃在於惡之與不惡也。夫今子宋子不能解人之惡侮而務說人以勿辱也。豈不過甚矣哉。

此宋子之論點在辱。荀子之論點在惡。宋子不在惡之論點辨其是非。荀子不在辱之論點講其然否。而各出其所根據以相持。是之謂變更或又曰避去論旨之謬。Evasion of the issue

邏輯家或分變避為二目。各舉例以實。實則二者其別甚微。不分無傷。

與逸果倫楷相近者。猶有數義。附舉於次。

一、駭愚 Argumentum ad ignorantiam　辯者以謂敵方無能解此，遂竊張之，已明知其無當，軒昂自若，所謂相蒙之說是也。

墨子耕柱篇載、子墨子曰、君子不鬭。子夏之徒曰、狗豨猶有鬭。惡有士而無鬭矣。此眞駭愚之辭也。故子墨子繼之曰、傷矣哉。言則稱於湯文。行則譬於狗豨。傷矣哉、傷其出言無擇。舞弄愚民也。以愚民聞此，容卽自憤爲狗豨之爲，立擇臂頓足，從事於鬭爭也。夫犬見生人及他獸而怒且吠。生理所固然也。嘗聞醫生以腎鹹（腎上腺液成分、興奮之劑）、少量擇一無惡性之犬，而注之脈管，犬立張其目，豎其耳，狺狺其聲，視初近之人或物而以爲敵，大吠特吠焉。（見拙著心理學行）凡論者駭愚之辭，殆與腎鹹無異，以是駭愚與狗衆有連，請觀下例。

二、狗衆 Argumentum ad Populum　此謂辯者不訴於理而訴於情，乖風扇發，衆志以成，因緣爲說，期於不辱，所謂違心之論是也。

孟子之攻楊墨曰、楊氏爲我，是無君也，墨氏兼愛，是無父也。無父無君，是禽獸也。夫爲我何以卽爲無君。兼愛何以卽爲無父。並不詳爲埋解。輕輕帶過。向下一落。辭等于鈎之重。而曰是禽獸也。是禽獸也。此全然在聞者感情上下功夫。聖人亦不免。其曰、能言拒楊墨者。聖人之徒也。開口卽鉗制聞者。令不得走他條路去。而身分又絕高。人亦樂於從之。狗衆之諄。茲爲絕詭。近年漢口演說。登壇大呼革命的左邊來。不革命的滾出去。正反其道而行之。令聞者無一人敢滾。

蠡引蘇子瞻志林。攻荀子性惡說一段。以醉夢顚倒四字爲其罪案。旁及靑出於藍四句。謂皆是夢中語。雖兒童必笑之。實則荀子仍當作夢中語。兒童何嘗必笑。惟若聞者、同、情、於、攻、性、惡、說、一、大、題、目。加以子、瞻、詞、辯。將見、不、笑、者、亦、爲、哆、口。非、夢、中、語、亦、變、作、狂、囈、矣。

三、數典 Argumentum ad verecundiam　此論者引世所共尊之人。劉以爲重。己說旣窮。深冀得此以張其軍。己說不窮。得此而張且甚也。吾國自孟子言必稱堯舜。荀子言不合先王。雖辨君子不聽。[illegible]相 以逮孔穎達謂聖賢之訓。與日月同懸。號稱讀書明理之人。一致無敢畔越。獨王充撰實知知實兩文。歷舉聖人不能前知若干事。開篇提明儒者論聖人、以爲前知千歲後知萬世有獨見之明。獨聽之聰。事來則名。不學則知。不問自曉等語。兩篇指陳此見之謬。無微不至。兩漢間事。宗效驗。敢於非聖者。惟充一人。太炎先生至爲嘆異。可見數典之詩。根蒂深固。不易爬梳。

荀子持論。好以詩云結之。其未能免於韓詩外傳牽强傅會之病者。俱可納此詩中。

明末利瑪竇與其徒湯若望、以萬曆間入中國。始創地圓之說。時欽天監正楊光先駁之。謂其違方圓動靜之義。若浮於虛空。則人物不成安立。若有安著則下土爲地覆壓矣云云。所謂、方、圓、動、靜、之義。即吾國古訓也。孫季逑星衍在二百年後爲論張之。見所撰楊光先傳中。略如下。

西法誤會大戴禮四角不揜之言而創地圓之說。誤會諸子九天及楚詞圜則九重之言。而創宗動天之說。誤會歲差之言而疑恆星有古今之差變。誤會日月徑千里、月來食日之言。而云日體大於地。地影蔽日。故日食。……皆非先王之法言。聖人所不論。最可怪者。時至滿清嘉道年間。西法續續傳入不少。孫季逑許周生宗彥之流。始皆有意與新之人。乃至以西法落落大事。皆是誤會此土先民之言而起。明知彼國有實測實驗情形。一概抹煞不論。究何故邪。曰此無他。王仲任所謂聖人前知千歲後知萬世之語。先入以爲之主。餘如數百年前吾國與歐陸如何交通。彼邦人士何緣宗仰吾說而有差誤。一切不暇究論而已。數典之誶毒害。至於此。惟陳啓源稽古篇謂目驗之事。難以釋古經。前清經生。固亦微有不遠思復者。

惟數典與尊能 Argumentum ad auctoritatem 不同。尊能者謂能事之上人。世莫與爭。若者藝術。若者科學。若者政治宗教。權威所在。一言重如九鼎。事有必至。何誶之云。惟此中辨晰爲不甚易爾。

孟子云。規矩方圓之至也。聖人人倫之至也。尊聖自不失爲尊能之一。此於右列古訓誶義之外。所不能不甚深留意者。闡明所謂聖教。最亦知識之大原。惟彼謂之聖。我謂之。能。斯。無。害。於。邏。輯。之。分。爾。

雖然。猶有辨。邏輯。者。明。序。之。學。也。所謂。能。若。應於。物。序。中。審。其。爲。能。斯授。受。兩。無。所。悖。若言下無序可歸。遽張口認定。以謂如何如何。自同天意。不容猜度。令尊之者絕無迴旋餘地。乃越夫邏輯範圍。當在。心。理。學。求。其。究。竟。矣。列子載有一事。可資左證。

田叟商丘開、聞范子華之名勢。能存亡貧富人。假糧從之。乃子華之門徒欺開年老。給使入河取珠。開從而泳之。果得珠焉。俄而范氏之藏火。又給開入火取錦。開入火往還。身不焦。後知范氏之誕。因曰、吾聞范氏之勢。吾誠之無二心。及來。以子黨之言皆實也。唯恐誠之之不至。行之之不及。不知形體之所措。利害之所存也。心一而已。物無遷者。今乃知子黨之誕我。追昔日之不焦溺也。怛然而熱。惕然震悸矣。水火豈可復近哉。

此范氏之能存亡富貴人。而商丘開尊之。因得水火不焦溺之效。但此。效。非。邏。輯。所。需。邏輯。亦。不。示。人。以。范。子。華。之。能。列子之所云云。乃范氏利用愚人心理之執著。以妄爲能而已。以此之故。尊能不慎。與上節狗來一誼有連。

四、廢言　廢言者以人廢言之謂也。Argumentum ad hominem 凡一論起。因指論者平日立言散無友紀。一貫之旨。勢有未能。本論是非狂正。殊不足辨。即此辞也。如梁任公屢云、吾今日之我。與昨日之我挑戰。人與梁辯。頗易陷入本辞。光緒丁酉、議變科舉法。王益吾發論難之。難者曰、乙亥、合肥李相有請廢制藝之疏。子時典試江西。爲鄉試錄序。以爲不可輕議。而今自偝偝之耶。（見虛受堂集）亦中本辞。

十丐辭　其在雅理。「凡始舉以待證者。終仍還而就之。」皆丐辭之類。英文曰 To beg the question 者求也。Question 原於拉體諾文 Quaestio。古邏輯家用如斷案字。猶因明所言宗也。立宗。而竢證。卒乃不越宗之一步。事同自求。故曰丐辭。夫以宗起。以宗止。毫無枝葉。丐形直露者。雖間亦有之。而論者每多用迴環膠漆之字。自掩其無術爲恆。聞者偶不加察。技斯售矣。英人嘗言之。「貴族院已成過去。何以故。以第二院爲歷史之遺蛻故。」此斥其爲丐。其又何說。雅理敘丐辭凡五。一、繳繞不出一辭。如上所引例是。二、先置全稱。斷案於焉而具。三、如所證之辭爲全稱也。先置偏辭之遮蔽是者。四、部分之真。於斷案中定之。至全部之眞否。猶有待。五、假定一辭。其眞理與他辭爲緣。他辭之眞否未證之五目者。足以聳人聽聞。不易擿發。當以第二目爲最。來伯尼茲之原子論中。叢有適例。彼以謂一切物質皆由純一不可分之原子爲之。號曰駁雜。特諸純一質之總積爾。於是吾知有駁雜質矣。吾卽因而知有純一質也。此其所據在假設。凡非純一之質。於實卽爲駁雜。篤而論之。此之假設亦止於假設而已。純駁而外。猶有第三義在。是何也。曰、相續也。相續不由彼此各各離析之部分而成而究不得。謚曰純一之體。

爲右之故。所體三段中丙辭之病。最爲易犯。何以故。彼僅取便於己見之甲或乙以爲設件。而拋置其他之足生異斷者。故此希臘哲學家。說動可以證之。說曰、

凡物之動。或於所在處動之。抑或外於所在處動之。

謂物能外於所在處而動者誖。又如其動也。決無仍滯於所在處之理。

故動爲不可能。

大前提乃丐辭也。墨經云、「或、（同域）過名也。」過者、甲瞬間起於第一所在處、乙瞬間而集於第二所在處、斯之謂動。希臘哲家殆明知此理、而故避之爾。

有所謂丸辭 Circulus in argumentando（或作 in prabando 體也）or vicious 者、與第五目爲一類。此指兩辭相倚作證、如環無端、狀其旋轉、因字曰丸也。（丸辭假目墨經）阿倫 Grant Allen 者、習以淺說廣佈天演論、曾謂鳥類之羽毛豐縟、以彼雜採嘉果好花爲食、因潛孕審美之習、漸盎然見於體、故反之、論草木實艷色之所由開發、又不外就食之鳥見五采而嬉、諸果遂不卹自效而以媚之。如珠走盤、乃成此辭。或論靈魂亦然、始曰靈魂不滅、何以故、以其不可分故、繼曰靈魂不可分、何以故、以其不滅故。入其環中、終不得出、眞丸辭之尤。

墨經有言盡誖例、因明有一切言皆是妄例、均丐辭之一也。經云、言盡誖、誖、說在其言。此義吾屢論及、不更贅。（參看附錄墨經一太炎先生論）經又云、非誹者誖、說在弗非。吾嘗講其義曰、

如謂一切誹不可。已誹獨爲例外。已一切誹不可。非誹之非獨爲例外。（即下非誹）是誹果非可非也。吾得持最先唯一獨對無隙非誹之特權。以禁制一切誹、是誹果不可非也。以

非此誹。一切誹將無由而禁制也。是不非誹也。夫非與不非。兩言決耳。非誹乎。已誹亦在其內。誹非之說。先不得立。不非誹乎。誹非之理。又自消之。此自語相違之極例也。（見拙著墨辯今注）

自語相違。因明正理門論著之尤切。其取譬吾母是石女。最爲淺顯明白。因彼說較墨經尤爲委曲明銳。請更徵之。

如立一切言皆是妄。此自語相違過也。（墨經曰誹 因明曰違）謂有外道立一切語皆悉不實。此所發語。便有自語相違。何故說一切語是妄者。汝口中語爲實爲妄。若言是實。何因言一切皆是妄語。若自言是妄。卽應一切語皆實。若復救云、（救補救之謂）除我口中所語。餘一切語皆妄者。更有第二人聞汝所說一切語皆是妄。卽復發言汝此言諦實。彼人發語。爲實爲妄。若言是妄。汝語卽虛。若言是實。何故便言除我所說。若復救言除道我語此一人是實。餘一切語皆悉是妄。若爾更有第三人復云此第二人語亦是實。此第三人語爲虛爲實。若言是虛。此第二人並初人語是實。應妄。若第三人語是實。何故言除我及此人。

餘虛，妄，邪。

此中惟「若自言是妄，即應一切語皆實」二語。律之邏輯。未甚可解。以命題對待之理言之。一切語皆不實。E辭也。（辭不皆易可妄故作A辭亦可）AE為正負對待。一眞、他一未必妄。一妄、他一亦未必眞，則是，E，辭，為妄。何緣見A辭。（即一切辭皆眞）即眞乎。此理應由因明救之。不具論。惟自語相違過。即邏輯丙辭之辭。點點相依。絕無乖牾。蓋一切言皆不實。（一切……皆全稱之號即於邏輯之A辭）大前提也。斷案緣是而得。為問此大前提所苞。已證之理乎。抑猶待證者乎。如待證也。是求待證者貌為已證。旋傾斷案。而倚之矣。夫是之謂丙辭。因明所立自語相違過。即逼移此待證理。俾無可逃者也。所用為邏輯。取棣列藉一角之法。惟墨經之言盡誖。及非誹二誖。亦然。明李日華稱白石生辟穀嘿坐。人問之不答。固問之。乃曰、世間無一可言。（紫桃軒雜綴）誖猶此。

今人有詆邏輯為無用者。惟問曰。君依以詆邏輯無用之邏輯。果有用否。則解矣。太炎先生詁釋言盡誖一條。曾立此式。

晉葛洪談天。立一義曰、

需卦乾下坎上。天入水中之象也。天爲金。金水相生之物也。天出入水中。當有何損而

謂爲不可乎。然則天之出入水中無復疑矣。（晉書天文志）

天爲金及金水相生。天出入水中之二據也。二據皆由人立。並無因果自然之誼。而乃依以下斷。並云何謂不可。又云無復可疑。眞丙辭之類然者矣。凡吾國之言天地五行皆此類。

十一、無序　無序Non Sequitur者。謂所言二事。其中並無前後相次之序。而言者妄定以爲有。也。明瞿昆湖於時文有重名。所爲子使漆雕開仕一節文。其講子說處云。即其不輕於仕。則他日之能仕可知。即其不安於未信。則他日之能信可知。趙浚谷（時春孫浦丙戌會元）云。子之悅之只悅其當下一念。豈暇推及他日。他日之信不信。夫子豈能預保而預寫之耶。荀子非十二子。有漆雕氏之儒。畢竟斯之終未能信。流爲幽學。使夫子預保而預寫之。是爲漆雕氏所賣矣。聖人不若是愚也。（見王肯堂鬱岡齋筆麈卷二）　浚谷所言頗合邏輯明辭之義。時曰無序。

錢子瞻題君成詩集序。達賢者有後。是以知蔽賢者之無後也。無其實而竊其名者無後。是以知有其實而辭其名者之有後也。詩與右例全同。是以知三字若出邏輯家之手。必將有。

千鈞之體積力與其文家則雖語是。獨後漢書方術傳論有曰、原其無用亦所以爲用。則其有用或歸於無用矣。此下一或字。即足見邏輯之序。

晉文公出亡。箕鄭挈壺餐而從。與公失道。寢餓而不敢失。及文公反國。攻原拔之。公曰、夫輕忍飢餒之患而必全壺餐。是將不以原叛。乃舉以爲原令。大夫渾軒聞而非之曰、以不動壺餐之故。卜其不以原叛也。不亦無術乎。（韓非子外儲說左）　茲所謂術。若易言邏輯之術。亦不中不遠。夫晉文在外十九年矣。所經時期。不爲不久。自古辟榮卑歲變節暮年者往往而有。何以故以孔子所云戒之在得。晚節之不同於壯歲。此爲最大。故區區壺餐之忍。又焉足恃。何況持小忠小信。爲欲取先與之計者。又當別論哉。以知忍餐守原二事。緊接其中。未見邏輯之序。宜渾軒以無術非之云、

十二、身諱　身者、即所令文之下節也。上節曰令在法、全令毀身爲正。反而毀令全身。狂舉之由、此前已及之。無取贅述。

原同之理曰、「兩物與第三物同。則彼此相同。」雅理曰、身諱者。即緣誤用此理。而生。如云、

懶人嗜食。猶言人如懶則嗜食意同所含文也

此人嗜食。

∴此人懶也。

兩身譬之兩物。第三物爲介曰懶。兩物相同。因斷其與第三物亦必同。此辭之由來也。不知懶與嗜食之間。有獨特相從之誼。眞於甲固不必眞於乙。甲嗜食。誼與懶連。次爲主謂。於辭爲有序。乙嗜食。誼不與懶連。强以次之。於辭爲無序。故身詩、邏輯家或取此文名之。在雅氏書中。身詩視作偶性詩之一項目。誠非無故。惟偶性詩恆止於一主詞。身詩則起於兩主詞間爾。耶方斯曰、「無序之謬。較身詩爲軒豁。凡持論辭理支離。原委不屬。紛其詞而莫辨其源頭之力安在。得斷如是。人且訝其適從何來者。皆無序之類也。」無序義例已見前文具論 棣厥甘又作例曰、

主教制 Episcopacy 者。乃依經典爲之。

英倫國教。爲英倫主教制之唯一機關。

英倫國教。所宜竭誠擁護之。

十三、僞因　僞因者例（僞如李代桃僵字）甲因。爲。乙因。代。尸。其。謬。也。此法昔行於雅典。詭辯家以謂折人莫利於是。蓋論敵以一說來。吾雖用以起議。而乃別立一辭。與之比並。其僥妄斷。即此別立之辭之所孳乳。與論敵之前說。雖不相關。聞者不察。輒爲閎執。拉體諸文所云「非因以爲因。」Non causa pro causa 即指。此。也。如人云、殺人者死。法之正也。詭辯家得本以詰辱人式曰、

殺人者死。法之正也。

法得其正云者。以效率足以止姦也。

是故竊鉤者死。亦法之正也。

此原辭（即殺人者死法之正也）與今斷無連。皎然以明。以今斷緣於止姦之效。而止姦之效。並不爲殺人者。死。一律之鐵板註脚。以理推之。法家規立死刑。主旨在刑罪相當。爾不與止姦同幅也。吾國韓非揭櫫「必罰」之號曰「非誅俱行。」（謂有所非即立誅之）乃至傅會殷法。刑棄灰於道。亦僞因之。

辟有以致之。

偃因拉體諸文一作 Post hoc ergo propter hoc 以前後爲因果之謂也。（直譯曰在此之後卽此之果 After this therefore in consequence of this）古時天文家言俱屬此種。漢志曰「天文者序二十八宿步五星日月以紀吉凶之象。聖王所以參政也。易曰、觀乎天文以察時變。然星事㓙悍。非湛密者能弗由也」一任其㓙悍其實僅因一字足以了之。蓋漢世喜言休咎。每以五行分律五事。五事者貌言視聽思是也。貌以恭爲德。恭以作肅爲驗。如其肅也。厥象爲時雨若。應劭所謂居上而敬。則雨順之。是是曰休徵。如其不肅。厥象爲恆雨若。時化爲恆。遂乃成災。是曰咎徵。言視聽思類推。是惟人君無動則已。動輒有天象副之。恍若天之爲職。自爲人君司起居表。寒暑外。別無所事。其妄擬無因之因。一至於此。他如父母葬後其子成年而通籍。因謂風水之佳兆。服某醫之藥病者適於斯頃化去。因爲庸醫殺人。皆以前後爲因果者也。韓非說林載、有獻不死之藥於荆王者。中射之士奪而食之。王大怒。使人殺中射之士。士曰。客獻不死之藥。而王殺臣。是死藥也。王乃不殺。夫士果被殺。亦其奪食之罪有以致之。初不必問所奪爲何物也。妄以前後爲因果。致辯於王。卒得免死。士亦狡巳。

王紹吾科舉論。謂「制藝自明至今。名其家者可僂指。而陳言相因無窮期也。……上之人觀通才輩出。不以爲早達歷練而成。而歸其效於科目。」（盧受棠文集）左季高亦言、非科舉能得人才。實人才舍科舉末由。世誤以前後爲因果。此迺極例。

以前後爲因果。尤莫妙於張江陵之論葬地。其言曰、

夫相地之法。如射覆然。未有的然知其中之所存者也。有地於此。使三人相之。一曰吉、一曰凶。一曰先凶而後吉。或先吉而後凶。而貴賤榮枯貧富壽夭者。生人之所必有也。他日出於吉。則言吉者驗。出於凶。則言凶者驗矣。出於先吉而後凶、或先凶而後吉。則言先後者驗矣。而世皆傳其驗者。不傳其不驗者。故謬悠荒唐之說。不聞於人。而臆度幸中之談。獨存於世。

江陵臆度幸中云云。稍嫌自相矛盾。蓋本來非因。無所謂中。聽其自然。究何嘗度。然江陵論事。如此明澈。亦奇偉矣哉。

頗聞博徒導卜於神。吉則博。不吉則否。於是博者皆卜而吉者也。但一人博進。郎一人博負。無全勝俱進理。試問神將以何道出之使其所示咸驗、特驗者大噪、不驗者寢聲、而神靈卒著。求者無已爾。其理與江陵所論無異。凡世人所謂禁忌、皆屬此種。唐代宗時政事堂會食、有巨牀相傳徙者宰相輒罷。不敢遷。李吉甫爲相、笑曰、世俗禁忌何足疑邪、徹而新之、亦無禍。此其初必有宰相適當徙牀而罷職。堂中遂懸以爲禁。所謂以前後爲因果。此類甚多。又所謂兆、斬斬非因、而可與因連類並觀。何以故。以其視前爲兆。視後爲應。與配置因果略同。故如唐書云、唐末京都婦人梳髮以兩鬢抱面、狀如椎髻、時謂之拋家髻、（劍案今京劇小旦面裝猶如此）又世俗尚以琉璃爲釵釧。近服妖也。拋家流離皆播遷之兆云。（五行志）此兆、先見而播遷、隨之。其以前、後、爲、兆、應、甚、顯。

由右觀之。以前後爲因果。乃最與文化有連之僞因也。又如荀子云。

雩而雨。何也。曰、無佗也。猶不雩而雨也。日月食而救之。天旱而雩。卜筮然後決大事。非以爲得求也。以文之也。故君子以爲文。而百姓以爲神。以爲文則吉。以爲神則凶也。

雲非雨之真因。荀卿見之極瑩。惟以民智未進。不得不有所文飾。卒以無因之事。張皇號召。以爲因在社會。遂淪於不學之淵。以迄於今。中西文化進退消長之機在此。

前後於序爲相承。Succession 猶之左右於位爲並者。Coexistence 一有。僅因他一。亦有之。如齊桓公入山問父老此爲何谷、答曰、臣舊畜牛生犢。以子買駒。少年謂牛不生駒。遂持而去。傍鄰謂臣愚。遂名愚公谷。說苑見 此駒與牛同時存在一處。得其並著之位。少年因謂牛爲駒所生。之因駒爲牛生子之果。而愚公喪其所有矣。邏輯要不能不認作僅因並著之誖。於人有疾時尤爲習見。曩已言之。病者延醫受診。而家人爲信禨祥。別爲跳神之祭禳。亦適於是時就痊。其家稱頌巫師功德。以謂眞因在是。又如久病之餘。病者自力回復。行即痊可。而時醫忽至。乍一投劑。病乃霍然。神醫之名。藉甚。前者醫與巫師並著。後者自力回復與時醫並著。因在甲。而歸功於並著之乙。致於斯誖。

偶閱閱微草堂筆記得一義。於此有關。

俗傳謂蚍蜉處爲吉壤。余謂鵲以虫蟻爲食。或見小蚍啄取。蚍蜿蜒拒爭。有似乎鬭。此亦物態之常。諒必當日曾有地師、爲人卜葬、指鵲蚍鬭處是穴。後人見其有驗、遂傳聞失實耳。

此點穴與蚍鬭爲迷著。後因有驗人遂以因果之誼張之。紀君記述朗朗。至點穴並無是理。自始亦無所謂驗。此須更審說明。不贅於此。

王荊公詩云、我行天即雨、我止雨還住。雨豈爲我行。邂逅與相遇。可悟並著非因果之理。

吾人說事。恆曰左驗。亦曰驗左。或逕曰左。（晉書劉淆傳注引爲周書）其義本於老子。道德經曰、是以聖人執左契而不責於人。左驗者、謂對左契而驗也。立左契時。必有右契與之符合。意想P之右契。或係後起之事　抑或當時存在。後始發見。兩兩相對。因曰左驗。漢書楊惲傳、考問左驗明白注、左證左也。言當時在其左右見此事者也。疑非左驗本義。由斯言之。左驗云者。以相承之形而昭並著之實。自亦不得爲因果。

十四、多問　昔希臘辯家。好取若干事連發爲問。而各求正負朗朗之答。往往前答所得。於理。無近後問謬之頓成相悟。斯曰多問之誖。蓋問辭形若單子，而涵質錯雜，於斯而求一答，先正而後負，或先負而後正，俱足令答者處於絕不利之地。如問云、「汝非治無益之邏輯學極勤乎？」此其所含自為二誼：一、「汝治邏輯學極勤乎？」二、「邏輯學非無益乎？」此二問也，非一答所能了。率爾對之，將立授辯者以柄。何以言之？如所答正也，他誼之不應得正答者，彼且移以歸之，用相揶揄。如所答負也，他誼之不應得負答者，彼總攬而牒焉，藉示標榜。有一於此，答方俱陷於窘境，而其實則誖也。（第一誼汝治邏輯學極勤乎，當得正答；第二誼邏輯學非無益乎，當得負答。答正以歸於第二誼，答負以歸於第一誼，俱不誤。）（辯者乃利用此）此之論式，至今勢且未歇。中學教員輒執學生而詢之曰、「汝非濫費全晨之功夫於蹀戲乎？」（[illegible]）學生艱於置答，亦何待言。又法官以言刼持，用審罪人，處實恆用此法。如問云「汝已痛改前非否？」此答曰然，是承前犒有非；或答曰否，復承今且作惡。推理當叮嚀猾人「強問者是，慎宜分別為對。」良信。曩讀蕭選，見其設為賓主問答，谷篇答語輒冠以唯唯否否四字，正反並用，殊覺[illegible]解。今知篇中所問，遽以一面之詞作答，大抵不能盡意，唯唯。否否。亦謂是者唯之，非者否之，從而區以別焉。蓋此乃多問在前之絕妙好辭也。話調惟吾文有之。大可驚異。

民國二十七年。國民黨代表大會舉汪兆銘爲副總裁。其事卽由多問之詩成之。蓋其時能爲總裁。咸無異議。惟對汪之副貳則否。於是主席團袒汪。初次付表決。謂贊成本黨設總裁及副總裁者舉手。二次付表決。謂贊成舉某爲總裁及某爲副者請舉手。而同志礙於否。其二非不。其一不。因得容頭過身以去矣。此王尹甘牛所謂夾帶走私之物。分別出占決難通過者也。見本年八月十九日重慶大公報

墨經云、「通意後對。說在不知其誰謂也。」說、「問者曰、子知䮄乎。應之曰、何謂也。彼曰、䮄施。則知之。若不問䮄何謂。徑應以弗知。則過。」䮄施皆符也。猶言甲乙。問以子知甲乎。而人莫應。必是形爲一問。而實涵多問。故必以何謂也先反質之。化多爲單。始行作答。庶乎無過。故墨家通意後對一條。所論邏輯多問之詩。頗饒意趣。

雅理所爲類別諸詩如右。穆勒之見。略異於是。近世邏輯著錄。頗有舍雅取穆之勢。不可不論。

雅理之號爲詩者。以辭之本身言之。固無所謂詩。特佈列爾爾。聞者不禁馳入歧想耳。且雅壁以謂人相與論議。中材多而學問識少。詞何者易惑。蔽何者易陷。依次表出。使恆人知所避就。名家誼所不辭。至語其性、則防詩辯術中事、邏輯之職固不在是也。穆勒爲邏輯作詁。求同於雅。因之語詩之位。編次亦殊。穆勒曰、邏輯者參證之學也。Science of Evidence 如治養生之必理病相然。今號召於人曰證。而不於僞證之足以迷人似是而非之境者。一一標出。令人知警。自於職志有虧。以是之故。邏輯與詩。雖於廣狹之域。蒙而可掩。穆勒所立五詩。甄及遠而包孕宏。良非無故。

五詩之目如下。

一、直觀 Fallacy of Simple Inspection 初學者物來而直載觀之。爲一切證之所必經。凡在蘇。而視若自明 Selfevident 之辭。乃成斯詩。

昔餘四目分屬兩項。一、證至愚之備義。而邏輯之敘有缺。二、斷證運思苦於迷亂。第一項二三四目隸爲第二項。惟話迷亂一目。

二短察 Fallacy of Observation 短察者，義如其名。凡理基於實，而實察之未足，致生罣漏者是。

三妄通 Fallacy of Generalisation 通者，別相而從其通觀之也。通而涉虛，斯妄。此一曰不正之內籀，曰僞安奈羅支。

四僻比 Fallacy of Ratiocination 比者，比例之謂。凡破毀逕推紆推諸律而得誖者視此。推理所與偶性通局混等誖，亦歸之。此外籀之誖也。

五迷惑 Fallacy of Confusion 此謂證迹夥頤，不能如量各致其思，因生迷亂。雅氏所名誖辭，除右提二事外，盡屬之。

辭還就五目稍詳論焉。直觀者，非證證之誤，而證不待證，卽視同自明之理之誤。穆勒所示實例，大抵不學及迷信宗教者流之俚詞執見。羅馬教中凡援議恐其召殃之字若語悉避之是也。太平天國時文書，有涉年號辛亥改作辛開，癸丑改作癸好，又靈魂字魂易害人。此謂亥音同害，丑音同醜，魂則从鬼，行軍不利，法當嚴諱，卽直觀之辭也。厥惟此也，哲理之不憾於穆勒之說者。彼亦多於是目縷舉之。如「同因必生同效」一義卽其例。

短察之與邏輯為緣驗宗。Empiricist 實啓之。此宗一衰。邏輯家又持別見。嘗論驗之為病。在官覺與心知之界未甚了了。因是凡學有涉於知彼。卽謂官覺所不當恕而許之。發於此脈者。驗宗邏輯恆設位以待之。

穆勒分短察為二。一曰不察。Non-observation 一曰惡察。Mal-observation 夫不察者。不及察也。穆勒曰、「有先入之見障焉。於是人之見事。偏於一方。爰無從設身於他方。代為想像」此日常病態。人人經之。無俟觀縷。卽如大學云、人莫知其子之惡。莫知其苗之碩。莫知者非。徒莫也。莫察也。察已而能察與所察不同一。量則其實且由不察而進於惡察。惡察者。察不當事。詭殊。惡也。惡之起也。中於混「見與推」而一之。蓋物乍接吾曰見 Perception 卽見而化為斷曰推。Inference 由見之推。為機至迅。不明厥機。而遽為之斷。動得惡察。無可倖。亦偶於廣衆見一人焉。曰、此吾友某君也。諦而視之。又辨為非是。此蓋就兩人相類而不甚重要之點。倏見倏推。瞬間竟為所朦耳。察惡者。卽此類也。燕人、其妻有私通於士。其夫早自外來。士適出。

夫曰、何客也。妻曰、無客。問左右，左右言無有。如出一口。妻曰、公惑見也。因浴之狗矢。（韓非子內儲說）此不察與惡察兼而不與惡又各有所歸。蓋容自內出見之如未見，是為不察。同時人謂為惑見（三四頁），而自承之為是惡察。妻左右言無有已不暗其害之證，是為不察。同時恍兮惚兮。不敢自信其目之碻有所見，是為惡察。不與惡交乘，而狗矢遂被於躬矣。

通者別之。對遇別而求其通，非盡別而識之，或默持不可動搖之因果律以為之符。所通必妄。凡號不正之內，籠指此。

耶穌遇害之前夕，與門徒相聚談道。數十三人。此十三人者，平居散居四方，各事其事。獨一次相將侍坐，受業解惑。越日而師以殉教聞，若冥冥中使之為之。事之不祥，孰大於是。自謂之後，十三成為搭布，凡賓、朋、宴、集，遇十、三、人，則咸、惴、惴、以、為、災、祲、且、至、避、之、唯、恐、不、及。習俗移人，上流不免。聯誼之受梏於妄通也如此。瑞典之火柴商冀人多用火柴，乃遣作一火柴不得三人連用之說，謂歐洲大戰之歲，法兵於戰壕中犯此法，輒敗沒。至今、讌[illegible]、中、傳、啖、談、巳、菰，猶兢、兢、守、此、戒。自亦妄通之弊。

間皆論天下事，以孤證釀成通解，隨在可見，絕不足怪。孫淵如謂儒佛等大理有固然，何以故？佛名釋迦牟尼佛，早以牟於尼山自居，故光緒初年，吾有通儒持使節至德都，見森林甚盛，詑曰、何柏之多也，無怪都名柏林。又名將某君，奮爲高論，謂今日歐人之好飲牛酪，乃老子騎牛過函谷關，遺牛種於西，子孫得利其酪漿以爲生活，故妄通之弊，此俱極例。又如此等例，與非因以爲因相近，邏輯家或將此兩詩連類書之。

此外僞安奈羅支，亦諸妄之挐淵藪，蓋安奈羅支之沈浸於人心也，足攖二物於絕無淵誼之域，兩兩相投而作之衡，其爲力也絕大，而似者似也，見之不瑩，將無往而非獲爲人自成黑（義見前）之境，其爲相也又絕險。近五十年間，天演之說，曾盛極一時，九流百家，此門獨擅聲宗之勢。作者夫誰無比，比則倚達爾文爲率。千九百五年、丁曾爾Sir W. Temple著貨幣論，頗以神鑑見稱，而其料簡泉幣，處處以物競天擇諸律爲之的彀。其結句曰、

英之六辯士也，法之佛郎也，以及其他形量相若之小泉也，亦如其所有主然，舍皈依遺傳自然法外，無他道術，遺傳自然法者，固全時代之嗣子也。

亂於歷史與遺傳法之間。求其連誼。相爲況謂。嘗若曰、

人種者、不斷進化。自期於盡善盡美者也。

鑄泉者、有若人然、以遺傳法爲歸。

故鑄泉者、不斷進化。自期於盡善盡美者也。

此類安奈羅支。其邏輯之價奚若。似五尺之子亦可知之。

爲安奈羅支之又一例。則治精神病理者。謂羅馬教之神僧。其與人言。人之潛情秘思。一覽即得。此境殆與行催眠術相類。換而言之。僧有神力足以攝人。人受神力。隱情自露。與受殄師催眠（催眠）而心境全被制於殄師者。適同。勺理 Henri Joly 著神僧心理一書。則謂此喻失之浮淺。無益於用。「蓋神僧者流。神人之恩（被作用）人者所神。而非能神。故以殄師喻神僧。似亦有見。然沙哥（Charcot）者。法蘭西之大殄也。即彼自身。亦爲所神。而不爲能神。」旨哉斯言。

與此者、有時僞安奈羅支亦屬之。如吳論三段論式時。曾舉王充辨日遠近一例。充蓋以人行屋上。比於日行空中。人行屋上。有東西偏。皆過三丈之時。日行天空。自以日中爲最近。東

西偏皆較遠。如斯比例。全昧於地圓之理。安得不僻。迷思一日。前論已詳。無取更述。

附錄

論翻譯名義（千九百九年爲國風報作）

翻譯名義之事。至難言矣。茲所欲論。在義譯音譯之得失。卽此分之。約有六事。

（一）以義譯名。能得脗合之譯語乎。

（二）以義譯名。其弊安在。

（三）得脗合之譯語矣。可必其適用乎。

（四）如不得脗合之譯語。吾寧擇其近似者存之。抑逕棄義譯法乎。

（五）欲得義譯之良譯語。有不可犯者何病。

（六）以音譯名何如。

（一）以義譯名。謂者錄原名之義。而因以義爲其名也。如譯 Logic（本篇所舉皆譯各名皆本侯官嚴氏）爲名學或論理學之類。夫論理學者。非確譯也。以其字乃根 Science of reasoning 而來。嚴氏斥爲淺陋。（見名學淺說）

韙哉其言也。然名學果卽邏輯其物乎。嚴氏以名名此學。愚敢決其所含義解。足盡雅理士多德之邏輯。而未能語於倍根以後所闡發也。且自有邏輯以來。宗派紛紜。互爲對執。就中名實二宗。顯爲眉目。郝伯思爲名宗祭酒。卽大聲疾呼。謂邏輯者、名學也。此其一偏之見。與吾嚴氏剌取一字概括斯學之事、若合符節。豈不甚奇。倘於此有人焉。爲之言曰、邏輯者、實學也。將見至少與名學中分論域。爾夫誰得而訊之、竊謂事至此。欲於國文中覓取一二字。與原文意義之範圍同其廣狹。直不可能。嚴氏曰、不侫常戒後生。欲治物理稍深之科。爲今之計。莫便於先治西文。於以通之。庶幾名正理從。於所界言。不致棼亂。必俟旣通者衆。還取吾國舊文而釐訂之。經數十年而後或可用也。（見名學淺說）斯言也。微失之誇矣。嚴氏治西文之白眉也。今害此在棓鼸勤權二名之不可用。則還請嚴先生釐訂吾舊文。改造此二名。恐卽以其用力之勤。製思之密。爛熟之理。融貫中西。亦殊未易著手。夫名正理從。談何容易。此四字者。有時求之西文。且不可必。況欲得之理致懸殊如吾舊文乎。

（一一）以義譯名、弊害最顯者。無論選字何等精當。所譯固非原名。而原名之義詰是也。如日人曰。邏輯論理也。論理學三字。明明爲邏輯作詁。是吾人欲得術語。卒乃僅就其所詁者擯擯以去。術語轉唾棄不顧焉已。且擇擯矣。吾人以新術語公之於世。勢必更爲界義。使人共喻其爲何物。則此義者、將因仍前詁而擴充之乎。抑更覓新字以資疏證乎。如從前說。是使術語與定義相複。倫而舉之。不啻曰論理學者、論理學也。名學者、名學也。號爲與人新詁。而人之所得仍周旋膠漆於術語字面之內。義亦何取乎定爲。以邏輯詩例繩之。是謂重贅之語。Tautology or definition in verbo 如從後說。則立陷前番作詁於無意識。且若前詁誠當避亦有未能。雖然。病猶不止此也。譯名之萬難脗合。既如前說。此種譯名。沿用既久。將首生歧義。次生矛盾義。

歧義。望文而生焉者也。蓋此類名詞。易使淺涉者流。就原有字義生吞而活剝之。吾嘗於新聞見此例不少矣。如曰、政府將起用某樞臣。故以徐世昌入軍機爲之前提。此前提云者、顯然不邏輯也。而在作者則沾沾焉以適爲新名詞。故獺祭而用之。歧正如何。奚暇辨別。時文又屢言前提不正。若詢以前爲何位。提乃胡狀。且瞠目而莫能答也。又曰、政黨由一團體而分爲衆團體。是演繹的政社。由衆團體而總爲一團體。是謂歸納的政社。此演繹歸納云云。作者於可解不可解中囫圇用之不求甚解。凡此固作者空疏之咎。而譯名之易於迷亂。亦爲要因。

矛盾義之生。則譯者吾見爲不精確時。亟爲抹正。其象必爲蛇以至於是也。如以論理詁邏輯。或曰非也。則於別樹新幟之先。必曰。邏輯者、非論理學也。即不啻曰。論理學者、非論理學也。此其爲矛盾之形。不難立見。縱不至是。而學術日進無疆者也。定義宜亦因之方駕而進吾人必先強取一時一己不甚自安之義。蘊橫阻於前。則致後人深察名號。不勝障翳。果胡爲者。由是因隨就簡。將學問日新之謂何。翻陳出新。又爲定名所繫。勢不至顯然剌謬前後橫決不止。此胡可長也。如 Philosophy。嚴氏謂日譯哲學爲未妥。以愛智學代之。治此學者。稱之爲愛智家。意謂惟愛智二字足以舉斐洛索非之全。此殆嚴氏之偏見也。蓋 Love of wisdom 邏輯之初義也。學派流衍。經二千年。界之變置。奚止十次。以愚所知。今日邏輯學中仍持初義標榜者絕尠。（參觀[illegible] Davidson's Logic of Definition中[illegible]）縱或持之。要無過衆說紛拏中之一。吾遽執一概全名爲愛智、毋乃不智。

(三)術語有原文爲未當者。如 Political Economy 日人譯政治經濟學。經濟二字之不安似無俟論。即令與原文無背此名仍未可恃。何也。原語未可恃也。或謂此學當名 Economy, or Social Economy。其他且不遑枚數也。原語之本已搖。而吾緦緦縄其合否。此亦不問而爲不智之尤。故譯語有時脗合。亦不必即適於用也。

(四)茲一問也。當從實際分別論之。無前定一成之說。足爲備豫也。今所可言。則認義譯爲不可少時。脗合之譯語既不可得。則惟有取其近似者之一法。反之。義譯極難而又非所必要。則當毅然訴之他法。無取猶夷矣。

(五)義譯不可犯之弊。最顯者約有四端。

(一)關字　文法中有字性曰 Neuter Gender。非陰非陽。嚴氏因益之曰罔兩。巧則巧矣。如無情割截然。未可以爲文晉典要也。(見英文漢詁)

(二)傳會　邏輯 Syllogism 嚴氏謂即陸士衡之連珠體。其言曰、連珠前一排言物理。後一排據此爲推，用故字輯，不俟取以釋此。無疑也。雖然、竊有疑焉。連珠之義。在假喻以達其旨。晉用傅玄。司洛輯沁無假喻之事也。就連珠本旨言之。五十首中大都與 Analogy 相發明。安奈羅支者。略如詩中之比。以他物比此物而得其似也。易詞言之。以他物與第三物之連誼、持比此物與第四物之關繫。頗相類似也。其兩兩類似處。即安奈羅支。如頓網探淵。不能招龍是以巢箕之叟。不盻丘園之幣。是謂龍之於網。猶巢箕之叟之於幣也。其連誼相類也。此安奈羅支也。非司洛輯沁也。嚴氏以爲用故字轉，即合於司洛輯沁之 Therefor. 殊不知故字或是以字。有時乃等於 as——, so 之 so 也。後者即安奈羅支也。然嚴氏之言。非盡不確。如祿放於寵。非隆家之舉。是以三卿世及東國多衰弊之政。以司洛輯沁釋之。固自可通。今立式如下。

大前提　祿放於寵非隆家之舉

小前提　三卿世及祿放於寵也

斷　案　是以三卿世及非隆家之舉＝東國多衰弊之政

此正嚴氏所謂前一排言物理。後一排據此爲推。用故字轉者也。雖然。若而公例，有時置在後一排。而公例之得。又非觀察物狀莫致。如鑽燧吐火。以續湯谷之晷。揮翮生風。而繼飛廉之功。是以物有微而眦著。事有蹟而助洪。此明明審觀鑽燧揮翮種種事故而後微眦著蹟助洪之公例大法。昭然可覩也，此其爲術。本乎內籀。內籀云者。察其曲而知其全也。觀其微而會其通也。（見天演論序）此正察曲知全觀微會通之事。斷斷非外籀也。非司洛輯沁也；夫連珠一詞。詞賦之別裁爾，未見有與於明理見極之爲。如必謂與邏輯有連。則其綱維施設，又不止及於司洛輯沁一部，嚴氏之說。終傅會而未有當。嚴氏又稱日本呼連珠爲三斷。竊以爲不及吾譯。其所譯三詞。僅成一斷。名爲三斷。轉或誤會；不可以東學通用而從之云云。嚴氏所謂三斷。日人譯作三段論法。段斷字形義均不同嚴氏所攻。可謂無的放矢。嚴氏鄙賤東學。或未察東人用字冏與原義不甚悖遠也。

（三）選字不正　此條當分甲乙言之。

（甲）字義　譯名忌用濫惡之字。此不待言。然亦忌用僻字或修飾字。如邏輯中之

Fallacy。嚴氏嫌謬誤等字之濫惡也。名之爲眢詞。其說曰、有眶無睛者謂之眢。井無水者謂之眢。井然耳。徒有形似而無其實者皆眢也。此可謂墮詞障矣。邏輯家之言曰。凡一理想。即應有一字表之。引申假借之字多。乃治此學者之第一大障。今爲邏輯立名。奈何自蹈其弊。

（乙）字面　論理二字。似弊且不論。即字面已不分明。論理者、將論其理。以論爲動詞。抑論之理。以論爲名詞乎。愛智二字亦然。是果以愛爲動詞乎。抑兩字同爲形容詞乎。以吾文構造言。欲與字字表裏瑩澈。或竟不能。然執筆者總須注意此點

（四）製名不簡潔　如邏輯中之Conversion。嚴氏譯作轉換詞頭。未能較日譯換位二字有特長而簡潔。轉遜之。且詞頭爲宋代公文中語。殊欠貼切。

（六）以音譯名。乃如Logic直譯作邏輯。Syllogism作司洛輯沁。Philosophy作斐洛索非之類。吾國字體。與西方逈殊。他國文字無從孳乳。以音譯之。所以補此短也。語其利也。凡義譯之弊。此皆無有。即爲大利。至語其害。自生硬不可讀外。無可言者。且此不過苦人以所不習爾。終不得謂之爲害。况一時所苦習焉既久。將遂安之若素乎。尋佛經名義之不濫。譯音之效。

薩爲其絕大蕃翰，大悲心經陀羅尼神咒全體音譯，亙數百言。人且百誦百不厭，他如涅般般若等字，自然流用。忘爲梵音久矣。故譯事云者，自非譯音萬不可通，而義譯又天然流暢，先音後義，所當爲不二法門。如 Public International Law 以音譯之，爲字十一，臃腫不中繩墨。且本名亦無甚深要蘊。誠無取舍義以就音。至 Logic 吾取音譯而曰邏輯。實大聲宏，顛撲不破。爲仁智之所同見。江漢之所同歸。乃嶄焉無復置疑者矣。然觀嚴氏好立新義以自矜異。而有時亦不得不乞靈於音。如 Hypothesis 譯言設覆。吾未見彼以設覆二字行文而無所於滯也。故希卜梯西尚焉，他如么匿圖騰之類亦然。擴而充之，是在達士。

名墨訾應論（民國十二年見山方授誌）

莊子天下篇云相里之弟子五侯之徒南方之墨者苦獲已齒鄧陵之屬俱誦墨經而倍譎不同相謂別墨以堅白同異之辯相訾以觭偶不仵之辭相應此指墨家有數派俱自稱正宗而謂其餘各派爲別墨故曰相謂別墨猶言異端謂他派非以自謂天下篇語意甚明胡適之謂別墨卽新墨如歐洲言新柏拉圖之類乃彼黨自稱之詞愚案非是魯勝墨辯注序謂惠施公孫龍祖述其學以正別名顯於世別乃刑之誤字刑名卽形名不得引爲別墨之證果爲別墨則正別墨云者別墨之外當猶有正墨在正別義反施龍同時以相反之名顯聞於世語亦不詞適之又謂倍譎不同乃科學之墨家有堅白異同觭偶不仵等問題與宗教之墨家不同愚謂不然堅白觭偶卽所謂不同相訾相應卽其互爲倍譎處初不必推論到宗教上去

自來治墨學者持義不一然有三事焉不能明白具答墨學將永無眉目墨家相訾相應之實云何一也墨經爲何人所作二也惠施公孫龍是否祖述墨學三也第三事從魯勝以來

各家蓋無異詞。其二事、言人人殊。第一事、則迄無人論及。愚意自久成定論之第三事著手。翻案。此而有當。餘二事乃迎刃解矣。

張惠言云、觀墨子之書。經說大小取、盡同異堅白之術。蓋縱橫名法家惠施公孫龍申韓之屬皆出焉。此本乎魯勝祖述之說。未之深攷。孫詒讓謂堅白異同之辯。則與公孫龍書及莊子天下篇所述惠施之言相出入。適之據此。謂墨辯諸篇或係惠施公孫龍所作。此種武斷之案。以訛傳訛。蓋已久矣。茲請先論惠施。證其學不出於墨。

荀子解蔽篇云、墨子蔽於用而不知文、惠子蔽於詞而不知實。墨惠並舉。名迹之大幾於相等。而其所蔽。性又相反。仿若各出所□相齮齕焉。此而謂惠出於墨。苟非惠子生卒年月略後於墨。將與言墨出於惠同為無義。證一。

韓子顯學篇云、自墨子之死也。有相里氏之墨。有相夫氏之墨。有鄧陵氏之墨。前引天下篇、謂相里勤之弟子五侯之徒。南方之墨者苦獲已齒鄧陵子之屬。俱誦墨經。相里鄧陵兩派。二書並載。若苦獲已齒與相夫氏之墨同出一系。則兩家所紀盡同。似墨學源流。當時共見。

初無隱匿焉有墨家鉅子如惠施公孫龍所就遠出相里諸墨之上者轉致漏列之理證二。
漢書藝文志詳載九流所出謂名家者流出於禮官墨家者流則出於清廟之守流別判然
不同惠施公孫龍俱列名家爲大師焉有同時跨入墨家之道或曰、茲所謂墨家指科學之
墨非宗教之墨也漢志記墨家所長不外貴儉兼愛右鬼非命諸義此中應有餘地可容施
龍輩追隨其後學習墨辯一部不知墨子言教言學理原一貫無窮不害兼一條爲墨辯之
根本要義因謂墨經全部爲辯護兼愛二字而作殆非過言歧教與學而二之此不知學並
不知教者之所設也施龍果爲墨者斷不致有舍教言學之事證三。
或又曰、惠子所樹各義爲天下篇所載者一一見於墨經非同一源焉得如斯巧合適之部
主此最力之一人也其說云、惠施公孫龍皆墨者也觀列子仲尼篇所稱公孫龍之說七事
莊子天下篇所稱二十一事及今所傳公孫龍子書中堅白通變名實諸篇無一不嘗見於
墨經皆其證也。（見諸子不出於王官論）愚謂讀書不求甚解之過莫若此茲孟子言堯
舜禹湯墨子言堯舜禹湯其餘各家之書莫不言堯舜禹湯吾不得謂孟莊墨及其餘各家

爲一家也惟堅白異同亦然夫欲知一作者屬何家數非將所立學說之全部融會貫通而又於其與各家相互出入之處悉心比較得有究竟殊不足以定論若僅以所列事項相同一遽等量而齊觀之此末學膚受者之所爲非所望於愼思明辨一流也以吾闇陋所及墨惠、兩家凡所同論之事其義無不相反如墨言景改爲住與惠施言飛鳥之影不動墨言非半不𣃁則不動與惠言一尺之棰取半不竭理均相抗各執一端而諸家謂是義同交相比附毫不詰難其著例也細繹兩家詞意似墨義先立惠義破之惠家來攻墨家復守有如公輸盤九設攻城之機變而墨子九距之者然以如此互爲冰炭之兩宗並作一談謂其是一是二夫亦可謂不思之甚者矣

由右之說惠施不爲墨家正宗蓋無疑義然則以別墨稱之何如以號爲別墨則固無取樹義悉與墨家同也孫詒讓曰據莊子所言似戰國時墨子別傳之學不盡墨子本恉孫氏已見及此識力自是過人雖然以惠子之說考之殆如非在墨家門牆以外其於墨家本恉將不僻離若是之遠攻詰若是之甚也謂爲別墨亦無有是處

然則墨經爲何人所作。若乎適之疑爲施龍手筆。又疑施龍同時人所撰。前者之非。已如上述。後者同時人三字。當不中不遠。以愚推之。墨子自著之辯經。非自始無有。卽久已亡絕。果其有而未亡。經中巍然自立之定義。使其層累成爲一科。不含破性徒與人角智爲者。必較今存六篇爲多且詳。以施龍之出後於墨子。墨子固不得如預言者知某時將有某某求勝於彼而先設若干條駁義。以爲之備也。其後墨者傳經。節節遇有名家者流相與詰難。因釋經以拒之。而後起諸問難中爲能備載。其徒各不得已。因以己所崇信詮解。師說詮解不同。而派別以起。此乃天下篇所謂俱誦墨經而倍譎不同者也。今之六篇。殆墨家弟子所撰述。惟其爲相里勤與五侯之徒乎。抑南方之墨者苦獲已齒鄧陵子之屬乎。俱無可考。要之此與彼輩夙所誦習之經。迥乎不同。而爲其徒之一派。半述半剏。以抗禦名家之辭者。如施龍輩焉。倘愚所信爲千慮一得。無可置疑。梁任公謂經上必爲墨子自著。經下或墨子自著或禽滑釐孟勝諸賢補續。其論據則墨經非施龍時代之產物。而實爲墨子時代產物。由愚看來。正得其反。經中所曰、謂辯無勝。有曰、以言爲盡誖。辯無勝與言爲盡誖。諸說。固施龍時代。

詭辯之精神，墨子當時應未聞也。孫氏所指堅白異同之辯，經與施龍之言相出入者，猶迹象已。

復次、墨家訾應之狀，果何如乎。夫墨子之徒，以說經不同而生倍譎，諸墨詞旨互爲徼繞，可想其各對於名家竭精馳說，諸墨與施龍辯之詞旨，互爲徼繞，更可想。今所存六篇，爲墨家一派之所述作，雖曰凡與名家駁辨及諸墨相爲齟齬之論，應即俱寓於中，而株守本書求之，義無從見。其與名家駁辨之詞，約略可覽，亦名家言有存於他書者。故墨家餘派之作既不可得，則其相訾相應 情，亦難妄言。今所得言，惟名墨兩家相爲訾應諸義而已。

名學他辨 民國十二年見東方雜誌

名學有他辨一門。頗稱精要。為當時辯者所樹壁壘。例證之散見於墨經者甚衆。若能詳輯而講求之。通其義法。列為條例。將不失為發揚古學之一大觀。以愚陋劣。何能為役。今遺斯論。亦稍稍發其端。以待善述之士用力探索而已。

他辨二字。出公孫龍子通變篇。他者、第三位之稱。意謂備第三物以明前兩物相與之誼。即邏輯之 Middle term 也。此語通譯媒詞。愚以與吾名理有關。譯稱他詞。其義墨經特為詳明。小取篇曰、「推也者。以其所不取之同於其所取者。予之也。是猶謂他者同也。吾豈謂他者異也。」所取在人物事。所予在德。所不取即媒詞。媒詞在三段論法。適立於斷案之外。猶所謂婚姻成而媒妁退。(曾見英人說此義云 The conclusion is mediated by a middle term and in the conclusion this term falls out)所謂 "falls out" 即不取之義。孫仲容謂所求者在此。所不求者在彼。取彼就此。以得其同。提出彼字。極見竅要。彼者他也。三段以彼為媒。故愚譯媒詞曰他詞。如云、人皆有死。　孔子人也。　故孔子亦死。

人為他詞所不取也孔子為所取而死為德所予者也以其所不取之同於其所取者予之依例徵之猶言以人之同於孔子者予孔子也是何也死也是猶謂他者同也必於他發見同德而後取予乃可得施也吾豈謂他者異也鄭重以明他同之義之必需恪守也經說界謂曰合彼界廉曰知其他異合彼者他同也他異者他異也命題之是非正僞姑且不論必他同矣是非正僞始立否則將無可言前者謂之謂後者謂之廉公孫龍之他辨在墨經號為爭彼經上云、辯爭彼也彼與他同爭彼也者、爭第三物之當否也以爭彼為辯是之謂他辨（Logic of middle terms）特辨者邏輯之通稱辯者論爭之別義字訓有差立意則一其說曰「辯、或謂之牛【或】謂之非牛是爭彼也」謂一物而有是非兩說即其物而求之無所得也即物而求之不已惟有因物以付物呼我為牛者吾應之以牛呼我為馬者吾應之以馬謂之牛則牛謂之非牛則非牛此非所論於名學也名學必明是非而是非無由自定因舉他物立於第三位以為準則謂如彼者方為牛否則非牛也故曰爭。彼。

於是牛如何界之紛議起矣。經說下云、「以牛有齒、馬有尾、說牛之非馬也。不可。」又曰、「牛之與馬不類。因牛有角。馬無角。是類不同也。」有齒乎。有角乎。皆謀爲牛作界所謂彼也。

如曰、

有齒爲牛。　此獸有齒。　故此獸爲牛。

或曰、

有角爲牛。　此獸有角。　故此獸爲牛。

有齒有角。明明立於第三位爲他詞。形式不殊。而意義有別。孰非孰是。是爭彼也。依經說言、有齒未可也。以牛有齒。馬亦有齒也。有角可也。以牛有角。馬無角也。有齒失其所爭而有角得之也。雖然有角爲牛。對於馬言之則正。天下之獸。不止牛馬。牛有角。他獸如羊鹿亦俱有角。推經說意。有角仍未得其所爭。而當進以求之也。皆爭彼之所有事也。

爭彼之彼。胡君適之謂爲佊字之訛。引論語子西佊哉今作彼爲證。佊與詖通。說文、詖、辯論也。與頗同聲相假借。故後人復寫作駁字。今之爭駁，即爭彼也。竊謂不然。果如所言，以爭駁詁辯則與言辯者辯也。又何以異。貴義篇有曰。皚者白也，黔者黑也，亦巍然為一達詁。然特假為醫者交相告語之辭，過此以往，無多義蘊。以示科學家將焉用之，今辯為爭駁了無新意。豈非與醫者論黑白同價，名家作界等諸律令為後來一切推論之張本。與訓詁家之所為。適乎不同。況辯字為墨經命脈。尤與尋常界說有別。關宗正名焉用此膠漆渾殺之樹義。為哉。

由上所言。彼義可定。依此解墨，奚乃若然。大取篇曰、「語經、語經也。白馬非馬。執駒馬說求之。……三物必具，然後足以生。」語經、孫氏訓為言語之常經。以三物論事，號為常經。可見當時立論之體制。與邏輯三段、因明三支相合。吾家太炎謂墨家亦立三支。然特太炎所謂三支。與愚見有不同耳。（見國故論衡原名篇）三支者。三物也。在論法曰三支。在端詞曰三物。（英文Term一詞，嚴譯作端詞）

今白馬與馬與駒。是為三物。而駒為第三物。執以為說而求之，即所謂彼。或又曰他。

古因明以他物設喻。分兩種。一、喻體。一、喻依。如凡所作者皆是無常。譬如瓶等。上語是體。下語是依。墨辯疑亦有然。三支論法。總舉一物。墨名曰推。五支論法。旁及多物。墨名曰譬。小取篇曰、「辟（辟）也者舉他物而以明之也。」此如喻依。不妨舉推而廣之。或且忘其爲形式論法。說苑載、「梁王謂惠子曰、願先生言事則直言耳。無譬也。惠子曰、今有人於此而不知彈者。曰、彈之狀何若。應曰、彈之狀如彈。則喻乎。王曰、未喻也。於是更應曰、彈之狀如弓。而以竹爲弦。則知乎。王曰、可知矣。惠子曰、夫說者固以其所知喻其所不知。而使人知之。今王曰無譬。則不可矣。」此尋常談話中有之。篤而論之。以他爲喻。固無不可以三段部勒。如曰、

　　狀如弓而以竹爲弦者爲彈。

　　此物狀如弓而以竹爲弦。

　　故此物爲彈。

狀如弓而以竹爲弦者爲他執。以爲彈。其式可立。然常人矢口直陳、隨意剌取。式雖若是。特人由之而不自知。且如因明喻依。名舉無礙。精神涉夫陰違邏輯之藩矣。此推、與譬、之別、也。爭彼之義既明。究之墨家所據之原則。立以爲法者何在。亦不離推求而得也。經上曰、「法

所若而然也。」然字乃墨經要義。小取詁辯、謂摹略萬物之然。然當英語之 Truth。求然卽名學所由立也。夫求然尙矣。顧何以謂然。求用何法。曰、然者有所若之謂也。人曰、甲者丙也。聞者或不明其指。必爲之說曰、甲若乙。乙若丙。故甲者丙也。而後釋然。是甲者丙也之所以然。以有所若也。求然者求若也。其法於甲丙之外。別求一物曰乙。察其各與甲丙之連誼如何。而後甲丙相互之連誼如何。始爲之定。（連誼卽英語 Relation 因日譯關係字義欠明故此言兩物相連而有誼如俗稱友誼親誼者解釋較切）且所若而然正也。其負爲所不若而不然。不言可知。特若與不若。然與不然。視當時所察之情狀爲準。未易概論。所可知者甲丙二物。必於乙一有所若。而後可以立辯。乙者何。甲丙以外之第三物也。彼也。故辯爭彼也。卽見下文。

經下曰、「聞所不知若所知。則兩知之。」若者、卽所若而然之若。經說謂如人在室中。不知其色何若。或指一人而告我曰、其色若彼。則儻彼爲白色也。吾因知室中人爲白色。爲黑色也。吾因知爲黑色。何也。以有所若而然也。若者何。彼固明明詔我曰、若彼也。所知所不知云者。與前言所取所不取互勘。其義益明。小取釋推曰、「以其所不取之同於其所取者予之。」而取與知施於同物。正負之義適反。所不取者、即所知者也。所取者、即所不知者也。知而不取者何。亦如經說「以所明正所不知……若以尺度所不知長」已耳。所若之。彼是也。

法如是矣。施行如何。小取篇又曰、「效也者、爲之法也。所效者、所以爲法也。故中效則是也。不中效則非也。」法者、綱領。而效、則爲之標者。律令所效者。律令所由標者之原理也。法定矣。徒法不能以自行。故更立效。效立而中不中始可衡量而知也。以例證之所若而然法也。依法而不明效、則剽竊所謂遛犬似人。轉白成黑。不難立說。總之言曰、專以類推、以此象彼。謂犬似玃。玃似狙。狙似人。則犬似人矣。謂白似緗。緗似黃。黃似朱。朱似紫。紫似紺。紺似黑。則白成黑矣。（劉鑑析論辯篇）如此立論。童稚可決其妄。而又於所若而然之法不誤。則中效。不中效之辨不可不明也。

凡甲與乙有連。連誼相同。而甲與丙相同與否、未能一定。如曰、甲大於乙。乙大於丙。其連誼爲大小。則甲大於丙可也。如曰、甲爲乙之父。乙爲丙之父。其連誼爲父子。則甲爲丙之父不可也。所連之物，自內以往，尚有若干。其理同可者，在邏輯為遞嬗連誼。Transitive relative 或曰嬗誼。不可者為不嬗連誼。Intransitive relation 或曰不嬗誼。此所謂效也。今犬與獿有連。獿與狙有連。狙與人有連。其連誼為相似。是果屬於遞嬗者乎，抑不嬗乎。常先辯也。緦之言指犬似人。誖在以不嬗為遞嬗，明甚。轉白成黑，類推是之。謂不中效。經上云、「似、有以相攖有不相攖也。」此謂似有兩種。一相攖。一不相攖。經上復云、「攖、相得也。」相攖則相得，不相攖則不相得。相得則遞嬗。不相得則不嬗。由緦之言。以不相攖為相攖，是之謂不中效。

右例乃據當然之理推之。惜墨經訛脫，無章明之令條可按。姑舉其可按者數事。經上云、佴、所作也。爾雅釋言、佴、貳也。此言主謂二詞。Subject 爲主詞 Predicate 爲謂詞 作為命題，以此二詞為推，則須三物。自者對彼而言，作者待推之義。故佴當邏輯之 Preposition。漢書司馬遷傳云、僕又佴之蠶室。如淳云、佴、次也。佴訓次，亦通。兩詞相次，恰為命題。夫既有所作矣。所作之是非正偽，必有可言。經上曰、謂、作嗛也。又曰、廉、作非也。詞廉兩義，即承佴而立。作嗛、嗛通慊。快也。足也。言作法之孫為快足也。作非、如其字面。言作法之非也。而其關鍵，俱在與第三物有無連誼及連誼何若詞之說曰、爲是之合彼也。弗爲也。廉之說曰、己雖爲之。知其他異耳也。一曰彼。一曰他。是與此同。爲是者、謂立此命題也。爲是合彼、謂所作有所合於他詞也。弗爲也者、謂否則不立此命題也。命題既立。由此接效而施判。是非正僞可得而言也。不然。己雖爲之。而主謂俱與第三物異。是爲他異。他異則主謂不連。命題不立。是非正僞且無自而辯也。何以明之。經上又曰、佴、所然也。說曰、「佴然也者、明若法也。彼凡牛樞非牛兩也。無以非也。」一明原作民然即上文所若而然之然。故曰明若法。既有所若。當然有主謂俱連或一連一不連之第三物。立爲中介。彼牛樞者、隨意杜撰之詞。原注疑爲木名。木名乎。非木名乎。姑不具論。但知其冠以牛字。而與牛無涉。且與於牛有連之物亦俱無涉。今曰凡牛樞非牛。命題雖立。羌無意識。兩詞。雖具非義。雖陳其實。無以非之也。此之謂廉。

設有是非正僞矣。驗之之術安在。依墨經觀之、他詞必盡一律。似爲墨家所立之三效。在三段論法。他詞必盡物一次。盡字出邏輯蓋二詞所恃以爲比者。苟無一雜物。容或大前詞所比者。爲他詞之一部份。小前詞所比者。爲他詞之又一部分。如曰、凡英國人皆善英語。某甲某乙亦得英語。於此欲得斷案。謂某甲等爲英國人乃不可能。蓋兩前提謂詞無一謂物。以知英國人不過善英語者之一部分。某甲某乙亦爲善英語者之一部分。此兩部分果相入乎。抑相距乎。邏輯不得而知之也。惟若小前提易爲負式曰某甲某乙不善英語。則斷案曰、某甲某乙非英國人。又不爲謬。以負命題之謂詞。乃先大盡物者也。經說下曰「以牛有齒馬有尾、說牛之非馬也不可。是俱有不偏有偏無有」盡物。云者。即謂其德爲是物之所偏有。或偏無有也。若其德爲一物。以上之所俱有。易詞言之。非偏有偏無有。則害盡偏有偏無有、胡君適之謂偏當作徧。（見中國哲學史大綱卷上二二三頁）竊疑非是。徧者僅就同物而言。惟偏義斯對異物而立。所謂。盡者。僅知同物之徧有性。不得云足。必舉其性於他物之有無如何。始爲完義。如齒爲牛有。謂非偏有。耳非謂非徧有也。謂非徧有則天下固無無齒之牛、不且與事實違反乎。馬尾亦然。齒也尾也。不足以離牛與馬。以不偏有偏無有。故若角爲牛所偏有。馬所偏無有。以是爲別。而曰

牛有角。　馬非有角。　故馬非牛。

於理無迕。何也。以他詞在小前提爲盡物也。

公孫龍之白馬論，亦於盡物未嘗中效。舉執駒一例。墨家亦謂其例足以證三物耳。非謂辯證之即爲正確也。龍之言曰、求馬。黃黑馬皆可致。求白馬。黃黑馬不可致。……故黃黑馬一也。可以應有馬。而不可以應有白馬。是白馬之非馬審也。（公孫龍子白馬篇） 執駒之說亦然。求馬駒可致。求白馬駒不可致。駒可以應有馬。而不可以應有白馬。審矣白馬之非馬也。黃黑馬與駒、皆持以發論之爲三物。所謂他者是也。其價同等。試列爲式。

黃黑馬、馬也。 黃黑爲非白馬。 故白馬非馬。

誤

駒、馬也。 駒非白馬。 故白馬非馬。

以邏輯之律繩之。此辭在大前詞不正。Illicit process of major term 以馬未盡物於大前提。而盡之於斷也。凡物全部如是。一部即如是。反之、一部如是。未必全部皆如是。如大學學生皆勤學。事已證實。則學生中某甲某乙。其勤學可以推知。若徒知甲乙勤學。因斷定全體學生兗不然也。則不可以飭學。一名在前提未嘗盡物，而斷案盡之，是由一部推定全部，乃譎詭也。白馬論亦然。以知當時名家同持他辨，而於格律尚無一致信守之明條，於是墨家盡物之訓，公孫龍違不惜犯之，以騰其口說矣。

公孫龍他辨，又有青白之說，曰：青白【與黃碧】不相與而相與，反對也。不相鄰而相鄰，不害其方也。不害其方者，反而對，各當其所，左右不驪。故一於青不可，一於白不可，惡乎其有黃碧哉？黃碧其正矣，是狂舉也。（公孫龍子通變論）青白黃碧、如甲乙丙丁，乃偶舉之符，毫無意義，（依一句皆白之下黃黃碧三字乃據其文義增之）曰與曰鄰、二詞同意。方者方向，亦疑龍圖為方形，以相解說。不害其方、謂與所圖無牾，而方向之意，亦自藏於其中。故曰左右不驪。驪者雜也，亂也。左右不亂，於方向無誤，即於圖形不背。試擬其圖，當為

（一）

青	白	黃

（二）

白	青	碧

一圖青以白非黃。白爲他詞。居中。二圖白以青非碧。青爲他詞。居中。一圖青黃不相與。藉白以相與。二圖白碧不相鄰。藉青以相鄰。青黃白碧、分立於兩端。反而對。各當其所。曰左曰右。知有中義。此其表著他詞、較然以明。一圖白毗於青。而黃不毗於青。是一。於青不可二。圖青毗於白。而碧不毗於白。是一於白不可。黃不一於青。故青非黃。碧不一於白。故白非碧。黃碧皆居負斷。故曰惡乎其有黃碧也。但在事實若青白也。而白非黃。或白青也。而青非碧。式爲

（甲）白非黃。　青爲白。　故青非黃。

或

（乙）青爲白。　白非黃。　故黃非白。（此須換位）

皆不誖白。　碧仿此。曰無黃碧而爲正。誠哉正也。惟若以事實論。青非白。而白爲黃。或白非青。而青爲碧。式爲

（丙）青非白。　白爲黃。　故青非黃。

（丁）白非青。　白爲黃。　故青非黃。

皆辭。白青碧傚此。誖者何。盡舉。大。前詞。不。正。是。試以例實甲式。牛擬青。有角擬白。馬擬黃。式爲

有角者非馬。　牛有角。　故牛非馬。

此爲正也。更以例實丙式。白馬擬青。黃黑馬擬白。馬擬黃。式爲

白馬非黃黑馬　黃黑馬爲馬　故白馬非馬。

此則誖矣。龍創爲青白之說。以經白馬論。而不知其不足爲證。則泥。於爲。方之。過也。由右所談、他詞必至少盡物一次。墨家之、效一、也。端詞在前提未盡物者。在斷案不可盡物。效、二也。此外他詞必正。亦所立、效、之一。經上云、彼不可。兩不可也。三段共含三詞。一彼餘兩。彼不可者。他詞不正之謂。他詞不正。餘兩詞之連謂亦必不正。故曰。兩。不。可。也。惠施之徒。有雞三足臧三耳諸辯。卽足爲彼不可作證。莊子天下篇、司馬彪釋雞三足。謂雞雖兩足。須神而行。故曰三足。然則臧三耳者、一神兩耳。又從可知。此距邏輯萬里。支離可哂。按雞三足之作法。爲

無雞一足。一雞較無雞多兩足。故一雞三足。

臧三耳亦類是。

無人一耳。臧較無人多兩耳。故臧三耳。

無雞與無人者。他詞也。彼也。無雞一足者。謂未有雞而一足者也。非謂無雞爲一物。而是物一足也。無人一耳者。謂未有人而一耳者也。非謂無人爲一物而是物一耳也。辯者利其詞之歧義。相與問執。遂成詭辯。詭之所在。卽他詞。不正卽彼不可。故辯在爭彼。成墨經之勝義。

嘗論惠施二十一事。不過辯者所列論題。其中是非眞僞。原無一定。古今論者。輒求其所以通。而釋之以爲眞理。否則如吾家太炎以失倫亂俗擯之。（見國故論衡明見篇）未免失之拘墟。苟能廣通墨家之法。嚴以律之。其於應付多方之道。庶乎思過半矣。

綜愚所論、以見他辯一門。在吾名學占有領域。足資探討。非謂吾名學之所爲。止於他辯已也。尤非謂他辯一門。止於以上云云也。亦如曩言。稍稍發其端。以待善述之士而已。

[illegible]

卷五六

墨議

民國十二年發見於上海新聞報

一

邇來誦墨經者日多。談士每好引經中一二事以相高，梁任公胡適之尤有此癖。愚亦不免。任公著墨經校釋。自許甚厚。適之著墨經新詁。未成。僅以其所詁小取一篇及雜論經文者布於世。而自許尤至。東南大學教授張子高。注經數十條。獨闢蹊徑。適之與愚俱見其稿本而歎服焉。惜未刊出。別有漢陽張仲如著墨子間詁箋。論域及於全墨。蓋不拘拘於墨辯者。雖與並論。而吾兄太炎言墨獨先。所論雖不多。精審莫或過之。蓋自張皐文以迄適之言墨，學者。終推吾兄。祭酒非敢阿也。獨怪任公稱吾兄深邃邁先輩。而於其書讀之未審。經曰。以言為盡誖。誖說在其言。吾兄講之曰。謂言皆妄。詰之曰。是言妄不。則解矣。此義既樹。來者為能更下他語。而任公曰。經文之意。謂以某人之言為盡誖者。誖也。亦視其所言何如耳。如作高頭講章。然不得謂非吾兄原名一篇。曾未寓目也。惟任公有時闕疑。不似適之武斷。經以無間無厚詁次。乃釋動之精義。任公曰。次何以必須無間無厚。未得其解。質則案文求義。解並不難。蓋兩點相接曰次，必無間而後眞相接，必無厚而後不交，加一防接之不及一防接之，太過，意甚顯明。任公猶愼於下筆如此，而經曰辯爭彼也，爭彼一義，墨學之骨幹，而亦吾名學全部之骨幹也。愚曾在東方雜誌作名學他辯一首言之，他者彼也，他辯出公孫龍子，與西方邏輯之言媒詞者相類，不解此義，名學殆不能講。適之獨謂彼爲誤字，以廣韻引論語子西佊哉爲例，佊誤作彼，而佊與駁通，爭彼猶言爭駁，試思墨經一發，衍等矜貴以此種語贅，歸之豈非陷全經於無意義。然適之不之顧也。凡前所談，以見墨學雖一時貴盛，時流探索不遺餘力，而新剖不多，義蘊之賓以宣洩者無甚可紀，甚矣絕學之未易治，而先民之沾溉後人爲至遠也。尤可慨者，名墨流別如何，至今無能言之。任公適之均見及墨經與惠施公孫龍一派之學說，關係最當明辯，惜乎辯而未明，繳繞滋甚，其最大誤處，在認施龍輩爲別墨，別墨之名，出於天下篇，適之謂墨者以之自號，示別於教宗之墨家，不知魯勝序墨辯注，有以正別名顯於世一語，別者別墨而正者正墨，既有正墨之稱，別墨乃以敵非他家無疑。任公不認適之別墨即新墨學說，所見已進一步，惜謂施龍之學確從墨經衍出，兩人所見又同其故則遡之云列子仲尼篇所稱公孫龍之說七事莊子天下篇所稱二十一事及今所傳公孫龍子書中堅白通變名實諸篇無一不嘗見於墨經夫施龍祖述墨學其說創自魯勝以前未嘗有聞漢書藝文志載九流所出名墨並稱施龍之名隸名而不隸墨晉兒原名篇亦言惠施公孫龍名家之傑務在求勝荀子解蔽篇云墨子蔽於用而不知文惠子蔽於辭而不知實兩家相君以求勝名迹俱大所蔽之性恰乂得反謂爲師承所在詎非讕言諸家徒應於兩子說事之同所含義理復格於問學未暇深考遂不期而雷同魯說遇有一事互見則坐指爲辭旨相叶比附未遑如惠子言一尺之棰日取其半萬世而不竭墨子言非半勿新則不動說在端凡注墨者率謂此卽惠義而不悟兩義相對一立一破絕未可同年而語也且以辭序徵之似惠爲立而墨爲破何以言之惠子之意重在取而不在所取以謂無論何物苟取量僅止於半則雖尺棰巳耳可以日日取之歷萬世而不竭也墨家非之謂所取之物誠不必竭而取必竭一尺之棰決無萬世取半之理蓋今日吾取其半明日吾取其半之半又明日吾於半之半中取其一半可以計日而窮於取奚言萬世何也尺

者端之積也端乃無序而不可分於尺取半半又取半必有一日全棰所餘兩端而已取其一而遺其餘餘端凝然不動不能斲即不能取也故曰非半勿斲則不動說在端此其所言果一義乎抑二義乎略加疏解是非炳然可知而從來治墨學者未或道及即明銳慎審如孫貽讓曾謂「據莊子所言則似戰國時墨家別傳之學不盡墨子之本恉」於此且一致爲魯勝之說所欺無怪夫墨學之不能大昌明也愚方爲東方雜誌二十年紀念號草名墨訾應考著如上例者若干條以證名墨兩家倍譎不同決非相爲祖述愚說如其有當將爲墨學起一翻案後爲斯學取徑宜不同前愚寄其爲攻墨之一新趨因別舉概要列於茲篇用質當世斠家並候吾兄教

二

愚說既布吾兄太炎果以書見教其詞如下

覽新聞報見弟有墨學議一篇乃知近亦從事此學所論無間無厚一義最爲精審非半勿斲一條與惠氏言取舍不同義亦未經人道端爲無序而不可分此蓋如近人所

謂原子分子佛家所謂極微以數理析之未有不可分者故惠有萬世不竭之義以物質驗之實有不可分者故墨有不動之旨此乃墨氏實驗之學有勝於惠因得如此說爾名家大體儒墨皆有之墨之經荀之正名是也儒墨皆自有宗旨其立論自有所爲而非汎以辯論求勝若名家則徒求勝而已此其根本不同之處弟能將此發揮光大則九流分科之恉自見矣吾於墨書略有解詁而不敢多道者蓋以辭旨淵奧非一人所能盡解若必取難解者而强解之縱人或信我而自心轉不自信也至適之以爭彼爲爭彼徒成辯鬬此未知說諸子之法與說經有異說文數字本訓皆論假令以此詁說經則六籍字誠也自可成篇墨經非爾雅之流專門訓詁者比以此得說乃處處謬誤蓋所失非獨武斷而已暇時或來一談更慰

愚得此書具復如次

手教多所誘掖彌用自勵以發揮九流分科之旨相勉弟學力焉敢望此惟兄意不可拂且弟於各家流別亦略有所見請妄爲吾兄陳之名家者流出於禮官蓋古者名位不同禮亦異數不可不有實於正名之事其後辯者尋恃以爲求勝之術而名家之號

以立。漢書藝文志所列名七家三十六篇。自鄧析以至毛公。皆所謂辯者也。其與禮官相近之言名者。均不與焉。以知名與名家在孟堅之意。乃截然爲二事。兄固言之。名家大體。儒墨皆有之。蓋其先各家俱講正名。七家起而以名爲其壟斷之品。且悍然以名家自大論辭。四溢與人角勝。各家轉諱言名。爲墨家之書不曰名而曰辯。殆以此也。魯勝言墨子著書。作辯經以立名本。經本言名。不號名經。勝言見於所作墨辯序。是墨子書言名之部。號稱墨辯。勝又言「自鄧析至秦時名家者世有篇籍。率頗難知。後學莫復傳習。於今五百餘歲。遂亡絕。墨辯有上下經。經各有說。凡四篇。與其書衆篇連第。故獨存」。由勝之說推之。辯經似有專書。以其難讀。與他名家之書同佚。其附於今墨子之四篇。及大小取。乃門徒節之連第於衆篇之末。以備一格。聊見墨子書之輪廓已耳。觀於經與說。皆特簡略。及大取篇辭以類行。所謂類者凡十有三。如其類在鼓栗。其類在阬下之鼠。種種俱應如韓非儲說。各類皆別有詳證。則本經之亡絕。良信。至儒家書言名者。如荀子正名篇之類。元無專著。亦不立專號。迨孟堅斥名家爲辯者。而自作白虎通於爵號諡祀禮樂耕桑文質政教天地日月衣裳嫁娶詳加考訂止其稱號或自以爲於古禮官爲近應仂之風俗通用意頗同蔡邕之獨斷亦復如是竊意漢人著書書以通名傳者止班應兩家而斷亦爲一種講學之號伯喈以外未見傳書通云斷云皆儒家言名之流裔也當孟堅草藝文志時自著之通籌之甚熟墨號爲辯乂所流聞因黎然以鄧析等七人爲名家雖言名不以闡入爾適之不解此意謂古無無名學之家故名家不成爲一家之言又謂惠施公孫龍皆爲墨者不當與名家同列因詆孟堅立名家爲昏謬此寧不爲古作者所竊笑也哉儒家言名以張其儒術事至顯白無取多論唯墨家務黜求勝之名家以伸其實驗之學而名家天馬行空頑然無所於讓其間相啎相應之情至爲奧衍梳別良非易易弟竊不自揣研求墨學擬卽從此勘入此弟之爲態與時流大不相同者也人謂惠施爲別墨由弟觀之則墨經樹義八九俱爲駁詰施龔而發篇中如言誖非誹辯無勝最不從等說其爲施龔所下義而墨家特指名而闢之尤灼灼甚明言辭一條如兄所講惟非誹亦然經曰非誹者悖說在弗

非蓋以誹爲非反詰之曰此爲誹否則解矣弗非云者謂子以人之誹爲非子當先弗非人之誹也駁辯無勝經曰、謂辯無勝必不當說在辯說曰、辯也者、或謂之是或謂之非當他他畢本作也道藏本妄刪去者勝也蓋惠、子不認一切語言文字之功用謂任舉二詞駢而立之有句主有謂語即成文句持以爲辯無所謂勝負白狗，黑可也犬爲羊可也墨家以爲不然任舉二詞往往二詞不相，連屬羌無意義經曰、彼凡牛樞非牛兩也非以非也牛樞爲一詞牛爲一詞徒兩詞耳其中乃無連誼無以相非直不能爲辯如白狗黑有連誼能爲辯矣而其誼無是非可言其無是非可言乃兩詞之外別有第三詞者應資爲媒非先考兩詞於彼當否兩詞相與之當否不可見也第三詞者墨謂之彼亦謂之他經曰、辯、爭彼也即是義辯而勝則必於他有當故又曰當他景不徒即天下篇飛鳥之影未嘗動也一義述也非斷也經曰、景不徙說在改爲住此條諸家皆謂與惠同旨乃震於字而相似未暇深考之故夫墨主動惠非動有多條可互證如墨之環俱柢與惠之輪不蹍地其著例也今日景不徙者特姑就惠子所言而言之以便詮解其所謂不徙、應云何事改爲住、卽其所下之詮釋也。蓋影徙、事實也。不徙云者、爲量影言之。以影由甲徙乙、欲量全影過程（墨經所之彌際）、勢須以線表之、影不可量、惟線可量、影改爲線、而線住、因從線以察影、故曰影不徙也。柏格森釋動亦云然。如此之類、不可枚舉。一言蔽之、惠子處處以詭辯求勝、而墨家處處從實驗駁之、於此灑然明白、可知墨於言名、爲正、惠施輩則徒鉤鈲析亂、苟焉而已。而孟堅列爲名家、不取其正而取其鮨、信矣。藝文志之所謂名者、範圍止於施龍一派、而非志在統括一切言名者而舉之也。此論有可採否。還望切敎。所作名墨訾應考、當持來面求指點數義。順叩時福。

右二書者、愚以樸之、亦邈吾兄一人未能盡解之、指望當世之治墨學者、同加討議云爾。

三

自愚布墨學二文、適之適在上海、昨來一書、有所論辨。彼云愚所論諸事……都成瑣屑細節。此乃愚雖未敢苟同、當俟適之病愈、偕有暇、重與細論、而所言大體自是讀書人本色。

孟以昔好學深思之士、相與誦之。

前幾天在新聞報看見先生的墨學談。頗牽及我從前關於墨辯的一點意見。病中久不讀古書。行篋中又沒有這一類的書。我本想暫時不加入討論。但先生論墨辯辯爭彼也一條。謂我武斷。而令兄太炎先生則謂我所失非獨武斷而已。鄙說之是否武斷。我不願置辯。我覺得太炎先生信中有一句話。卻使我不能不辯。

太炎先生說我未知說諸子之法與說經有異。我是淺學的人。實在不知說諸子之法。與說經有何異點。我只曉得經與子同爲古書。治之之法。只有一途。卽是用校勘學與訓詁學的方法。以求本子的訂正與古義的考定。此意在高郵王氏父子、及俞曲園孫仲容諸老輩的書中。都很明白。試問讀書雜誌、與經義述聞、羣經平議、與諸子平議。在治學方法上有什麼不同。

先生倘看見太炎先生。千萬代爲一問。究竟說諸子之法。與說經有什麼不同。這一點是治學方法上的根本問題。故不敢輕易放過。尊文所論諸事。較之此點。都成瑣屑細節了。客中不暇一一討論。乞恕之。

愚得此書。即持示吾兄。吾兄口授數義，使爲錄出。正握筆間。而吾兄手答之書至。暢其恉也。

大師講學，其鄭重如此。原書如下。

前因論墨辯事。言治經與諸子不同法。昨弟出示適之來書。謂校勘訓詁。爲說經說諸子通則。並舉王俞兩先生書爲例。按校勘訓詁以治經。治諸子。特最初門徑然也。經多陳事實。諸子多明義理。（此就大略言之。經中周易亦明義理。諸子中管荀亦陳事實。然諸子專言事實不及義理者絕少）治此二部書者。自校勘訓詁。而後。即不得不各有所主。此其術有不得同者。故賈馬不能理諸子。而郭象張湛不能治經。若王俞兩先生。則暫爲初步而已耳。經多陳事實。其文時有重贅。傳記申經。則其類尤衆。說者亦就爲重贅可也。諸子多明義理。有時下義簡貴。或不可增損一字。而墨辯尤精審。則不得更有重贅之語。假令毛鄭說經。云辯爭彼也。則可。墨家爲辯。云辯爭彼也。則不可。今本文實未重贅。而解者乃改爲重贅之語。安乎。不安乎。更申論之。假令去其重贅。但云辯爭也。此文亦祇可見於經訓。而不容見於墨辯。所以者何。以墨辯下義。多爲界說。而未有爲直訓者也。訓詁之術。略有三途。一曰直訓。二曰語根。三曰界說。

如說文云、元始也。此直訓也。與翻譯殆無異。又云、天顛也，此語根也，明天之得語由顛而來。凡說文引書訓者率多此類又云、吏治人者也。此界說也。於吏字之義。外周內涵。期於無增減而後已。說文本字書。故訓詁具此三者。其在傳義者。則多用直訓或用界說。而用語根者鮮矣。曰仁者人也義者宜也齋之爲言齊也祭者察也古傳記亦或以此說經其後漸少其在墨辯者。則專用界說。而直訓與語根皆所不用。今且以幾何原本例之。此亦用界說者也。點線面體。必明其量。而不可徑以直訓施之。假如云、線、縷也。面、冪也。於經說亦非不可。於幾何原本可乎不可乎。以是爲例。雖舉　舉。字以說辯義在墨辯。猶且不可。而況舉彼之重贅者歟。諸子誠不盡如墨辯。然大抵明義理者爲多。諸以同義之字爲直訓。在吾之爲諸子音義則可。謂諸子自有其文則不可。前書剖析未瑩。故今復申明如此。請以質之適之。凡爲學者。期於愜心貴當。吾實有不能已於言者。而非求勝於適之也。

四

適之昨又以一書至。詞條往復。晦義當益顯。愚不勝為天下方聞之士額手讙先舉其詞如那天晚上。得聞先生和太炎先生的言論。十分快慰。次日又得讀太炎先生給先生的信。信中所說。雖已於那天晚上討論過了。但爲新聞報的讀者計。想把那晚對太炎先生說的話寫出來。請先生代爲發表。並請兩先生指教。

太炎先生論治經與治子之別。謂經多陳事實。而諸子多明義理。這不是絕對的區別。太炎先生自註中亦已明之。其實經中明義理者何止。周易一部。而諸子所明義理。亦何一非史家所謂事實。蓋某一學派持何種義理。此正是一種極重的事實。

至於治古書之法。無論治經治子。要皆當以校勘訓詁之法爲初步。校勘已審。然後本子可讀。本子可讀。然後訓詁可明。訓詁明。然後義理可定。但做校勘訓詁的工夫。而不求義理學說之貫通。此太炎先生所以譏王俞諸先生暫爲初步而已。然義理不根據於校勘訓詁。亦正宋明治經之儒所以見譏於清代經師。兩者之失相同。而嚴格言之。則欲求訓詁之愜意。必先有一點義理上的了解。否則一字或訓數義。將何所擇耶。例如小取篇也者同也、也者異也二語。諸家皆不知也者之也當讀他，王闓運雖校爲他，而亦不能言其理也。故凡暫爲初步而已者。其人必皆略具第一步的程度。然後可爲初步而有成。今之談墨學者。大抵皆非薄初步而不爲。以是言之王俞諸先生之暫爲初步。其謹愼眞不可及了。

我本不願回到墨辯辯爭彼也一條。但太炎先生既兩次說我解釋此條之不當。謂爲駁詰。謂爲重贅。我不得不申辯幾句。

經上原文爲三條。

攸、不可兩不可也。

辯、爭彼也。

辯勝、當也。

經說上云。

彼、凡牛樞非牛。兩也。無以非也。辯、或謂之牛。或謂之非牛。是爭彼也。是不俱當。不俱當。必或不當。不當、若犬。佊字吳鈔本作彼。而彼字或作佊。我校佊字彼字、均爲佊字之譌。理由有三。(一)佊字篆文攸。最近彼字。而與從彳之彼字不相似。(二)佊字之譌爲彼、此因鈔胥不識佊字。改爲彼字。有論語彼哉彼哉一條、可爲例證。(三)佊字之義。墨經訓爲不可兩不可。此爲名學上之矛盾律。經說所謂不俱當必或不當釋此義明白無疑。此種專門術語決無沿用彼字一類那樣極普通的代名詞之理。而詖字有論辯之義。佊詖同聲相通段。故定爲佊字。知佊字在墨辯爲專門術語。然後知以爭佊訓辯、不爲語贅。不爲直訓。先生之誤解、殆起於哲學大綱頁二百之以駁訓佊、此因當日著書過求淺顯。反致誤會。然註中亦引不可兩不可之訓。在精治名學如先生及太炎先生者。當能承認佊字之術語的涵義、不應以爲贅語也。匆匆奉白。順便告行。胡適敬上。

適之書前兩段。論治經、子之別、似與吾兄所言未甚相遠。於全題無所開益。以有吾兄之說在前。恐不更贅。惟爭彼一義、愚見與適之不合。又以此義爲墨辯骨幹。萬不可忽。竊假此會。

顧得重與適之論之。

適之哲學大綱之釋爭彼者曰：

詖、頗、彼、皆同聲相假借。後人不知彼字。故又寫作駁字。現在的辯駁。就是古文的爭彼。先有一個是非意見不同。一個說是。一個說非。便爭彼起來了。怎樣分別是非的方法。便叫作辯。

愚在東方雜誌十七卷二十號作名學他辯稍稍非之。果如適之所言以爭駁詁辯。則與辯者辯也。又何以異。名家作界等諸律令。為後來一切推論之張本。與訓詁家之所為。迥乎不同。現辯字為墨經命脈。尤與尋常界義有別。開宗正。為用此膠漆渾殺之樹義為哉。

此之用意與吾兄前書略同。今適之謂愚為誤解。又且舍去駁訓。而以名學上之矛盾律釋彼。兼較大綱為有進。則請舍而置不論。論矛盾律。

適之以矛盾律釋彼。然考有不可通者。如下數說。

一、矛盾律與不容中律觀念混殽。適之所取於經與說以定爲矛盾律者不外兩語。一曰不可兩不可。一曰不俱當必或不當之兩語。兩語者性各不同。不能同隸一律。蓋矛盾律之式曰甲者甲也。不得又爲非甲。不容中律之式曰凡物非甲則爲非甲。前言正負兩質不能同時俱存。後言正負兩質不能同時俱亡。以墨經用語詮之。前言正負不能俱真。卽不可兩可。惟後始言正負不能俱僞。卽不可兩不可也。是不可兩不可者非名學上之矛盾律。而名學上之不容中律也。不俱當必或不當以說明不可兩可則可。以說明不可兩不可則未可也。是不俱當必或不當者。又非名學上之不容中律。而名學上之矛盾律也。如此交錯爲之。墨者置思何其渾沌。以知適之矛盾律說殆未必然。

二、適之之義不足以被全文。適之所舉經與說共十餘句。而能掙搯以就其矛盾律或不容中律者止兩三句。其中要句如牛樞非牛不當若犬之類。適之均無法以處之。無法處之則廢置不講。如此活剝。不敢謂安。

三、吾國墨辯果得適用歐洲邏輯之思想律與否。乃爲根本問題。應先討論。適之未語及此。

邏假定某爲矛盾律或某爲不容中律未免早計其在歐洲思想律已不盡爲邏輯家所採用穆勒卽其一人也大抵主實驗者多言此項律令不適於用吾之墨家當然屬之驗宗其精神應與斯律相反適之未暇深考也

四不可兩不可果如適之所詮經中不可以此概論之處不少如云牛馬非牛也未可牛馬牛也未可是明明兩不可也明明兩不可焉曰不可兩不可以知不可兩不可云者適之未得其正解也其在適之所舉本條亦然凡牛樞非牛適之存而不論實則牛樞者乃論者當前俯拾之名有意義可無意義亦可而要與牛無甚連誼孫詒讓疑爲木名卽刺榆之大者無論是否墨者原意如此解釋固自無妨今若易云馬鈴薯非馬以著馬鈴薯與馬兩不相涉亦同爲好例也此句凡牛樞非牛之下卽續言曰兩也無以非也乃謂牛樞與牛之兩詞渺不相連茲漫舉之以次於主謂兩端之位可見無所謂是亦無所謂非謂之爲可將爲兩可謂之爲不可將爲兩不可故曰無以非也梁任公釋此條殊嫌枝蔓惟以不足成是非之爭點一語爲兩無以非之注脚可云特識穆勒設爲鳥狼香一例以破不容中律用意亦與

此同。其說曰、夫謂一詞有誠妄之可論者。必所謂與詞主有可屬之義。而後可設吾言烏狼香為第三意。此語何誠妄之可論乎。（譯本嚴譯見穆勒名學部乙篇七）穆勒之烏狼香。即墨家之牛樞也。烏狼香是否為第三意。其無誠妄可論。猶墨家設問牛合馬之是否為牛也。此種精神。全然對於矛盾不容中諸律而放矢者也。兩不相能而適之援以互訓。愚竊未解。

五、適之所為爭彼也。一界大犯邏輯作界之戒律。蓋名有共別兼體之異。荀卿嚴共別。墨子嚴兼體。如動物、共名也。牛則別名。三角、兼名也。等邊三角則體名。凡作界者。共以界別。別不能界共。兼以界體。體不能界兼。故曰牛、動物也則可。動物、牛也則不可。等邊三角、三角也則可。三角、等邊三角也則不可。夫辯在墨辯中為一大共與大兼之名。中含法式至夥。以思想律界辯。已嫌其隘。今復於諸律之中僅擇其一。以定辯義。而曰辯爭矛盾律也。此其失。將不止於動物。牛也。或三角。等邊三角也之比。而直動物。牛驢也。或三角等邊三角之一邊也之比矣。

六、依適之言爭彼二字聯綴直為不詞。蓋凡名家下義。必灼見其義為如是本身無可置疑者然後攜辭決不使破立兩意同伏一界若夫矛盾一律主是者率以爲人生直覺之所能判毫無翳障焉用爭爲雖諸家有否認斯律者而其義俱爲後起與大師樹界明義之時無關如適之之說殆止曰辯彼也足矣不當言爭彼苟言爭彼何可通也則凡墨辯諸義一律入以爭字如止以久也今曰止爭以久也中同長也今曰中爭同長也適之將不得不斷之矣有是理乎

七彼字在墨經爲最要義經中之明此者不可一二數適之未及融會以觀其通徒炫於埤蒼之雅訓彼哉之孤證且先假定彼字一類普通之代名詞不能用作專門術語遂致背本義入歧途而不自知如此治經正蹈買櫝還珠之弊

右舉七病細觀適之之書恐未能免愚之辯此蓋本墨子非而易之說非敢憝也兼愛篇曰非人者必有以易之若非人而無以易之……其說必將無可焉愚之所以易之簡舉於次

凡爲辯者非得三事由其部署辯將不立歐洲邏輯言三段印度因明言三支吾國墨辯言三物同一理也大取篇曰三物必具然後足以生三物者何以適之所引經與說證之兩爲

彼也。兩者何。詞主與所謂也。使執以爲辯者其論材止於兩詞。則一曰、甲者甲也。一曰、甲者非甲。彼亦一是非。此卞一是非。是非終無由決。是必借助於第三物焉。視第三物與兩詞之關係如何。以定兩詞相互之連誼。然後兩詞之是非可論。此所謂彼者是也。彼而是則兩詞是。彼而非則兩詞非。彼可則兩可。彼不可則兩不可也。故曰彼不可兩不可也。至彼之是非何以爲衡。在邏輯勢且有種種方式以防語辯。如媒詞不盡媒詞曖昧皆辯例也。有辯則有爭。故曰爭彼。惠施公孫龍之流。競爲詭辯。亂是非淆曲直。以辯無勝相標榜。墨家折之謂施龍之主無勝。蓋不知有當義。不知有當義由不知有彼義。故曰辯勝當也。而當者當彼。一曰當仙。茲請擬所辯之物爲呷。或謂呷牛。或謂呷非牛。疑莫能明也。今立犬以爲彼。先以呷律犬。再以犬律牛。果其式爲呷犬也。犬非牛。故呷非牛。將見執呷爲牛而敗。何也。犬非牛也。牛不當於犬也。故曰不當。若夫犬者一所建爲彼之符耳。凡彼之符皆視犬。故曰若。至任舉兩詞彼此不屬。而又與第三物不屬。則辯無由起。凡牛樞、、非牛是也。（凡牛樞非牛上之彼字乃錄經用梁任公說）義已見前。不再述。如是爲說。似於本條之經與說。皎然明白。於全經及古今中外之名家通義亦不忤。

適之視此何如。

五

孫仲容之鄉人李雁晴笠、治墨學人不之知。近著墨子間詁校補。將以問世。昨有書來。條舉數義。非時賢望文而生義者可比。雖鄙意不以爲盡當。而要足爲斯學洪流之助。其書如下。

讀簪著墨學諸論。至爲欽佩。適之治學。多以意氣用事。任公較矜愼。然墨經校釋一書。其自詡創獲者。多經王闓運道過。任公特未檢王書。或以王書不大行世。遂自居之耳。適之以爭彼爲爭佊。比墨經於訓詁。先生與太炎先生辨之甚是。任公校[illegible]亦有此病。如經說上所令非身弗行。任公依孫校。改弗爲所。復去句首所字。以令字爲標題。笠去年撰墨子間詁校補。曾駁之云、「墨氏經說。重在說理。與字詁字說之僅明字義者不同。孫氏疑弗爲所。任公徑改從之。以非身所行釋令字。實則已不親行爲令人。學僮能知。何勞說解。又孫引吳寬鈔本弗作不。益證非所之譌。」時雖發爲此例。未敢自信。得先生昆仲之論明之。笠說爲不孤矣。王景羲云、「所令非身弗行。即孔子其身不正。雖令不從之意。弗字似不謂。與經義反正相足。」王闓運云、「令不自作。亦必已能作。乃能令人作也。」二王之說實較任公爲深諦。又如經下、或過名也。說在實。經說、或、知是之非此也。有（又字同）知是之不在此也。然而謂此南北。過而以爲已然。始也謂此南方。故今也謂此南方。孫氏間詁以或爲邦域字。良是。蓋域之南北無定。指此以爲南。踰此則所謂南者更在北矣。然而既有南北之名。故雖知是方之非南非北。又知眞南之南北不在此也。亦謂此曰南曰北。則其所以爲南北者。過名而非稱名。惟以已過之跡爲然耳。譬如始以此爲南方。則今亦以此爲南方。是南北之名。原屬假定。間詁引司馬彪云、天下無方也。正說此義。任公以或爲迷惑字。以過爲過錯字。云、「名實舛錯謂之惑。故曰惑過名也。知此非此而猶謂此曰此。是過也。過者。不自知其過。恆以已事爲然。故謂之惑」。依任公言則此條經說是釋惑字之義。別無至理。正如章論所云。陷全書於無意義矣。更有進者。經說於經。當有闡發。若徒舉經文一二字含糊了之。又何庸經說爲。經上、君臣萌通約也。經說、君以若名者也。任公云、國家之起源由於人民相約置君。

君乃命臣。與西方近世民約說頗相類。因謂經說若字。亦當作約。笠謂若經云通約。說云以約名。則經上、知、材也。說亦可云以材名、慮、求也。說亦可云以求名矣。說經如不說。是經說亦贅疣耳。其失亦與適之同。愚意此經若字。無需改易。自得通也。若有順義。臣民共約則必順人可知。故說云以順得名也。以順釋通約。氣脈流注、神理自通、與小學詁訓尤有別異。尚書召誥、載周公戒成王云、若有功。江聲注云、惟順以道之。乃有功效、則君人貴順。自是古義。笠於墨經雖不敢曰知。而於校讐之役信不甚謬。經說上云、止、無久之不止。當牛非馬。若夫過楹。王闓運云、若人之過楹。必繞而行。以過楹故止。無楹則不止也。繞楹者、士君子行禮之事。故不曰人而曰夫。笠題其說爲之證云、荀子正名篇云、非而謁楹。有牛馬非馬也。此惑於用名以亂實者也。即指墨經此條而言。而即夫字之譌。篆文而作亓夫作夰形近易譌非同匪彼也。廣雅釋言文彼夫謁楹。楊注以有牛二字屬上爲句王先謙集解從之並未勘墨子此經也即此若夫過楹也。有牛馬非馬也、即此當牛非馬。與下句當馬非馬幷而言之也。張惠言疑矢作人。王念孫以夫當作矢。任公從王說。復於當牛下增一馬字。改當馬爲當牛、單辭孤證。何足取信。凡此所陳、蓋本先生昆季一人未能盡解之旨。略抒管見。請兩先生裁正焉。
書中所陳各義。具見心得。惟止義似猶可商。知不見鄙、請得以拙見還答。惟賢者更賜教焉、
凡解墨經。當即所樹之義以觀其通。單詞片句之可以訓詁或籀篆證者。應先視其於全義
何如。合自可採。不合則雖巧思妙解。所必棄也、愚觀雁晴引荀子以證王壬秋所釋若夫過
楹句。即生此惑。須知王父文家。於墨家理想、無甚領會。釋經尤多支離。繞楹一解。果如所言。
則墨辯將等於大小戴之記、禮耳、與以字書視墨者。相去果復幾何。愚以爲詮釋本經第一。
宜明止字何義。而明止又宜於全經之精神及他條之可互證者。謀之拘墟於本文十數字。
反覆傅會。僅求成讀、無當也。而況所能傅會者往往止於一二字一二句。而他字他句之與
相連者。輒槎枒不合。乃至木強無意乎。如無久有久之分爲本條命脉所寄。而墨經久字對
舉、久言時分毫無可疑。且非爲王翁以掌柱釋久。則凡採其楹說者。必至與久義打成兩橛、
即適例也。按經與說。

(經)止、以久也。

（說）止，無久之不止，當牛非馬，若矢過楹。有久之不止，當馬非馬，若人過梁。

凡物止於一處，乃指物在其處所占之時間而言，故曰以久。若物飄忽一過，過程之中，毫無時間留滯，是爲無久。無久卽不得謂之止也。當時惠施之徒，詭稱宇內萬象有止無動，如飛鳥之影不動，及輪不蹍地諸說，皆其見端。旨趣所在，殆與希臘學者芝諾相類。意謂物之占有空間位置，與其本身相等者，是曰止於其所。浸假由甲所移至乙所，浸假又由乙所移至丙所，每至一所，卽止於其所。所所相積，止止相續，從其後而名之，斯謂之動，其實止也。試取其跡，證分別觀之，點點皆止，不見動也。此之爲說，墨家以爲大誤。其誤何在？在泯宇而略久。夫芝諾惠施者流，亦知一物移所，由甲至乙，由乙至丙，以下遞推，至於無窮，非有若干浸假，從而貫通移直，不詞矣。而獨不研求此之浸假，遲速何似，且並不知速率至極，浸假將化爲無。浸假或久也，是乃不智。墨家以爲物之移行，點點相次，中無時分存置，號曰無間（經上次[illegible]不相攖[illegible]），惟無間也，無數點融成一片，以成動象。若矢過楹間，全程爲一瞬際，相續中乃無斷。辯者謂鏃矢之疾，而有不行不止之時，以不行之時詮動，悖實殊甚。要之，有久爲止，無久非止言無久非止與言牛非馬相當其理易見矢楹一事可以證之故曰無久之不止當牛非馬若矢過楹此所以指斥名家之誤也而同時有世俗之誤者則明明有止而又以不止名如人過橋梁是當其過時人微謂其不止不知前步後步起落相距至速亦有時分幾許留積其間與箭程之相次無間者迥異是過梁有久者也每步應得止名步 自爲一動而人每以不止準稱而無辨與言馬非馬相當無理者也故曰有久之不止當馬非馬若人過梁鄙說之所以釋本條者如此雁晴視之以爲何如吾友謝无量會以本條之義見質並書此示之

案右文竟有數語須補記經云令不爲所作也說令非身弗行李君雁晴引王氏其身不正雖令不行等語釋之謂較新會爲深諦愚竊惑焉嘗考墨家名理於三物必具之道各有專門術語牒之而此等專門術語誼雖嶄新字乃甚舊荀子云有循於舊名有作於新名而吾國學問之道往往新名不作舊名新用若大雅之舊邦新命者然此固文字桎梏無可如何之事承學之士不可不知如所作令身諸語俱是也於是所作即

邏輯之命題。令訓假設文之上節。身下節。此等文以兩節足成之。僅舉其一。於命題不稱。故曰令不爲所作。而令者上節也。不得下節之身。相與傅勻。文既不具。理遂不完。故曰、令非身不行。如此斠治。爲通衡墨辯順理成章之効。必以相沿舊義束縛而驅靡之。將學問之道廢矣。豈止不能講墨學哉。夫如是、學者猶斤斤於本子之訂正。古義之考定。以謂不二法門。此何以異夫卻行而求前者哉。本條詳拙著墨辯今注。

二十九年三月七日補記 時避難香港

原指

（民國十六年見甲寅週刊）

指者物旨也。物之所以成其爲物者也，以英語詮之，所謂共相 General notion 也。既曰共矣，則凡相之涉於一偏者。皆不足算。如色有黃白青黑之不侔。物而有色。乃偏相非共相也。故公孫龍曰。白馬非馬。蓋白馬者馬之有色者也。馬之有色無與於馬指。故曰非馬。然其辭微奧。世不易明。莊生憂之，因殺爲論。其大意曰、凡指有表裏。裏指人人之知。稱指之見於表者，皆謂之指。其實。表指，大抵從俗爲之辭耳。非眞指也。於是能立第一義曰，指非指。以馬言之，其意若曰、爾所謂馬非眞馬也。所謂爲表指也。眞馬裏指也。指非指者。表指非裏指也。今曰表指非裏指。是以指喻指之非指也。以指喻指之非指。闕者難辨，不若舍馬而言他物，以非指喻指之非指也。何也。天下之物。莫不有指。天下之物，例莫非馬。以他物喻指非指而有成。猶之以馬喻指非指而有成也。奚必拘牽名義爲哉。惠施聞之曰、善。吾請以方喻。天下有木之方焉。有石之方焉。有壺之方焉。有象之方焉。有平之方焉。有長之方焉。此諸方者，皆偏相也。非吾所擬統攝諸方之方也。凡爲方者以矩。嘗試爲之。非如木之方者。卽如石之方也。非如蠢之方者即如粲之方也非如平之方者即如長之方也縱橫顛倒百異其途而吾所擬繞繇諸方之方終不可得見由是言之矩蓋不可以爲方也惟規之不可以爲圓亦然知規矩既不可以得方圓即知黃黑白馬中之不可以得馬信乎以非指喻指之非指其道豁然大通也人以告老子老子曰、信哉天下有常道凡可道者皆非常道天下有常名凡可名者皆非常名指者常道也以馬言之即常馬也黃黑白馬皆適然有色而爲偶馬故非馬也指者又常名也以方言之即常方也木石壺粲平長等方皆適然有象而爲偶方故不可爲方也

愚備聞三家之言尋其貫通於指大明作原指、

公孫龍曰、白馬非馬。又曰、指非指。惠施曰、矩不方。規不可以爲圓。莊子曰、以指喻指之非指。不若以非指喻之非指也天地一指也萬物一馬也。老子曰、道可道。非常道。名可名。非常名。此數義者、發其連誼。辨其次第、灼然見其所詮於指者。有如右狀。倩筆寫來、確成妙諦。讀者若以數家年代及其語言之迹固不如是少之。則罔未足與聞斯義者矣、

名墨方行辨 民國十六年見甲寅週刊

昔析縣邢子述、獨學於鄉。不與世通，成墨學玄解。凡三編。卽孫仲容氏之墨子閒詁，彼且云嘗求寓目。眞所謂特立獨行介然自克者也。愚近得其玄解讀之，覺玄誠玄矣，解則似猶有閒。而獨於經說「中央、旁也。論行行行學實是非也」一條，邢君立解奇確。愚驚心怍舌，反覆疑詰而卒無以易。且因此發見名墨互辯之徑。彼此參證，其道大通，愚於是喜而不寐，立成是論。雖或緹騎在門，而愚愛智之業未敢息也。

邢君曰、行行行者。三行也。猶邏輯曰三段。墨辯者、論行行行之學也。猶邏輯稱論理之學。夫三行則三行矣。胡乃累贅其詞曰行行行者。曰、他條五行毋常勝。以數稱之，妨五行三行字混。後世遂誤爲金木水等行也。實是非也者、猶今言推論誠妄。中央旁也者、中央兩旁。明其爲三行。

此三行之說則然矣。至其行數如何用之。不誖與否。又以何法而驗。邢君俱莫之詳。常讀公孫龍子。有方說者。以青白等號相與明之。龍之方，卽墨之行也。請舉龍之詞曰、「青白不相與而相與。反對也，不相鄰而相鄰，不害其方也；不害其方者，反而對，各當其所，左右不離，故一於青不可，一於白不可。惡乎其有黃碧哉。」〔一〕青白黃碧者符也，如甲乙丙丁，羌無意義。方者龍所立法式，害其方與否，即墨中效與否之謂也。龍本以他辨立說，他者第三位之稱，猶墨之所謂彼也。龍所爲方，蓋含三詞，曰他詞者，以峙於中，他詞之正否，以卜其方之害否，恰如墨家爭彼之道也。試爲圖以明之：青以黃非白，黃爲他詞，居中，青白不相與，介於黃而相與，

白	黃或碧	青

不相鄰，媒於黃而相鄰，青白分立兩端，反而對，各當其所，不離者不離，左右不離。以有中故，白非青，以黃故而非青也，是一於青不可也。〔一者青白與黃謂牛遍證也〕青非白，以黃故而非白也，是一於白不可也。肯定命題類推，是黃或碧如何而得其正，乃當時名家之所有事也。故曰惡乎其有黃碧也。愚嘗作名學他辨一首，曾往復推求是說，自謂大體不差。今以墨辯三行之道證之，理尤章顯。黃者中央也，青白爲兩旁，青白相與之誼，依黃而定，以謂性分之，青白者主謂也，而黃爲媒詞，媒者立於主謂之間，彼之說也，是主謂相與之誼，依彼而定。墨之爭彼，又曰當他，龍之他辨，又曰烏乎其有黃碧，此物此

志。
也

或曰、子持名墨訾應之議者。於此獨渾名墨而一之。何也。曰、此爲辯之初步也。非可爲異同者也。墨曰有師。曰方。始各題一名以起論而已。尚無異同之足言也。執而勘之。知墨之彼何由爭生、黃碧惡乎有。而訾應之眞乃見。然遊論是。請俟異日。

[illegible]

四九〇